北靑소식 칼럼

북청인이 본 세상

도서출판 배문사

北靑소식 칼럼

북청인이 본 세상

동열모 지음

책 발간에 대한 감사의 글

1995년 7월호에 북청군지에 대한 소고 글을 미국에 거주할 때 보내면서 北靑소식과 인연을 맺게 된 것으로 생각된다. 특히 1996년 12월호부터 그 당시 편집인 김기율 선생의 요청으로 이달의 제언을 쓰게 되면서 매월 칼럼을 쓰게 되었다. 미국에 살면서 졸고를 이렇게 실어주는 북청군민회, (재)북청군장학회가 고마웠고 미국 땅에 북청소식이 도착할 때는 매우 기뻤다.

그동안 이달의 제언은 동열모 칼럼으로 이름이 바뀌었고, 북청소식 편집인 김기율, 이청림, 강준, 홍의, 김동희, 동광모 등이 많은 고생을 하면서 북청소식이 이어지고 있다. 최근 김명진 편집인이 그동안 북청소식에 게재된 나의 원고 이달의 제언, 칼럼 등을 묶어서 일부 중복된 글을 제외하고 책으로 낸다고 하니 너무 고마웠고 그런 결정을 한 북청군민회 어홍일 회장, (재)북청군장학회 손동헌 이사장과 모든 북청군민에게 감사할 뿐이다. 통일되면 고향 땅에 가보는 것이 제일 큰 소원으로 미국에서, 한국에 와서 글을 쓰게 되었는데 앞으로 북청군민회가 더욱 발전하기를 진심으로 바라고 통일의 주역으로 성장하기를 바란다.

2019년 12월

칼럼 집필자 **동열모**

책 발간 축하드립니다

북청소식은 1980년에 창간호를 낸 후 올해 12월에 479호가 발간되었다. 그중 동열모 고문이 1996년부터 지금까지 쓴 이달의 제언, 칼럼, 특별기고는 정치, 사회, 문화 등 다루는 폭이 다양하고 힘차고 논리 정연하여 글을 읽고 나면 늘 감사한 마음을 갖게 된다. 지금 93세의 고령임에도 불구하고 늘 꼬박꼬박 거르지 않고 생각을 정리한 글을 보내주어 늘 고마운 마음을 갖고 있었는데, 그동안 글들을 한데 묶어서 출간하게 되어 매우 기쁘다.

북청은 잘 알다시피 교육과 문화의 고장으로 훌륭한 인재들을 많이 배출한 곳이다. 그래서 이준 열사를 비롯하여 수많은 애국자와 문장가를 낳았다. 이런 전통은 월남 1세에서 2, 3, 4세로 꾸준히 이어져 나가야 한다. 그런 의미에서 북청의 지성 동열모 고문의 책은 우리와 후손들에게 세상을 바라보는 눈을 바르게 키울 것이다. 이 책은 북청 장학생, 이북오도와 군민회 관계자뿐 아니라 일반인들에게도 널리 읽어져서 사회의 바른 지성을 함양하여 건강한 사회로 성장하는 데 이바지하기를 바란다.

2019년 12월

북청군민회 회장 **어홍일**

● 차 례 ●

2018년 1월~2018년 12월

2017년 1월~2017년 12월

2016년 1월~2015년 12월

2014년 3월~2013년 12월

2010년 1월~2009년 12월

2008년 1월~2007년 12월

北靑소식

2019.1～2019.12

그리워지는 그때, 그 시절

신년 초에는 본시 새로운 희망에 활기가 넘치기 마련인데 올해에는 웬일인지 우울하기만 하니 그 까닭이 무엇인지 생각해 봅니다. 그것은 오늘의 문재인 정부가 나라의 밝은 미래를 약속하는 국정 지표는 제시하지 않고, 오로지 적폐 청산이라는 이름으로 지난 정부에 대해 보복만 하기 때문이라고 여겨집니다. 이명박, 박근혜 두 전직 대통령을 감옥에 가둬 넣고, 당시의 고위 공직자를 체포하고서는 가택 수색을 계속하니 이념 분쟁이 격화되어 오늘의 한국사회는 한 치 앞이 보이지 않아 새해를 맞이하면서도 답답하기만 합니다. 이렇게 되고 보니 지난날 조국 근대화라는 야심 찬 국정 지표로 국민을 단합시켜 한강의 기적을 창출하던 이른바 개발독재 시절이 그리워집니다.

이 개발독재는 나라의 경제를 궤도에 올릴 때까지 당분간 민주주의를 유보시키고, 오로지 산업화에 국력을 집중시켰던 것입니다. 이렇게 확고한 소신으로 통치한 데 대해 오늘의 정치권에서는 독재라는 꼬리표를 붙이고 있습니다.

당시 그 개발독재는 국가 경제를 획기적으로 개발하기 위해 1962년에 우리나라 역사상 처음으로 제1차 경제개발 5개년 계획을 수립하고, 막상 사업에 착수하자고 하니 국고가 텅텅 비어 속수무책이었습니다. 그래서 서독에서 일자리를 찾아 1966년부터 광부와 간호사를 계속 파송해 소중한 외화를 벌어들여 경제개발에 비로소 탄력이 붙기 시작했던 것입니다. 1965년에 월남(Vietnam) 전이 확대되자 개발독재는 미국의 요청을 받아들여 이 전쟁에도 참전해 한미동맹을 더욱 굳게 다져 나라의 위상도 크게 높였습니다. 이 시기에 마침 중동(中東)에 건설 붐이 일어나 여기에도 진출해 막대한 외화를 벌어들였습니다.

개발독재는 이렇게 벌어들인 외화로 자동차도 거의 없던 시절에 고속도로를 건설했고, 철광석도 나지 않은 나라에 제철소를 건설하는 한편 소양강 댐을 비롯해 수력발전소를 곳곳에 건설했습니다. 그리고 울산에 석유 화학단지를, 구미에 전자 공업단지를, 창원에 기계 공업단지를, 거제도에 조선(造船) 공업단지를 건설해 산업화의 기반을 구축했던 것입니다. 개발독재는 첨단 과학기술의 미래도 예측하고 서울의 홍릉에 한국과학기술연구원(KIST)을 신설하는 한편, 충청남도의 대덕에 대규모 연구단지를 건설하고, 해외에서 두각을 나타내고 있던 우리의 과학 두뇌를 파격적인 처우로 유치해 오늘의 과학 선진국 기틀을 다졌습니다.

개발독재는 또한 70년대에 근면과 자조, 협동을 행동지표로 하는 새마을운동을 전개함으로써 가난에서 헤어나지 못하던 농촌에 "우리도 잘 살 수 있다."라는 자신감을 심어주어 새로운 활기를 불러일으켰습니다. 이리하여 새마을운동은 우리 역사에서 유례없는 민족적 의식개혁 운동으로 번져 우리 사회에 생동감이 넘치게 되었습니다. 이렇게 국민 의식개혁 운동으로 전개되던 새마을운동이 오늘날에는 옛이야기가 되고, 이 운동을 주도한 개발독재는 매도당하고 있으니 진실로 안타까운 일이 아닐 수 없습니다. 나라 안에서는 이렇게 홀대받고 있는 새마을운동이 현재 UNDP(UN 개발 도상국 지원사업)를 통해서 동남아시아를 비롯해 아프리카, 남미의 농촌에서 교과서 역할을 하고 있다는 사실이 놀랍기만 합니다. UN은 지난 2015년 9월 미국의 뉴욕에서 열린 총회에서 한국의 새마을운동이 개발 도상국 농촌 개발에 지대한 공헌을 한다는 사실을 높이 평가하고, 때마침 이 총회에 참석 중이던 한국의 박근혜 대통령을 이 자리에 초청해 연설할 기회까지 마련했던 것입니다.

1970년대에 기적의 볍씨 통일벼도 개발해 녹색 혁명에도 성공함으로써 이제까지 텅텅 비었던 쌀독에 쌀이 소복이 채워져 쌀밥을 배불리 먹게 되었습니다. 우리 속담에 "쌀독에서 인정이 생기고, 쌀독에서 민주주의가 싹튼다."라는 말대로 배가 부르게 되니 민주주의를 찾게 되어 1980년대에 6 · 29 선언을 이끌어내 오늘날 민주주의를 마음껏 누리고 있는 것입니다.

이렇게 나라의 밝은 미래를 건설하기 위해 국민 모두가 손을 맞잡고 일하던 개발독재 시대가 오늘에 와서 더욱 그리워집니다.

〔2019년 1월호〕

헬렌 켈러의 평생소원, 3일의 나들이

오늘날 우리는 지난날의 보릿고개 시절과는 비교가 되지 않을 정도로 잘 먹고, 잘 살면서도 감사할 줄 모르고 늘 욕구불만에 사로잡히고 있다. 이러한 현실에서 지난날 우리를 감동시킨 헬렌 켈러의 이야기가 새삼 생각난다.

헬렌 켈러(1880～1968)는 생후 19개월 때에 성홍열과 뇌막염을 심하게 앓다가 결국 시각과 청각이 마비되어, 보지도 못하고, 듣지도 못하니 말도 못 하는 3중의 핸디캡을 지니고 살아야 하는 극심한 장애인이었다. 그래서 너무도 괴로워 어릴 때는 집안에서 닥치는 대로 마구 던지고 부수기도 하면서 신경질을 부렸다. 그러던 헬렌 켈러에게 앤 설리번이라는 훌륭한 가정교사가 생겨 49년 동안이나 보살펴 헬렌 켈러의 고통스러운 생애를 변모시켰다. 이 가정교사의 지극한 정성으로 헬렌 켈러는 그 고통스러운 장애를 극복하면서 공부를 시작해 시각 장애 학교와 청각 장애 학교를 마치고, 24세에 대학까지 졸업하면서 시청각 장애 학사 학위를 취득하고 스스로 행복을 만들면서 즐겁게 살아갔다.

그러던 어느 날, 이웃 친구가 찾아와 그 고장에서 풍치가 아름답기로 유명한 숲 속을 다녀왔다고 하기에 너무도 부러워 “그 숲에서 무엇을 보고 들었느냐?"고 물었다. 그런데 그 친구는 뜻밖에도 "특별히 볼 것 없고 들을 것도 없더라."라고 대답하기에 그 말이 이해가 되지 않았다.

두 눈과 두 귀를 분명히 가지고 있는 그 친구가 볼 것도 없고, 들을 것도 없었다니 세상에 이럴 수가 있을까 하는 의아스러운 심정에서 자기가 만일 단 사흘 동안이라도 볼 수 있다면 어떤 것을 보고 느낄 것인지 가상해 보았다. 그 3일 동안의 나들이 계획은 다음과 같다.

"첫째 날에는 오랫동안 나를 가르치고 돌봐주신 설리번 선생님을 찾아가 이제까지 손으로 더듬어 보던 그 얼굴을 자세히 바라보면서 그 모습을 내 머리 깊이 새겨둘 것이다. 그리고 밖으로 나와 아름다운 자연 풍경과 석양에 곱게 물든 노을을 볼 것이다.

둘째 날에는 새벽 일찍 일어나 먼동이 트는 장엄한 일출을 보고, 바로 시내의 박물관에 찾아가서 하루 종일 인간이 진화해 온 발자취를 눈으로 확인할 것이다. 그리고 저녁에는 밤하늘의 보석 같은 별들을 바라보면서 하루를 마무리할 것이다.

마지막인 셋째 날에는 사람들이 일하며 살아가는 모습을 보기 위해 아침 일찍 큰길에 나가 출근하는 사람들의 얼굴 표정을 볼 것이다. 그리고 저녁에는 서둘러 오페라 하우스에 가서 공연을 보고, 네온사인이 반짝이는 진열장의 아름다운 물건들을 보면서 집으로 돌아와 나를 이 사흘 동안이라도 볼 수 있게 해 주신 하느님께 감사의 기도를 드리고 조용히 다시 암흑의 세계로 돌아갈 것이다."

헬렌 켈러가 그렇게도 바라던 3일 동안의 나들이라는 이 간절한 소원을 그의 고장에서 발간하는 애틀랜틱 만슬리라는 잡지의 1933년 1월호에 'Three Days to See' 라는 제목으로 발표했다. 헬렌 켈러의 이 글은 당시 경제공황의 후유증에 허덕이던 미국 사회에 큰 용기를 주었기 때문에 리더스 다이제스트도 이 글을 '20세기 최고의 수필' 이라고 높이 평가했다.

헬렌 켈러에게는 그토록 간절한 소원을 우리는 날마다 보고 들으면서도 그것이 얼마나 아름답고 소중한지 모르고 무심히 살고 있다. 그래서 헬렌 켈러는 친구들에게 이렇게 말했다고 한다.

"내일이면 귀가 안 들릴 사람처럼 새들의 지저귀는 소리를 들어라. 내일이면 냄새를 맡을 수 없는 사람처럼 꽃향기를 맡아라. 내일이면 더 이상 볼 수 없는 사람처럼 자연을 바라보라."라는 것이다.

헬렌 켈러의 이 말을 음미해 보면 우리가 살아가는 한순간이 얼마나 귀중하고, 우리 주변의 모든 자연환경이 얼마나 소중하며, 우리와 접촉하는 모든 사람이 얼마나 고마운지 새삼 깨닫게 된다.

〔2019년 2월호〕

3 · 1 운동 100주년의 역사적 의미

금년의 3월 1일은 3 · 1 운동이 일어난 지 꼭 100년이 되는 해이다. 따라서 올해의 3 · 1절은 역사적 의미가 더욱 심대하다.

3 · 1 운동은 우리 대한제국이 일제에 강탈당한 지 꼭 10년 뒤인 1919년의 3월 1일에 일어났다. 이날 서울 파고다 공원에 모인 인파가 대한독립 만세로 시작된 3 · 1 운동은 전국 각지에 요원의 불길처럼 확산되었다. 이렇게 외친 3 · 1 운동의 만세 소리가 일제에 나라를 빼앗긴 민족적 울분을 세계만방에 토로함으로써 우리 민족의 의연한 기개를 외부 세계에 유감없이 알렸다. 이렇게 일어난 3 · 1 운동이 바로 상해 임시정부를 탄생시켰고, 그 임시정부가 8 · 15 광복 후에 대한민국의 모체가 되었으니 3 · 1 운동은 우리나라의 뿌리라는 사실에서 그 의미가 더욱 깊다.

3 · 1 운동이 일어난 동기는 제1차 세계대전(1914-1918) 직후에 미국의 윌슨 대통령이 제창한 민족 자결권(自決權)에서 싹텄다. 윌슨 대통령이 제창한 민족 자결권은 "모든 민족은 누구의 지배도 받지 않고 스스로 운명을 결정한다."라는 원칙이기 때문에 당시 일제의 무단정치에 시달리던 우리 민족에게 크나큰 소망을 주었다. 이에 고무된 당시의 민족 지도자 모두가 뜻을 모아 차제에 일본 식민지

에서 벗어나려는 결의를 다졌던 것이다. 이러한 시기인 1919년의 1월 21일에 마침 고종황제가 덕수궁에서 승하(昇遐)해 백성들의 비통까지 겹쳐 일제에 대한 저항 의식이 한층 고조되었다.

이에 종교단체의 대표들이 모여 3 · 1 운동을 일으킬 계획을 은밀히 세웠다.

이 계획에 동참한 민족 대표는 천도교에서 손병희와 최린, 기독교 대표로 이승훈, 불교 대표로 한용운 등 33명이 독립 선언서를 작성하고 서명까지 했다. 이들 33인의 대표는 3월 1일의 아침에 서울 종로구 인사동 태화관에 모여 대한독립을 선언하고, 정오에 자리를 파고다 공원으로 옮겨 운집한 군중 앞에서 독립 선언서를 결연히 낭독하고, 대한독립 만세를 목이 터지도록 일제히 불렀다. 이렇게 발단된 3 · 1 운동이 평양, 함흥, 원산, 대구, 부산 등 대도시로 번지더니 전국의 읍, 면 단위 농촌에까지 대한독립 만세 소리가 울려 퍼졌다.

3 · 1 운동은 식민통치에 대한 민족적 울분임에도 불구하고 우리는 끝까지 이성을 잃지 않고 비폭력을 표방했는데 일제는 무자비하게 탄압하고 주동자를 검거해서 고문했다. 이렇게 전개된 3 · 1 운동에는 여러 가지 일화도 생겨 오늘에 이르기까지 전해지고 있다. 그중에서도 특히 경기도 화성군의 제암리에서는 마을 주민을 교회에 몰아넣고 불을 질러 잔인하게 학살한 사실은 잊히지 않는다. 또한 충청남도 천안의 아우내 장터에서는 17세의 유관순 학생이, 저 북녘땅 함경북도 명천군의 하가면에서는 15세의 동풍신(董豊信) 학생이 대한독립 만세를 주도한 사실도 특기할 사항이다. 이 두 여학생은 서대문 형무소에서 모진 고문에 시달리면서도 옥중

에서 만세를 소리 높여 불렀다고 한다.

3·1 운동을 계기로 국내에서 활동하던 독립투사들이 3·1 운동 직후인 그해 4월 10일에 중국 상해에 모여서 임시정부를 수립하고 국호(國號)와 헌법을 제정했다.

국호는 대한민국으로 정하고, 헌법의 제1조에 "대한민국은 민주공화제로 한다."고 명시함으로써 5,000년 동안 내려오던 군주제를 국민 주권의 현대적 국가로 바꾼 것이다.

이렇게 전개한 3·1 운동은 대한민국의 독립을 전 세계에 선포했으니 그 영향이 국제사회에 바로 나타났다.

일본이 태평양전쟁에서 패망할 지경에 이르자 전후처리(戰後處理)를 위해 열린 카이로 회담(1943. 11. 22~27)에서 연합국 수뇌(미국의 루스벨트, 영국의 처칠, 중국의 장개석)들은 일본 식민지로 있는 조선(朝鮮)을 독립시킬 것을 만장일치로 결정했던 것이다.

만일 3·1 운동이 없었더라면 이러한 결정을 할 수 있었을까 생각하니 3·1 운동 100주년의 역사적 의미가 더욱 깊어진다.

〔2019년 3월호〕

스트레스는 보약이 되기도 한다

지난날의 농경사회에서는 오로지 자연을 벗 삼아 농사만 지었으니 몸은 고달팠으나 마음은 항상 편해서 스트레스는 거의 받지 않았다. 그런데 오늘의 정보화 사회에서는 잘 먹고 잘 살면서도 생존경쟁이 날로 격화되어 스트레스를 심하게 받게 된다. 이러한 스트레스는 심리적 압박으로서 우리의 건강에 부정적 영향을 미치는 것은 사실이지만 그 스트레스를 지나치게 겁내 자칫 또 하나의 스트레스를 자초한다. 그러나 스트레스는 반드시 무서운 것이 아니고, 경우에 따라서 오히려 보약이 된다는 사실을 잊어서는 안 될 것이다. 여기에 그 사례를 제시하고자 한다.

바다에서 금방 건져 올린 활어(活魚)를 먼 내륙(內陸) 지방으로 안전하게 수송하자면 물탱크를 이용해야 한다. 그런데 물탱크가 수송 도중에 심하게 흔들리기도 하고, 수온(水溫)이나 수질이 변해 활어는 몸을 가누지 못하고 비실비실 졸다가 결국 죽는다. 그래서 활어가 물탱크에서 졸지 못하게 해야 한다는 것이다. 졸지 못하게 하자면 활어에게 스트레스를 줘야 하는데, 스트레스를 주기 위해 활어가 가장 무서워하는 바닷가재를 물탱크에 넣는다고 한다. 활어는 바닷가재가 무서워 이리저리 도망치느라 심한 스트레스를 받으니 졸지 못해 결국 죽지 않는다. 이렇게 되고 보니 스트레스를 주는 바닷가재가 활어에게 오히려 보약 역할을 하는 것이다.

우리도 일상생활에서 이와 유사한 경험을 자주 한다.

몸이 노곤해 아무 일도 하기 싫을 때 어떤 문제가 발생해 스트레스를 받게 되면 본능적으로 방어 의식이 생겨 활력을 되찾게 된다. 직장에서도 일이 손에 잡히지 않고 게을러질 때 상사로부터 스트레스를 받으면 긴장되어 능률이 오르게 된다. 이와 반대로 스트레스를 받기 마련인 직장에서 정년 퇴임하고 집에서 편안한 생활을 하게 되면 오히려 병고에 시달리는 경우를 흔히 보게 된다. 이러한 사실에서 스트레스는 다스리기에 따라 독약이 되기도 하고 보약이 되기도 한다.

스트레스로 인한 충격은 사람마다 다르게 나타난다. 매사를 너그럽고 긍정적으로 받아들이는 사람보다 성격이 까다롭고 불평이 많은 사람일수록 스트레스를 더 심하게 받는다. 따라서 똑같은 스트레스를 받으면서도 마음가짐 여하에 따라 어떤 사람에게는 독약이 되는데 어떤 사람에게는 오히려 보약이 된다. 이러한 사실을 감안할 때 우리는 스트레스를 무섭다고 피할 것이 아니라 당당하게 맞서 이를 보약으로 만들려는 적극적인 패기가 절실히 요구되는 것이다. 그럼에도 불구하고 근년에 우리 사회에서는 스트레스가 건강을 해친다는 두려움에 덮어놓고 안이하게 살려는 풍조가 일어나 우리 사회는 향락풍조가 만연되어 무기력해지고 있으니 걱정스러운 일이 아닐 수 없다.

그 옛날 세계를 지배하던 로마가 멸망한 것은 외부로부터의 침공 때문이 아니라 로마 시민들이 향락에 빠져들어 부패하고 타락했기 때문이었다는 역사가 우리에게 경종을 울리고 있다. 스트레스는 개인에게만 생기는 것이 아니고 사회집단에도 나타난다. 사회적 스트레스는 현재 우리 주변에서 흔히 나타나는 정치적 대립이나 이념적 갈등, 계층 간의 위화감이나 사회적 불안, 나아가서는 국제적 분쟁이다.

특히 오늘의 한국사회는 이념 분쟁이 격화되어 집단 스트레스가 일어나 긴장이 고조되고 있다. 적폐 청산이라는 이름으로 시작된 사회적 집단 스트레스는 분노를 일으켜 자칫 사회주의 사회에서 나타나는 계급투쟁으로 번질까 걱정되기도 한다. 이러한 사회적 스트레스가 개인의 경우와 마찬가지로 대처하는 방법에 따라 독약이 되기도 하고, 보약이 되기도 할 것이라 믿는다.

우리는 이미 1960년대에 일어난 4 · 19 혁명과 5 · 16 군사혁명을 조국 근대화의 계기로 만들었고, 80년대에 발생한 이른바 6월 항쟁이라는 사회적 스트레스를 민주화로 끌어낸 저력이 있기에 오늘의 이 심각한 사회적 스트레스도 결국 보약으로 만들 것이라는 확신을 준다.

〔2019년 4월호〕

보릿고개를 넘던 이야기

보릿고개라는 낱말에는 우리 겨레가 오랜 세월 굶주림에 시달리던 슬픈 사연들이 담겨 있다. 그래서 그 시대를 살던 사람이라면 누구나 보릿고개라는 말만 들어도 깊은 상념에 젖게 된다. 보릿고개는 4월부터 5월이 고비였다. 가난하게 살던 그 시절, 겨울이 지나 봄철이 시작될 무렵이면 쌀독이 바닥나 끼니를 굶는 집들이 늘어났다. 이러한 연유에서 그 시절의 4월과 5월은 꽃 피고, 새가 우는 즐거운 계절이 아니고 배가 고파 견디기 가장 어려운 시기였다.

이들 절량농가(絕糧農家)에서는 밥 달라고 보채는 아기를 달래느라 어머니는 소리 없이 눈물을 흘렸다. 울다가 지친 아기를 품에 안은 어머니는 이제 겨우 패기 시작한 보리 이삭을 바라보면서 저 이삭이 영글기를 하염없이 기다렸던 것이다. 이렇게 보리 이삭이 영글기를 애타게 기다리던 4월과 5월이 우리 겨레의 가슴에 깊은 한을 맺힌 보릿고개였다. 우리 현대사에서 보릿고개가 가장 심했던 시절은 일제시대에 일본이 쌀을 공출(供出)이라는 명목으로 수탈해 갔기 때문에 우리는 사료로 쓰는 콩깻묵(大豆粕)으로 연명하던 시기였다. 그리고 6 · 25 전쟁이 일어난 50년대부터 70년대 초기까지 다시 나타났던 것이다. 따라서 현재의 60세 넘는 연령층은 보릿고개를 체험한 세대라고 여겨진다.

이렇게 한 많은 보릿고개를 무너뜨린 공로자는 70년대 초에 농촌진흥청이 개발한 기적의 볍씨 통일벼인 것이다. 1968년부터 농촌진흥청의 연구진이 박정희 대통령의 특별한 관심과 재정적 지원으로 개발하기 시작한 이 통일벼가 1972년경에 이르러 전국으로 확대 보급이 시작되어 1977년에 드디어 녹색혁명에 성공해 5,000년 내려오던 한 많은 보릿고개를 허물고 쌀밥을 배불리 먹게 된 것이다. 이 세상에는 여러 가지 서러움이 있다지만 배고픈 서러움보다 더 슬픈 서러움은 없다고 한다.

우리 속담에 "3일 굶으면 도적질 한다."라고 할 정도로 누구나 배고프면 양심이나 인격이나 자존심은 있을 수 없게 된다. 또한 "쌀독에서 인심이 생기고, 쌀독에서 민주주의가 싹튼다."라는 격언대로 배가 불러야 비로소 온정을 베풀게 되고, 인권도 챙기게 된다. 이러한 논리에서 볼 때, 오늘날 한국사회가 누리고 있는 민주주의는 농촌진흥청이 개발한 통일벼가 찾아준 선물이라고 하겠다.

나는 지난날의 그 혹독했던 보릿고개 시절을 때때로 되돌아본다. 지금에 와서 생각하면 그때가 오히려 아름다운 추억으로 그리워지니 그 까닭이 무엇일까. 그것은 내가 그 시절에 부딪힌 가지가지의 사연들이 오늘에 와서는 아름다운 천연색 풍경화를 이루기 때문이라고 여겨진다. 그래서 나는 내가 지나온 가난하던 시절이 부끄럽거나 원망스럽지 않고 오히려 그리워진다. 그 험난한 보릿고개를 넘는 과정에서 소중한 삶의 지혜도 터득하게 되었고, 힘겨운 고난에 직면해도 이를 극복할 수 있는 내성(耐性)도 축적했으니 오히려 고맙기만 하다.

이러한 삶의 지혜와 내성의 덕분으로 우리 보릿고개 세대는 아무리 열악한 생활환경일지라도 그곳을 편히 쉬는 안식처로 가꾸고, 행복에 겨워 감사의 기도를 드리는 교회로 삼으며, 독서와 사색하는 서재로 여기고, 사랑과 평화가 감도는 천국으로 가꾸면서 스스로 행복을 만들어갈 수 있는 것이다. 이렇게 만들어진 행복의 참뜻이 무엇인지 일상생활에서 깨닫게 되었다. 행복은 천하를 호령하는 권력이나 억만장자의 재력에서 얻어지는 것이 아니고, 오직 범사에 감사하는 소박한 마음가짐 하나로 스스로 만들어간다는 사실을 체험했다.

따라서 행복은 탐욕이나 이기심이나 우월감이 앞서면 아무리 부귀를 누려도 행복감을 느끼지 못한다는 사실도 터득했다. 행복은 또한 미움 없는 사랑에 있고, 교만 아닌 겸손에서 생기며, 질투 없이 축복하는 가슴에 담겨 있고, 약자를 도우려는 의협심에서 생긴다는 사실도 깨닫게 되었다.

지난날 우리에게 그렇게도 혹독한 시련을 주던 보릿고개가 오늘에 와서는 이렇게 소중한 삶의 지혜를 깨닫게 했으니 이러한 현상이 바로 빈자(貧者)의 축복이라고 여겨져 보릿고개 시절이 오히려 고맙게 여겨진다.

〔2019년 5월호〕

현충의 달과 6 · 25 전쟁

6월은 나라를 위해 목숨 바친 영령을 기리는 현충의 달인 동시에 6 · 25 전쟁이 일어난 달이다. 현충의 달하면 의례히 6 · 25 전쟁과 서울 동작동에 자리 잡은 국립현충원(국군묘지)을 연상하게 된다.

이 묘역에는 주로 6 · 25 전쟁에서 산화한 국군 장병들이 안치되어 있다. 동작동의 양지바른 언덕을 메운 이 묘역에는 분묘마다 화강암으로 만든 비석들이 지키고 있다. 그 비석 앞면에는 계급과 이름, 뒷면에는 전사한 날짜와 전사한 장소가 새겨져 있다. 이 수많은 비석 밑에서 고이 잠들고 있는 젊은이들은 모두 다 부모 밑에서 금이야 옥이야 하면서 귀하게 자라던 자식들이다. 이렇게 사랑하던 자식을 불시에 잃은 부모들은 이곳 비석에 새겨진 이름자를 쓰다듬으면서 얼마나 많은 피눈물을 흘렸을까.

이 묘역에 묻힌 젊은이들의 고귀한 희생이 있었기에 우리는 오늘날 이 땅에서 자유 민주주의를 마음껏 누리면서 행복하게 살고 있는 것이다. 만약 이들의 고귀한 희생이 없었더라면 우리는 지금 북한 공산 귀족들의 노예가 되어 모진 탄압과 굶주림에 시달릴 것이다. 이러한 연유에서 현충의 달에 즈음하여 우리는 옷깃을 여미고 호국 영령의 명복을 비는 동시 유족에게는 따뜻한 위로와 고마움을 드리는 것이다.

이와 동시 6 · 25 전쟁 당시의 다급하고도 처참한 현장도 이 기회에 새삼 조명해 보게 된다. 1950년의 6월 25일은 일요일이었다. 이날 삼라만상이 고이 잠든 주말의 새벽 4시를 기해 인민군은 38선 전역에서 일제히 공격해 우리 강토를 덮쳤다. 이 불시의 공격으로 위급한 현장이 당시 경기도 의정부 방면에서 대대 병력을 이끌고 싸우던 우리 北青 출신의 이병형(李秉衡) 장군이 펴낸 회고록 대대장에 상세하게 기록되어 있다. 이 회고록에 의하면 인민군은 소련제 T-34 탱크를 앞세우고 공격해 오는데 우리 국군은 겨우 소총과 수류탄으로 맞섰으니 속수무책으로 당할 수밖에 없었다고 한다. 이러한 위기 상황에서 미군을 위시한 UN군의 즉각적 참전이 없었더라면 대한민국은 불과 20일 안에 완전히 점령당했을 것이라고 술회했다.

이러한 상황에서 미국이 취한 즉각적 조치를 오늘날 되새겨 보면 진실로 기적과도 같다. 당시 미국의 국무장관 덜레스는 인민군의 남침 뉴스를 입수하자 황급히 휴가 중에 있던 트루먼 대통령에게 보고하니 트루먼 대통령은 즉석에서 미군의 파병을 명령하는 동시 UN에 안보리 소집을 요청했다. 이리하여 미군은 전쟁 발발 3일 만인 6월 28일에 북폭(北爆)을 시작했고, 그다음 날인 29일에 맥아더 사령관이 일본 동경에서 수원 비행장으로 날아와 노량진 방어선에서 망원경으로 한강 넘어 인민군이 점령한 서울 시내를 시찰하고, 새로운 작전계획을 구상했다.

이리하여 전쟁 발발 1주일 만인 7월 2일에 미군 전투부대가 부산에 상륙하자 북진을 거듭해 1950년 11월에 압록강까지 진격해서 통일을 눈앞에 두었다. 이때 뜻밖에 중공군이 나타나 인해전술로 공격했기 때문에 6 · 25 전쟁은 밀고 밀리는 지루한 전투로 이어져 결국 1953년 7월 27일에 승자 없는 휴전을 하게 되었다.

이렇게 3년 1개월 동안 계속된 처절한 6 · 25 전쟁에서 우리를 도와준 미군이 3만 6천 명이나 희생되었다는 사실도 이 현충의 달에 되새기면서 미국 워싱턴 DC에 자리한 한국전 기념공원의 현장을 새삼 조명해 본다. 이 기념공원에는 판초 입은 병사들의 동상과 그 동상을 둘러싼 벽면에는 다음과 같은 애절한 글귀가 새겨져 있다.

"Our nation honors her sons and daughters who answered the call to defend a country they never knew and a people they never met. (우리는 알지도 못하고 만난 적도 없는 나라를 지키기 위해 국가의 부름에 응한 아들 딸들을 자랑스럽게 여긴다.)"라는 이 비문에는 미국의 위대한 희생정신과 인도주의가 함축돼 있다.

그래서 우리는 이 뜻깊은 현충의 달에 즈음하여 지난날 일제에 빼앗긴 나라를 되찾겠다고 목숨 바친 선열은 물론, 6 · 25 전쟁에서 산화한 우리 국군 장병뿐만 아니라 우리나라를 도와준 우방의 거룩한 희생에 대해서도 경건한 마음으로 추모하는 바이다.

〔2019년 6월호〕

아름다운 가정 이야기

가정은 인간사회를 구성하는 기초단위이며, 만복(萬福)의 근원이다. 이렇게 소중한 가정이 지난날의 대가족 시대에는 화목하게 살았는데 오늘의 단조로운 핵가족 시대에서는 오히려 불화가 자주 일어나고 있으니 그 까닭이 무엇일까. 그것은 가정문제를 통제하는 주체가 바뀌었기 때문이다.

지난날의 대가족 시대에는 가정에 어떤 문제가 생기면 할아버지의 말 한마디에 모두가 순종해 조용했는데 오늘의 핵가족 제도에서는 미지(未知)의 남녀로 구성된 부부가 해결하게 되니 사소한 문제도 자칫 큰 싸움으로 번지게 된다. 이러한 연유에서 오늘의 핵가족 시대에서는 가정의 모든 행복은 오직 부부간의 원만한 관계에 달려 있다.

처음 만나 가정을 이룬 남녀가 원만한 관계를 유지하기 위해서는 무엇보다 진정한 사랑이 필수적이다. 그 사랑은 단순히 남녀 간의 애정에서 생기는 것이 아니고, 서로 신뢰하고, 존경하는 마음이라야 진정한 사랑이 되는 것이다. 신뢰와 존경심이 따르지 않는 사랑은 천박한 하룻밤 풋사랑에 지나지 않아 지속되지 못하고 파탄이 생긴다. 미지의 남녀가 만나 가정을 이루고서 서로 신뢰하고 존경하자면 평소에 꾸준히 노력해야 한다.

부부간에 주고받는 단순한 농담일지라도 서로 조심하고, 상대를 인격적으로 존중해야 비로소 신뢰와 존경심이 생기는 것이다. 이러한 사실을 입증하는 아름다운 이야기를 여기에 소개하고자 한다.

어떤 청빈한 공무원이 해외에 출장 갔다가 돌아오는 길에 아내에게 줄 선물이 걱정되어 백화점에 찾아갔다.

백화점에서 적당한 선물을 찾는데 아내가 평소에 소원하던 진주 목걸이가 눈에 띄었다. 그래서 가격을 살펴보니 진짜는 너무나 비싸서 부득이 자신의 형편에 맞는 값이 싼 가짜를 사 가지고 돌아와 무거운 마음으로 아내에게 주었다. 아내는 뜻밖의 이 선물이 너무도 반가워 소중하게 간직했다가 중요한 나들이 할 때만 목에 걸고 외출했다. 남편은 이렇게 기뻐하는 아내를 실망시키지 않으려는 충정에서 가짜라고 실토하지 못해 늘 양심의 가책을 받았다.

이렇게 지내는 동안 세월이 흘러 아들이 성장해 며느리를 맞이하게 되었다. 결혼식을 앞두고 아버지는 새 며느리에게 줄 예물이 걱정되어 혼자 고민하다가 결국 아내에게 준 가짜 진주 목걸이를 예물로 물려주기로 작정하고, 아내와 의논했다. 이때 아내의 응답이 놀라웠다. 아내는 심각한 표정으로 말하기를 "우리가 아무리 궁하다 해도 새로 맞이하는 며느리에게 어찌 가짜를 선물로 줄 수 있습니까?" 라고 반문했다.

남편은 아내의 가짜라는 이 뜻밖의 말에 놀라서 고개를 떨구고 한동안 아무 말도 못 했다.

사실 아내는 남편으로부터 이 목걸이를 선물로 받았을 때, 첫눈에 가짜임을 알았다. 그러면서도 아내는 남편이 평소에 공무원의 박봉에 시달리면서도 돈의 유혹을 물리치고 청렴하게 살고자 애쓰는 그 모습을 존경했기 때문에 이 가짜를 선택한 남편에게 오히려 측은한 생각이 들었다. 그래서 아내는 이 가짜가 진짜보다 오히려 귀하게 여겨져 남편의 딱한 심정을 손상시키지 않으려고 이제까지 내색을 내지 않았던 것이다.

이와 같이 부부가 서로 상대를 존중하며 배려하는 너그러운 마음씨는 진실로 감동적이다. 특히 황금만능의 시대에 돈의 유혹을 물리치면서 공무원으로서의 책무를 지키려고 애쓰는 남편이 매우 훌륭하게 보인다. 이보다 더 훌륭한 사람은 바로 가짜를 선물한 남편을 원망하기는커녕 그 가짜를 살 때 고민했을 남편의 심정을 헤아리는 아내인 것이다. 이 가정은 비록 가난하게 살면서도 부부가 이와 같이 서로 상대를 이해하고 존중하면서 행복하게 사는 모습이 이 소란한 오늘에 더욱 돋보인다.

〔2019년 7월호〕

한국에서 일고 있는 오늘의 이념 분쟁

오늘의 한국 사회는 문재인 정부가 출범하면서 우파와 좌파로 갈라져 이념분쟁이 날로 격화되어 나라의 장래가 캄캄하다. 1945년의 8 · 15 광복을 기점으로 하는 우리의 현대사는 김대중, 노무현, 두 대통령이 집권한 1998년부터 2007년까지의 10년을 제외하고서는 우파가 꾸준히 장악해 왔다. 그러다가 2016년에 광화문 촛불시위를 유발시켜 박근혜 대통령을 탄핵하고 문재인 정부가 출범함으로써 좌파가 재차 국정을 장악하게 된 것이다.

이렇게 출범한 좌파정부는 국가의 미래를 다지는 국정지표는 전연 제시하지 않고, 오직 적폐 청산이라는 이름으로 이명박, 박근혜 두 전직 대통령과 그 당시의 고위 공직자를 감옥에 가둬놓고 연일 수사하면서 지난 정부를 보복하고 있으니 이념 분쟁이 날로 격화되어, 나라가 크게 요동치고 있다. 이러한 판국에 대법원이 1965년에 이미 타결된 일본과의 청구권 협약까지 파기하고 일제시대의 강제 징용에 대해 배상하라는 판결을 내려 한일 간에 심각한 분쟁까지 일어나 한국은 현재 국제무대에서도 신의 없는 나라가 되었다. 여기에 곁들어 문재인 정부는 남북의 화해 협력이라는 구호로 김정은의 눈치만 살피는 굴욕적 대북정책을 감행하기 때문에 한미 우호

관계까지 훼손되어 나라의 안보가 흔들리자 이제까지 한반도를 노려보던 주변 국가들이 그 틈새를 노리고 있다.

우리 속담에 "울타리가 허술하면 동네 개들이 들락거리며 어지럽힌다."라는 말대로 나라가 이렇게 어수선하니 이제까지 조용하던 중국과 러시아가 우리 영공을 침범하기에 이르렀다.

지난 7월 23일에 중국과 러시아의 전투기가 우리 영해인 독도 상공을 유유히 선회했고, 이틀 뒤인 25일에는 북한이 원산 앞바다에서 미사일을 발사함으로써 우리 동해를 동북아시아의 화약고로 만들고 있다. 따라서 오늘의 한국은 지난 구한말에 주변 열강들의 각축장이 되어 총체적 위기에 직면하던 그때와 흡사하다.

특히 북한의 김정은은 문재인 정부가 제공하는 식량 지원도 거절하며 조롱할 뿐만 아니라 그동안 잠잠하던 미사일도 다시 발사하고, 최근에 새로 건조한다는 잠수함을 공개하면서 우리를 계속 위협하고 있다. 이렇게 되고 보니 한반도 평화에 운전자 역할을 하겠다고 큰소리치는 문재인 정부의 체면이 우습게 되었다.

문재인 정부가 이렇게 국정 운영에 혼선을 빚고 있는 근본적 원인은 대한민국의 정통성을 인정하지 않고, 잘못된 역사관을 가지고 있기 때문이다. 따라서 그들은 대한민국이 이루어낸 발전까지도 부정하고 있다. 그래서 한국이 6 · 25 전쟁으로 인해 아프리카의 가난한 나라 에티오피아의 원조까지 받아야 했던 나라를 오늘날 세계 10위권의 부국으로 만든 지난날의 기적들을 여기에서 되돌아보고자 한다.

대한민국은 8 · 15 광복 직후의 극심한 혼란 속에서 외교에 능하고, 공산당의 생리를 속속들이 파악하고 있던 이승만(이하 모든 존칭을 생략)이라는 인물이 나타나 공화 체제의 정부를 수립했다.

이승만 대통령이 취임하자 최우선 국정과제로 단행한 농지개혁이 6 · 25 전쟁에서 봉기할 것으로 우려했던 농민들을 오히려 반공 세력으로 만들었다는 사실도 기적이다.

6 · 25 전쟁은 소련제 T-34 탱크를 앞세운 막강한 인민군의 기습으로 일어났는데 우리는 소총과 수류탄으로 맞서야 했으니 승산 없는 전쟁이었음에도 이승만의 탁월한 외교 솜씨로 UN과 미국의 지원을 얻어 한미 상호방위조약까지 이끌어내 한국의 안보를 오늘에 이르기까지 세계의 최강국 미국이 책임지게 했다는 사실도 기적이다.

6 · 25 전쟁은 나라를 초토화시켰지만, 그 초토화가 민족의 이동을 유발시켜 양반과 상민이라는 계급의식을 불식시킴으로써 민주 발전을 저해하는 봉건 요소가 제거되어 민주주의 기틀이 저절로 다져진 것도 기적이라 하겠다. 이승만이 이렇게 나라를 세우고 국가 안보까지 다지자 다음 단계는 국민을 먹여 살릴 경제건설이다. 이러한 시점에 박정희라는 강력한 지도자가 나타나 국가 경제발전을 이루어 한국의 산업화 기틀을 마련했으니 이것 또한 불가사의한 기적인 것이다.

1988년에는 제24회 서울 올림픽을 개최함으로써 대한민국이 국제화에도 성공했다.

이렇게 자랑스러운 대한민국의 현대사를 오늘의 좌파정부, 특히 전교조가 학교 교육에서 수치스러운 역사로 학생들에게 가르치고 있으니 우리 사회의 이념 분쟁이 더욱 걱정스럽다.

〔2019년 8월호〕

오늘의 한일 갈등, 그 실상과 해법

지난 8월 2일에 일본의 아베 총리가 한국을 화이트 리스트(수출 심사 우대국)에서 제외한다고 공식적으로 선언했다. 이로 인해 한일 간에 심각한 갈등이 빚어지고 있다. 이번에 일어난 갈등의 원인은 지난해(2018년) 10월에 한국 대법원이 50년 전에 이미 타결된 일제시대의 강제징용에 대해 새삼 배상하라는 판결을 내리고, 위안부 문제까지 거론하면서 반일감정을 고조시켰기 때문이다.

일본에 대한 청구권 문제는 1965년에 한국의 김종필(金鐘必) 국무총리와 일본의 오히라(大平) 관방장관의 회담에서 이미 타결되었는데 이렇게 다시 거론하니 일본 측으로서는 한국이 국제 조약을 일방적으로 파기하는 신의 없는 나라라고 이에 대해 보복을 하게 된 것이다.

1965년의 청구권 회담에서 우리는 일본으로부터 유상 2억 달러, 무상 3억 달러, 민간 차관 3억 달러, 도합 8억 달러를 받아 이 돈으로 포항제철, 소양강댐 등 경제개발에 착수했던 것이다. 대일 청구권 문제가 이렇게 타결되고서는 한일관계가 호전되어 오늘에 이르기까지 미국과 함께 우호 관계를 돈독히 해 왔다.

이렇게 평탄하던 한일관계를 문재인 정부가 적폐 청산의 일환으로 지난날의 원한을 되씹어 한일관계를 악화시켜 한국의 안보가 크게 흔들리자 우리 한반도를 호시탐탐 노려보는 주변국들이 행동에 나섰다. 중국과 러시아의 전투기가 지난 7월 23일에 독도 상공을 침범했고, 북한의 김정은은 거의 날마다 미사일을 발사하기도 하고 방사포까지 쏘면서 우리를 위협할 뿐만 아니라 문재인 정부가 제공하는 식량까지 거절하며 오히려 조롱하고 있다. 우리 속담에 "울타리가 허술하면 동네 개들이 들락거리면서 어지럽힌다."라는 말대로 나라가 이렇게 어수선하니 주변 국가들이 이렇게 넘보고 있는 것이다.

이러한 현실에서 문재인 정부는 우호 관계의 일본을 버리고, 그 대신 우리를 적대시하는 북한과 손잡고 남북 평화경제로 일본을 단숨에 따라잡겠다고 장담하니 우리 민초들은 불안하기만 하다. 우리 한국은 본시 천연자원이 부족하기 때문에 대외무역에 의존해야 하는 현실을 감안한다면 이번의 무역분쟁에 대해 고작 일본 제품의 불매운동과 함께 북한과의 경제협력으로 맞서겠다니 너무도 허황된 발상으로 여겨진다.

우리 사회 일각에서는 아직도 일본을 욕하는 것을 애국으로 여기며 친일 논쟁을 유발시켜 일제시대의 웬만한 저명인사는 거의 친일분자로 매도했다. 친일분자를 부풀리는 것은 역설적으로 일제의 식민통치에 많은 조선사람이 일제에 동조했다는 뜻이므로 친일 논쟁은 일제 통치를 오히려 찬양하는 결과가 되는 것이다.

차제에 일본이 국제사회에서 차지하는 위상이 어느 정도인지 살펴보면 경제 규모가 세계 3위에 이르고, 과학기술 수준을 가늠하는 특허출원(特許出願) 건수가 세계 1위를 차지할 정도로 원천기술이 앞서고 있다. 이러한 일본을 얕잡아보는 나라는 이 지구촌에서 오직 우리 한국뿐이라니 이는 일본과의 우호 관계에 걸림돌이 되기도 한다.

사실 일본은 지리적으로 가까운 이웃이면서도 우리에게는 매우 껄끄러운 나라임이 틀림없다. 그들은 임진왜란을 일으켜 7년 동안 우리나라를 짓밟았고, 36년 동안이나 식민 통치하면서 우리를 괴롭혔다. 그렇지만 우리는 이제 일본을 더 이상 미워하지 말고 안보적 차원에서 미국과 더불어 선린 우호 관계를 돈독히 하는 것이 우리 국익에 도움이 된다는 사실을 새삼 인식하게 된다.

국제사회는 본시 약육강식(弱肉强食)이 지배하는 밀림의 법칙이 통용되는 냉엄한 관계이기 때문에 세계의 모든 나라는 서로 동맹이나 우호조약으로 나라의 안보를 다지는 추세이다. 따라서 우리는 이제 일본이 저지른 지난날의 원한을 더 이상 거론하지 말고 미래를 향해 손을 잡는 것이 현명한 선택이라고 여겨진다.

그럼에도 불구하고 동맹 관계의 일본을 적대시하는 것은 미국과의 우호 관계에 큰 영향을 미칠 것으로 우려된다. 특히 일본을 버리고 핵무기로 계속 위협하며 적화통일에 여념이 없는 북한의 김정은과 손을 맞잡고 평화경제를 전개해 번영하겠다니 진실로 위험한 발상이 아닐 수 없다.

한일관계를 이렇게 여러 각도에서 분석해 보면 우리는 이제 일본이 아무리 미워도 미래지향적으로 우호 관계를 유지하는 것이 우리 국익에 보탬이 된다는 사실을 깨닫게 된다.

〔2019년 9월호〕

자랑스러운 한글

오는 10월 9일은 한글날이다. 세종대왕께서 한글을 훈민정음(訓民正音)으로 반포한 것이 1446년 10월 9일이었으니 이번 한글날이 573주년이 되는 것이다.

이와 같이 한글은 세계 여러 문자 중에서 유일하게 제정한 사람과 제정한 날짜가 분명한 글자다. 그뿐만 아니라 한글은 불과 10개의 모음과 14개의 자음을 조합해 어떠한 발음도 거의 그대로 낼 수 있어 누구나 손쉽게 배울 수 있는 과학적 문자이기 때문에 UNESCO는 우리 한글을 세계 기록 문화유산으로 지정한 것이다.

한글은 또한 컴퓨터에 입력하는 속도가 중국의 한자(漢字)나 일본의 가나보다 7배나 빠르다고 하니, 세종대왕께서는 이미 오늘의 정보화 시대를 예견하고 이렇게 능률적인 글자를 제정한 것으로 여겨져 신기하기만 하다. 또한, 한글은 글자 모양이 기하학적 미술 감각까지 풍긴다고 하니 더욱 자랑스럽다.

이렇게 우수한 특성이 있는 한글을 우리 조상들은 언문(諺文)이라며 천시(賤視)하고, 한자를 진서(眞書)라고 꾸준히 사용했기 때문에 한글은 오랜 세월 빛을 내지 못하고 사장되었다. 그러던 한글이 구한말(舊韓末)에 이르러 서재필(徐載弼), 이승만(李承晩) 등 개화파 인사들이 독립신문과 매일신보(每日申報)를 한글로 발간하자 한글의 가치가 비로소 알려지게 되었다.

그 후 일제의 강점기에는 한글을 독립운동의 일환으로 삼고, 이를 널리 보급하고자 야학(夜學)을 개설하고, 호롱불 밑에서 한글을 열심히 배웠으며, 자력갱생(自力更生) 운동을 전개할 때에도 한글을 널리 통용했다. 이렇게 되자 일제는 자기들이 통치하고 있는 식민지에서 한글이 기세를 올리는 것이 두려워 한글을 쓰지 못하도록 탄압하기도 했다.

이렇게 어려울 때 마침 한글로 쓰인 장편 소설이 연달아 출간되면서 한글은 더욱 빠르게 보급되었다. 그 대표적 소설이 심훈(沈熏)의 상록수(常綠樹), 이광수(李光洙)의 흙, 박계주(朴啓周)의 순애보(殉愛譜), 이상(李箱)의 탈출기(脫出記) 등이다.

오랜 세월 사장되었던 한글이 이렇게 널리 활용된 시기는 겨우 구한말(舊韓末)부터 이고, 그 이전에는 한자(漢字)만 꾸준히 사용했기 때문에 우리의 일상 용어는 고유어가 30%인 반면에 한자어(漢字語)가 70%를 차지하고, 특히 학술용어나 법률용어는 거의 90%가 한자어라고 전문학자들은 분석하고 있다.

따라서 한자를 모르고서는 정확한 의사전달이 불가능하기 때문에 학계에서는 현재의 한글 전용 정책을 한자 병용으로 전환해야 한다는 주장도 거세게 들린다. 사실 한글은 소리만 나타내는 표음문자(表音文字)이기 때문에 정확한 개념이 전달되지 못하지만, 한자는 글자마다 고유의 뜻이 담긴 표의문자(表意文字)이므로 의사전달이 정확하다.

그 사례를 든다면 감상이라는 낱말의 경우 이 말에는 感傷, 感想,

感賞, 鑑賞 등 뜻이 다른 여러 가지 용어가 있어 한글만으로는 정확한 의사전달이 불가능하다. 또 한 가지 예를 든다면 해인사(海印寺)와 현충사(顯忠祠)를 영어로 번역할 경우 한자를 모르면 해인사의 寺(temple) 자와 현충사의 祠 (shrine)를 구분하지 못할 수도 있게 된다. 따라서 소리를 나타내는 한글과 뜻을 나타내는 한자를 병용한다면 보완 효과를 얻어 정확한 의사전달을 할 수 있을 것이다.

이러한 보완 효과를 가장 먼저 인식한 분이 한글을 제정하신 세종대왕이시다. 세종대왕께서는 한글을 제정하시고 바로 지으신 용비어천가(龍飛御天歌)에 한글과 한자를 병용하였다. 일본도 현재 한자를 병용하고 있어 어휘 능력이 우리보다 앞서고 있기 때문인지 노벨 문학상을 여러 번 탔는데 우리는 아직 한 번도 타지 못했다.

한글은 또한 우리 민족의 정체성을 확고히 다지는 역할도 하기 때문인지 우리 한반도는 지정학적으로 열강의 침공을 계속 받기도 하고, 심지어 식민지가 되기도 했는데 소멸되지 않고 오히려 번영하고 있다는 사실도 깨닫게 된다.

한글은 이와 같이 소중한 민족의 정체성을 다지는 역할까지 하고 있으니 생존전략 차원에서도 더욱 자랑스럽게 여겨진다.

〔2019년 10월호〕

가을 산자락에서 만난 한 송이 들국화

가을은 오곡백과가 익어가는 풍성한 계절이라고 예찬하지만 늙어가는 사람에게 이 가을은 고독과 공허감을 부추기는 계절이기도 합니다. 그 무성하게 자라던 초목들이 한 해의 생애를 마치고 시들어가는 이 황량한 가을의 산자락은 마치 황혼기에 들어선 내 모습과도 같아서 더욱 쓸쓸하기만 합니다.

이렇게 부질없는 감상(感傷)에 젖으면서 가을 산자락을 혼자 걷고 있는데 우연히 한 송이 들국화가 나타났습니다. 낙엽이 휘날리는 삭막한 산자락에서 우연히 만난 이 한 송이 들국화가 너무도 반가워 나는 빠른 걸음으로 다가갔습니다.

혼자 외롭게 핀 이 한 송이 들국화는 떼 지어 군락을 이루는 일반 야생화와는 달리 희귀한 희소가치를 느끼게 해서 더욱 소중하게 여겨집니다. 연한 보라색의 이 화사한 들국화에 매료되어 나는 그 앞에 쪼그리고 앉아 살며시 쓰다듬어 보고서는 시간 가는 줄도 모르고 응시합니다. 가을바람에 한들거리는 꽃송이를 보면 볼수록 은은한 매력을 느끼게 합니다.

가을 한 철에만 피는 이 청아(淸雅)한 들국화는 연중 계속해서 피는 장미꽃과 뚜렷한 대조를 나타냅니다. 장미꽃은 화려하고도 요염

한 자태를 뽐내는 서양의 외식적(外飾的) 아름다움이라고 한다면, 들국화는 소박하고도 수줍어하는 동양의 내면적 아름다움이라고 여겨집니다.

가을 산자락에서 우연히 만난 한 송이 들국화는 늙어가는 이 부족한 사람에게 앞으로 어떻게 해야 여생을 추하지 않고 자그마한 보람이라도 느끼면서 살 수 있을지 값진 삶의 지혜를 암시해 줍니다. 사람은 본시 늙어갈수록 욕심이 심해진다고 해서 이를 노욕(老慾)이라 하고, 노욕이 심해지면 추해진다고 해서 이것을 노추(老醜)라고 하며 이 들국화는 주옥같은 교훈을 계속해서 암시해 줍니다.

욕심을 버리면 잔소리나 우는소리를 하지 않고 오히려 남에게 베풀려는 마음이 생겨 아무리 늙어도 품위를 잃지 않고 어른으로 대접받는다고 합니다. 이 들국화는 특히 "늙을수록 입은 다물고, 지갑은 열라."는 격언까지 알려줍니다. 이러한 몸가짐으로 살아간다면 일상생활이 항상 즐겁고 긍정적으로 여겨져 활기가 넘치게 된다고 저 들국화가 암시해 줍니다.

단아(端雅)한 이 들국화는 또한 우리 어머니들의 티 없이 맑은 모습을 연상케 할 뿐만 아니라, 우리 겨레의 소박한 농경문화와 정신문화 뿌리라고 할 농심(農心)에 대해서도 음미하게 합니다. 농심이란 글자 그대로 대자연을 벗 삼아 농사짓는 농민의 마음이라고 합니다. 농심은 자연의 섭리에 순응하면서 밭을 갈아 씨를 뿌리고 가꾸는 과정에서 터득한 농민의 소박한 마음가짐이기 때문에 티 없이 맑다고 합니다. 그래서 농심은 자연이 주는 대로 거두려고 하기 때문에 분에 넘치는 욕심을 부리지 않게 되니 농사일이 아무리 힘들어도 마음은 어제나 편하고 행복감을 느끼게 된다고 이 들국화는 속삭입니다.

이 들국화는 행복의 참뜻이 무엇인지도 암시해 줍니다. 행복은 천하를 호령하는 권력이나 억만장자의 재력에서 생기는 것이 아니고, 오직 마음가짐 하나로 만들어간다고 합니다. 스스로 행복하다고 여기면 아무리 열악한 환경에서도 범사에 감사하며, 일상생활이 긍정적이며 낙천적으로 여겨진다고 합니다.

따라서 행복은 두메산골 오막살이에도 있고, 한 조각의 빵에도 있으며, 재난의 현장에서 구슬땀을 흘리는 자원봉사자의 가슴에도 있고, 약자를 도우려는 의협심에도 있다고 속삭입니다.

이와 같이 들국화에 매료되었다가 일어나 저 가을 산자락을 바라보니 갈대숲이 보이고, 창공에는 뭉게구름이 떠 있어 가을의 정취를 한결 진하게 느끼게 합니다. 사람의 키를 훌쩍 넘는 갈대숲이 가을바람에 파도치는 풍경은 어린 시절에 또래들과 숨바꼭질하던 아름다운 추억을 연상시킵니다.

맑은 가을의 창공에 둥실 떠 있는 저 뭉게구름에는 아득한 어린 시절 할머니가 들려주던 신기한 전설과 아름다운 옛 추억도 담겨 있는 듯싶어 다시 쳐다보게 합니다. 이날 이렇게 혼자 명상에 잠기면서 산책한 가을 산자락에는 인간사회의 갈등이나 미움은 없고, 오직 사랑과 평화만이 감도는 지상 낙원이었기에 이 부족한 사람에게 대자연을 감상하면서 나 자신을 되돌아보게 하는 소중한 기회를 제공해 주었습니다.

〔2019년 11월호〕

문재인 정권 5년 임기의 전반기 평가

지난 11월 9일이 문재인 정권 5년 임기의 전반기를 마감하는 시점이기에 지난 2년 반 동안의 행적을 평가해 보고자 한다.

한국의 좌파세력이 2016년에 광화문 촛불시위를 유발해 나타난 문재인 정권은 출범하자 국정지표는 전연 제시하지 않고, 오로지 '적폐청산' 이라는 미명으로 지난 정부에 대해 보복부터 시작했다. 이명박, 박근혜 두 전직 대통령과 당시의 고위 공직자를 감옥에 가두고 온갖 비리를 조작해 사회 분노를 일으켜 나라를 좌파와 우파로 갈라놓고, 이념 분쟁을 격화시키고 있다.

특히 우려되는 현상은 문재인 정권이 북한 김정은의 눈치만 살피기 때문에 미국이나 일본과의 전통적 우호 관계가 훼손되고 있다는 사실이다. 일본에 대해서는 1965년에 이미 타결된 강제 징용 청구권 문제를 거론해 한일관계를 악화시켰고, 일본과 설정한 GSOMIA(한일 군사정보 보호 협정)까지 파기해 미국과의 관계도 소원해지고 있다. 그런데 11월 22일 수출규제 문제 해소를 들어 지소미아 종료를 조건부로 연기하여 국민의 눈에는 불안하고 정부를 신뢰하기가 힘든 실정이다.

문재인 정권의 친북 성향은 노골화되어 '남북 평화' 라는 명분으로

38선의 군사시설을 철거하고 그 자리에 도로를 개설했을 뿐만 아니라 전방의 요충지에 설치한 대전차 방어벽까지 허물어 김정은에게 남침의 통로를 제공하고, 국군 병력까지 약화시켜 나라의 안보를 허물고 있다.

이처럼 미국과 일본과의 전통적 우호 관계는 약화시키고, 북한의 김정은에게는 지나칠 정도로 비굴하다. 심지어 북한에서 구사일생으로 탈출해 온 청년 두 사람을 붙잡아 판문점으로 끌고 가서 잔인하게 북송했다. 이로 인해 문재인 정권은 국제여론의 지탄을 받고, UN은 이번 사건을 심각한 인권문제로 다루기에 이르렀다. 문재인 정권의 이러한 친북 성향에 대해 외신들은 문재인 대통령을 김정은의 대변인이라고 야유하고, 일본에서는 문재인 대통령을 북조선이 만든 대통령이라는 책자가 나돌고 있다.

문재인 정권은 국제사회로부터 이렇게 조롱받으면서도 김정은에게 충성하는데도 불구하고 김정은은 문재인을 '삶은 소대가리' 라고 야유할 뿐만 아니라 장거리 미사일로 계속 위협하고, 최근에는 금강산에 있는 우리 남한의 위락시설을 지저분하다며 철거하겠다고 한다. 이렇게 되고 보니 문재인 정권은 이제 미국이나 일본뿐만 아니라 김정은으로부터도 따돌림을 당하고 있다.

문재인 정권의 이러한 친북 좌파 성향은 대통령이 된 후에 처음 생긴 것이 아니고, 이미 오래전부터 체질화된 것으로 분석된다. 그는 이승만 대통령의 업적을 부정하고, 박정희 대통령은 독재자로 매도하면서 대한민국의 정통성은 인정하지 않고, 북조선 김일성 일가의 세습 독재에 대해서는 향수를 느낄 정도로 찬양하는 것으로 보인다.

문재인 정권의 이러한 친북 반미 성향으로 말미암아 정부의 요직은 물론, 언론까지 주사파가 장악하고 일사불란하게 통제하고 있다. 이들 친북 주사파의 특징은 사회정의를 앞세우고 뒤에서는 자기들의 실속부터 챙기는 것이 관행이다. 그 대표적 사례가 이번 법무부 장관에 내정되었다가 들통난 조국의 가면에서 여실히 나타나고 있다.

문재인 정권이 주도하고 있는 주사파의 특징은 인민 대중을 선동해 분노와 적개심을 유발하여 세력을 확장하는 것이 관행이다. 그리고 강력한 투지로 똘똘 뭉쳐서 막강한 조직력과 권모술수로 끈질기게 투쟁한다. 이러한 연유에서 좌파는 우파보다 수적으로는 약세이면서도 막강한 힘을 발휘한다. 이에 반해 우파는 소극적으로 몸을 사리고 눈치만 살피면서 따뜻한 아랫목을 차지하려고 하니 좌파보다 수적으로는 우위를 차지하면서도 밀리는 것이다.

우파의 이러한 소극적인 생리가 이번 광화문 광장에서 문재인 정권의 실정에 맞서 투쟁하는 과정에서 새롭게 탈바꿈하고 있으니 진실로 다행한 일이다. 광화문 광장에서 모처럼 나타난 우파진영의 이러한 결집된 힘이 내년 4월 15일의 총선에서도 나타나 오늘의 이 국가 위기가 극복되기를 간절히 바란다.

(2019년 12월호)

北靑소식

2018.1~2018.12

중국의 오만한 패권주의

중국이 주변국에 대해 안하무인격으로 설치고 있는 패권주의는 시일이 갈수록 심해지고 있다.

중국은 지난 12월 14일에 국빈 방문한 우리나라 대통령의 수행 기자단을 현장에서 무자비하게 집단 폭행하고서도 사과가 아닌 관심이라는 애매모호한 말로 얼버무렸다. 문재인 대통령의 이번 방문에서 중국 측이 취한 의도적인 홀대 조짐은 처음부터 나타났다.

국제관례는 외국 대통령의 전용기가 공항에 도착하면 국가 원수나 총리가 영접하고 부득이한 경우에 한해 최소한 장관이 맞이하는 것이 관례인데 이번에는 그 관례를 깨고 차관도 아닌 차관보가 영접했다. 뿐만 아니라 방문 기간에는 국빈으로서의 예우도 매우 소홀했던 것으로 알려져 있다.

본시 국빈에 대해서는 국가 최고의 의전과 경호가 따르는 것이 관례인데 이번에는 그 관례를 무시하고 이렇게 박대하고, 수행기자까지 집단폭행했으니 중국은 이번 기회에 한국에 대해 본때를 보이면서 길들이기 하려는 의도가 깔려 있는 것으로 분석된다.

특히 지난 10월에 열린 공산당 대회에서 시진핑 주석은 집권 2기를 맞이하면서 "중화민족의 위대한 부흥시대를 열겠다."며 그 과업을 중국몽(中國夢)이라는 이름으로 패권주의를 더욱 강하게 표명했던 것이다.

중국의 오만한 패권주의는 우리가 북한의 핵 위협에 대해 자위적 차원에서 사드를 배치하려고 할 때에도 나타났다.

지난 2016년 북한이 핵실험으로 우리를 계속 위협하자 우리는 부득이 사드를 배치하려고 하니 중국은 자기 나라의 군사기밀이 노출된다며 한사코 반대하고 있다. 마치 강도가 무서워 CCTV를 설치하려고 하니 옆집에서 자기들의 사생활이 노출된다며 반대하는 모양새다.

사실 우리가 사드를 배치하게 된 원인은 중국이 제공한 것이다.

중국은 UN의 북한 제재에 대해 겉으로는 동조하는 척하면서도 뒤에서는 오히려 방조하고 있으니 한국으로 하여금 어쩔 수 없이 사드를 배치하게 만들었다. 따라서 중국은 사드가 싫으면 우선 북한이 도발하지 못하도록 제지하는 것이 순리인데 이렇게 억지를 부리고 있으니 이는 분명 오만한 패권주의가 아닐 수 없다. 중국의 이러한 오만한 태도는 그 뿌리가 역사 속에 박혀있다.

중국은 우리와 같은 유교문화권의 이웃 나라이면서도 오랜 세월 종주국이라는 우월감을 가지고 1636년에 병자호란(丙子胡亂)까지 일으켜 우리를 괴롭혔다. 그러다가 청일전쟁(1894~1895)에서 일본에게 패망함으로써 종주권을 빼앗기고 비로소 우리나라에서 물러나 오늘에 이르렀다. 그러면서도 중국은 아직도 우리에게 우월감을 버리지 않고 종주국 행세를 하면서 오만한 패권주의를 나타내고 있다.

그 대표적 사례가 동북공정(東北工程)이라는 이름으로 우리의 고구려사(高句麗史)를 왜곡하기도 하고, 서해의 우리 황금 어장에 떼를 지어 침입해 불법 조업하다가 이를 단속하던 우리 해양경찰을 무참히 살해하고서도 오늘에 이르기까지 우리 영해를 침범해 어족 자원을 고갈시키고 있다. 중국은 우리 한반도의 분단을 국제무대에서 교묘하게 이용하기 위해 남북통일을 방해하는 나라라는 사실을 우리는 확실히 인식해야 한다.

중국은 6 · 25 전쟁에서 우리 국군과 UN군이 압록강까지 진격해 통일을 눈앞에 둔 시점에 인해전술로 개입해 통일을 무산시켰던 것이다. 그리고 김일성 일가의 세습적 독재에 견디다 못해 만주로 피신하는 탈북 통로를 차단하고, 구사일생으로 탈출한 난민을 색출해서는 또다시 죽음의 땅으로 압송하는 만행을 서슴없이 자행하고 있다.

중국은 또한 북한의 핵개발을 저지하고자 UN이 추진하는 대북 제재에도 불구하고 뒤에서 계속 지원하며 북한 정권이 무너지지 않게 꾸준히 방조하면서 우리의 통일을 가로막고 있다.

따라서 중국에 대한 우리의 생존전략은 오직 우리의 국익만을 위해 당당하게 맞서는 동시에 미국에 대해서는 보란 듯이 한미동맹을 강화하는 길 밖에 없다. 중국에 대한 이러한 대응전략이 우리나라의 외교 관행으로 꾸준히 이어져 왔던 것이다.

그런데 문재인 정부가 들어서자 이러한 관행을 깨고 중국의 눈치를 살피면서 성급하게 우호의 손을 내밀다가 이번 국빈방문에서 행패를 당한 것이다. 중국이 요즘 들어 나라 경제가 좀 앞서가더니 우리 한국뿐만 아니라 동남아의 인접 국가에 대해서도 영유권 다툼을 계속하며 행패를 부리고 있다는 사실에 우리는 주목하면서 새로운 전략을 모색해야 할 것이다.

〔2018년 1월호〕

천국과 지옥의 경계선

우리가 생각하기에 천국은 저 높은 하늘에 있고, 지옥은 땅속 깊은 곳에 있을 것이니 천국과 지옥은 하늘과 땅만큼이나 멀리 떨어져 있는 것으로 여긴다.

그러나 천국과 지옥은 바로 내 마음속에 있다는 사실을 우리는 일상생활을 하는 과정에서 느끼게 된다. 같은 문제도 생각하는 각도에 따라 천국이 되기도 하고, 지옥이 되기도 한다는 사실을 알았다.

오늘을 사는 우리 노인들은 지난 20세기의 혹독한 전란과 굶주림에서 살아남기 위해 몸부림치는 과정에서 천국과 지옥을 넘나들었으니 이러한 사실을 삶의 현장에서 직접 체험했던 것이다. 그래서 똑같은 문제라도 어떤 사람에게는 천국이 되고, 어떤 사람에게는 지옥이 된다는 것을 알게 되었다.

즐겁다고 생각하는 사람에게는 천국이 되고, 괴롭다고 생각하는 사람에게는 지옥이 되는 것이다. 따라서 천국과 지옥은 우리의 마음가짐 여하에 따라 생기는 심리적 현상이라는 사실을 깨닫게 된다.

아무리 지옥같이 보이는 문제라도 이렇게 천국으로 보이게 할 수 있는 마음가짐은 어떻게 만들어질까? 그것은 일상생활에서 부딪치게 되는 모든 문제에 대해 긍정적으로 대처하면서 꾸준히 축적한 경륜에서 얻어진 결과라고 하겠다.

오늘의 노인들은 지난날의 생활전선에서 터득한 생활의 지혜를 일상생활에 슬기롭게 활용한다면 지옥 같은 어려운 환경도 천국으로 만들 수 있다고 믿어진다.

지난날에 터득한 생활의 지혜 가운데서 노후를 천국으로 만들 수 있는 가장 요긴한 덕목은 겸손이라고 믿는다. 겸손이야 말로 노후생활을 천국으로 만들면서, 품위 있는 노인으로 만드는 기본 요건이라고 감히 단언하고자 한다. 마음이 겸손하면 모든 사물이 긍정적으로 보이고, 감사하는 마음이 저절로 우러나 천국으로 여겨져 활기가 넘쳐날 것이다.

아무리 늙어도 마음이 겸손하면 "입은 다물고 지갑은 열라."는 격언대로 아무리 하고 싶은 말이 많아도 조용히 듣기만 하고, 돈에 아무리 궁해도 꼭 필요한 일에는 아낌없이 베풀려는 마음이 저절로 솟아날 것이다.

마음이 겸손하면 매사가 천국으로 보여 짜증 낼 일도 없을 것이니 마음이 편해지고, 따라서 표정도 밝아져서 남에게 좋은 인상을 주게 될 것이다.

겸손한 노인은 또한 자기 자신보다 남을 배려하며, 설치지 않고 잔소리도 없이 온유하고 너그러운 어른으로 대접받으면서 여생을 천국으로 만들 것이다.

겸손한 노인은 젊은 사람들을 얕보지 않고, 그들로부터 오히려 배우고자 하게 되니 젊은 세대와도 어울리게 되어 활동범위도 넓어질 것이다.

이러한 마음을 가지면 아무리 늙어도 욕심이 생기지 않고 심성도 맑아지기 때문에 아름답게 늙을 뿐만 아니라 모든 사리판단을 정확히 내릴 수 있게 되어 존경받는 어른으로 대접받게 될 것이다.

욕심을 버리면 특히 노인들이 쉽게 당하는 사기에 걸려드는 일도 생기지 않을 것이다. 이렇게 맑은 심성으로 처세한다면 아무리 늙어도 친구가 많이 생겨 노후에 가장 무서운 고독감도 느낄 겨를도 없이 활기찬 여생을 즐길 수 있어 건강까지 저절로 따라와 천국 같은 생활을 하게 될 것이다.

나는 지난날 무더운 여름철에 친구들과 함께 높은 산에 오르다가 천국과 지옥의 경계선은 종이 한 장 차이라는 사실을 느꼈던 것이다.

가파른 길을 땀을 흘리면서 오르다 보니 물병의 물이 어느새 반밖에 남지 않아 이것 야단났다며 당황했다. 이렇게 속으로 걱정하다가 생각을 바꾸어 "그렇게 많이 마셨는데 아직도 반이나 남았으니 다행이라."고 여기니 마음이 후련해졌다.

노인들은 늙을수록 아픈 곳이 여기저기에 생기기 마련인데, 이 경우에도 "이것 큰 일 났구나." 하면서 부정적으로 생각한다면 스스로 지옥을 만드는 결과가 된다. 이와 반대로 "이 나이에 당연히 생기는 병이라."고 긍정적으로 받아들인다면 고통이 덜해질 것이다.

이와 같이 똑같은 문제에 부딪쳐도 생각하는 각도에 따라 천국이 되기도 하고 지옥이 되기도 한다는 사실을 체험하게 된다.

천국과 지옥은 이렇게 멀리 떨어져 있는 것이 아니고 항상 붙어 다니면서 우리의 마음가짐 여하에 따라 바뀌는 것이다.

〔2018년 2월호〕

옛 대통령의 눈물과 현 대통령의 웃음

지난날 박정희 대통령은 눈물이 많았다는데, 오늘의 문재인 대통령은 항상 예쁜 웃음을 짓는 얼굴로 신문에 자주 나타난다.

눈물은 슬픔을 의미하고, 웃음은 기쁨을 의미하는 증표이기 때문에 눈물을 흘리던 박정희 대통령 시절과 웃음 짓는 오늘의 문재인 대통령 시절의 사회분위기도 이에 따라 명암(明暗)이 뚜렷할 것이다.

그런데 박 대통령의 시절에는 조국 근대화라는 원대한 국정지표를 설정하고 근면과 자조, 협동이라는 행동강령을 앞세워 국민들을 이끌었기에 밝은 미래가 확연히 보였다. 그런데 웃음 짓는 오늘날에는 국민을 결집시킬 국정지표는 아무 데도 없고 오직 과거사 청산이니 적폐 청산이라는 구호 아래 지난 정부 시절의 국정만 파헤치니 국가의 미래가 보이지 않아 앞이 캄캄할 뿐이다.

이렇게 답답하다 보니 지난날의 박정희 대통령 눈물이 오히려 그리워진다. 박정희 대통령이 흘린 눈물은 슬프거나 분노의 눈물이 아니고 배고픈 한을 풀고야 말겠다는 굳은 철학이 함축되어 있었다.

특히 1964년 12월에 뤼브게 대통령의 초청으로 서독 방문 길에 함보른 탄광(Hamborn)에서 우리의 광부와 간호사들의 손을 붙잡고 흘린 눈물에는 가난한 조국을 근대화하려는 굳은 신념과 불타는 정열이 담겨 있었다.

"눈물 젖은 빵 조각을 먹어보지 못한 자는 인생을 논하지 말라." 고 독일의 세계적 문호(文豪) 괴테가 설파한 눈물이 바로 이 탄광에서 흘린 대통령의 눈물이고, 광부와 간호사의 눈물이며, 우리 민족 모두의 눈물이었다.

이 시기의 우리나라 1인당 GDP는 고작 60달러였는데, 북한은 120달러, 필리핀은 170달러, 태국은 220달러였으니 우리는 아시아 지역에서 꼴찌였다. 이렇게 어려운 시기에 흘린 눈물에서 우리는 배고픈 서러움이 얼마나 혹독한지 깨달았고, 한 톨의 쌀알이 얼마나 소중한지 터득했으며, 일터의 고마움을 뼈저리게 체험했고, 땀의 가치가 무엇인지 절실하게 느꼈다.

일터의 소중함을 절실하게 체험한 이들 광부는 1천 미터나 되는 무더운 땅속에서 석탄 먼지를 뒤집어쓰고 일하다가 하루에 한 두 차례 지상(地上)으로 올라와 시원한 콜라 한 잔 마시는 것이 유일한 즐거움이었는데, 그들은 돈이 아까워 이것마저도 마시지 않았다.

어린 간호사들은 각 병원에 배치받아 희미한 지하의 영안실에서 혼자 굳은 시신을 알코올로 닦는 고되고도 무서운 일을 했다.

이렇게 피땀으로 벌어서 집으로 보낸 돈이 당시 외화(外貨)가 없어 쩔쩔매던 나라에 요긴한 산업자금이 되었을 뿐만 아니라, 서독 정부는 광부와 간호사의 노임을 담보로 막대한 차관까지 제공해주어 우리나라 경제개발에 속도가 붙었다.

정부는 서독뿐만 아니라 1964년부터 베트남 전쟁에도 뛰어들어 막대한 이권을 챙겼고, 사우디 등 중동(中東)에서 건설 붐이 일자 여기에도 근로자를 파송해 막대한 외화를 벌어들였다. 이렇게 벌어들인 돈으로 자동차도 거의 없던 시절에 고속도로를 건설하고, 철광석도 나지 않는 나라에서 포항의 모래 언덕에 제철소를 건설해 근대 산업국가의 기반을 구축했다.

보릿고개에 시달리는 농촌도 살리고자 70년대 초에 새마을운동을 전개하는 동시 녹색혁명에도 성공해 우리는 비로소 쌀밥을 배불리 먹게 된 것이다.

우리 속담에 "쌀독에서 온정이 생기고, 쌀독에서 민주주의가 싹튼다."는 격언대로 쌀독이 텅텅 빈 가난한 그 시절에는 인권이나 민주주의를 챙기려 해도 챙길 수 없었다. 그러다가 경제개발에 성공해 쌀독이 채워지면서 비로소 인권을 찾게 되고, 민주주의를 챙기게 된 것이다.

이러한 사실을 감안할 때 오늘날 우리가 누리고 있는 인권이나 민주주의도 가난하던 시절에 눈물을 흘리면서 소복이 채운 쌀독에서 싹터서 오늘날에는 무럭무럭 자라고 있다는 사실을 깨닫게 된다. 이리하여 서독의 함보른 탄광에서 광부와 간호사의 손을 잡고 흘린 대통령의 눈물이 결국 나라의 쌀독을 채운 소중한 눈물이 되었다는 사실이 역사 앞에 판명되었다.

이제 문재인 대통령이 현재 대중 앞에서 자주 보이고 있는 예쁜 웃음은 장차 어떤 결과를 가져올는지 역사가 준엄하게 입증할 것으로 나는 굳게 믿는 바이다.

(2018년 3월호)

평창 동계 올림픽 종합평가

지난 2월 9일부터 2월 25일까지 17일 동안 열린 평창 동계 올림픽을 종합적으로 평가해 보면 밝은 측면과 어두운 측면이 엇갈리는 행사라고 요약된다.

밝은 측면은 웬만한 선진국도 엄두를 내지 못하는 동계 올림픽을 우리는 성공적으로 해냈다는 사실이고, 어두운 측면은 UN제재에 시달려 쓰러져 가던 북한의 김정은에게 국제무대에서 각광을 받는 기회를 제공했다는 사실이다.

이번 평창 동계 올림픽은 92개국의 선수 2,920명뿐만 아니라 국내외의 손님까지 합해 몇 만 명이 참가한 사상 최대 규모의 행사였는데, 여러 종목의 경기장은 물론, 숙박시설까지도 완벽했다는 점에서 주목받고 있다. 더욱이 이렇게 17일 동안 치른 행사에서 사건 사고가 전혀 없었다는 사실도 새로운 기록이라고 하겠다. 이러한 성과를 창출한 공로자는 이번 행사를 준비 단계에서부터 진행과 뒷처리에 이르기까지 잘 마무리한 조직 위원회의 뛰어난 솜씨와 1만 6천명에 이르는 자원봉사자의 헌신적 활동의 결과라고 하겠다.

특히 개막식, 폐막식 행사는 우리나라의 전통적 고유문화와 첨단과학기술을 유감없이 발휘한 좋은 기회가 되었다는 사실이다. 흰

눈이 깔린 강원도 산악지대의 신비스러운 캄캄한 밤하늘에 LED 촛불과 1,218개의 드론이 공중에서 한 치의 오차도 없이 무리 지어 올림픽 마크인 5색의 원을 그렸고, 평화의 상징인 비둘기를 나타낸 장면은 진실로 환상적이었다. 이렇게 진행된 개막행사는 무려 3시간 동안 신비스러운 야간 조명을 받으면서 환상적으로 진행되었으니 우리 국민 모두의 자랑이다.

우리 대한민국은 1988년에 하계 올림픽을 축제 분위기 속에서 성공적으로 개최함으로써 지구촌의 변방에 있던 나라를 지구 중심부에 우뚝 세운 계기를 만들었다. 그로부터 14년 뒤인 2002년에 열린 월드컵 행사에서는 100만 명에 이르는 응원단이 상암 월드컵 경기장과 광화문 광장에서 우리의 민요 아리랑을 합창하면서 우리 민족을 하나로 묶었다. 여기에 이번 동계 올림픽까지 성공적으로 치렀으니 우리 대한민국은 이제 지구촌의 모든 체육행사를 치른 자랑스러운 나라가 된 것이다.

1988년 서울 하계올림픽의 주제 음악은 당시 미소(美蘇) 냉전으로 갈라진 세계를 하나로 묶는다는 의미에서 '손에 손 잡고(Hand in Hand)' 였고, 2002년의 월드컵 행사에서는 우리의 대표적 전통 민요인 아리랑의 구성진 곡조를 발랄하게 편곡해 역동적인 응원가로 합창해 민족적 일체감을 심었던 것이다.

이번 평창올림픽에서는 "우리 모두 빛나게 하자(Let' s Everyone Shine.)"라는 주제곡이었다. 이리하여 이번 평창 동계올림픽은 대한민국의 문화와 첨단 과학기술, 그리고 아름다운 자연 풍광을 지구촌에 알리는 경사스러운 국가적 행사라는 밝은 측면이 있는 반면에 어두운 측면도 적지 않았다.

그 대표적 어두운 측면은 이번 동계 올림픽에서는 지난 1988년의 하계 올림픽이나 2002 월드컵 경기 때의 단합된 분위기는 아무 데도 나타나지 않고 오직 갈등과 분열뿐이었다는 사실이다. TV나 신문에는 이번 평창 동계올림픽 소식보다는 연일 적폐 청산이라는 이름으로 전직 대통령을 소환해 심문하는 어두운 기사로 채워졌으니 올림픽 소식은 뒷전으로 밀려났다.

더욱이 이번 평창 동계 올림픽에 북한 김정은은 여동생 김여정과 우리 해군의 천안함을 폭침시킨 원흉 김영남을 선수단과 미녀 응원단과 함께 보내왔기에 우리를 놀라게 했다.

본시 권모술수에 능한 북한의 이러한 장난에 우리는 대뜸 평창 올림픽이 평양 올림픽이 되지 않을까 염려했는데 이러한 우리의 기우가 현실로 나타났다.

친북 성향의 문재인 정부는 이번 동계 올림픽을 계기로 현재 UN 제재를 받고 코너에 몰린 북한 김정은에게 재기의 기회를 제공하고 있다는 사실은 한반도의 미래를 오리무중으로 빠트리고 있다. 이러한 문재인 정부의 대북정책은 확실히 김정은의 덫에 걸리고 있는 듯싶어 불안하기만 하다. 이번에 열린 평창 동계올림픽을 이렇게 종합적으로 분석해 보면 득(得)과 실(失) 중에서 어느 쪽에 무게가 더 많았는지 판단하기 어렵게 되었다. 이러한 현실에서 한반도의 미래를 염려하는 우리 민초들은 현 정부의 대북정책에 정신을 곤두세워야 하겠다.

〔2018년 4월호〕

민족의 영웅, 안중근 의사

지난 3월 26일은 안중근 의사가 순국한 지 108주년 되는 날이다.

안중근 의사는 구한말(舊韓末)에 대한제국을 강탈한 일제의 만행을 세계만방에 고발한 우리 민족의 영웅이다.

안중근 의사는 나라가 일본의 침략을 받게 되자 1907년에 만주를 거쳐 연해주로 건너가 그곳에서 의병활동을 전개했다. 이때 뜻을 함께 하는 11명의 동지를 규합해 약지(藥指; 넷째 손가락)를 절단한 단지동맹(斷指同盟)을 결성하고 항일전에 몸을 바치기로 결심했다.

이 무렵에 안중근 의사는 일제의 괴수 이토 히로부미(伊藤博文)가 만주 하얼빈에 온다는 첩보를 입수하자 이 기회에 그 원흉을 사살 하기로 결심하고, 구체적인 거사계획을 모색하고 있었다. 그러던 때인 1909년 10월 26일의 오전 9시 30분에 만주 하얼빈 역의 플래트폼에서 갑자기 세 발의 총소리와 함께 '대한제국 만세' 라고 외치는 소리가 울려 퍼졌다.

바로 그 순간 경호원들의 호위를 받으며 열차에서 내리던 귀빈이 피투성이 되어 그 자리에 쓰러져 이 일대가 삽시간에 아수라장이 되었다. 이날 아침에 총을 쏘고 만세 부른 사람은 우리의 영웅 안중근 의사였고, 그 총에 맞아 죽은 사람이 바로 이토 히로부미였다.

현장에서 체포된 안중근 의사는 뤼순(旅順) 형무소에 수감되어 1심 재판에서 사형 언도를 받고 5개월 뒤인 1910년 3월 26일에 사형을 집행하기로 판결이 났다.

이 판결에 대해 변호인이 "안중근 의사는 대한제국의 군인 신분이기 때문에 국제법에 따라 군사재판을 받아야 하며, 1심에 불복하고 상고하겠다."고 주장했다.

변호인의 이 주장에 대해 안중근 의사는 "나는 이미 나라에 바친 몸이기 때문에 일제에 목숨을 구걸하지 않고 당당하게 죽기로 결심했으니 상소를 포기한다."고 선언했다. 그러면서도 안중근 의사는 어머니를 두고 먼저 간다는 불효에 마음이 몹시 아팠다.

사형을 앞두고 이렇게 불효를 안타까워하는 사형수 아들에게 어머니 조 마리아(본명 조성녀)는 다음과 같은 애절한 편지를 보냈다.

그 편지에는 "네가 이번에 감행한 거사는 우리 동포 모두의 분노를 세계만방에 널리 알려준 계기가 되었다. 따라서 네가 사형선고를 받고 어머니보다 먼저 죽는 것을 불효라고 생각해 상소(上訴)한다면 그것은 일제에 목숨을 구걸하는 것이니 딴마음을 먹지 말고 죽는 것이 어미에 대한 효도다.

그래서 내 수의(壽衣)를 보내니 이 수의를 입고 먼저 가거라. 이 어미는 너를 현세(現世)에서 다시 만나기를 기대하지 않으니 저 세상에서 천부의 선량한 아들이 되어 그곳에서 만나자."라고 쓰여져 있다.

사형 언도를 받은 아들에게 보낸 어머니의 이 편지에는 가슴을 저리게 하는 애틋한 사랑이 배어 있고, 나라와 민족을 염원하는 뜨거운 충성심이 농축되었기에 우리 모두에게 크나큰 감동을 주고 있다. 진실로 위대한 어머니에 위대한 아들이다.

안중근 의사는 1879년 9월 2일에 황해도 해주에서 태어나 1910년의 3월 26일에 형장의 이슬로 생을 마감했으니 그의 일생은 겨우 31년이다. 이렇게 짧은 생애지만 그는 누구보다 굵고도 장한 삶을 살았다. 안중근 의사는 항일전에 몸 바친 의사인 동시에 동양 평화라는 유명한 논설을 남길 정도로 미래를 통찰하는 선각자이며, 온유한 유학자였다.

안중근 의사가 뤼순 형무소에서 5개월 동안 수감생활을 할 때에 쓴 동양 평화론은 현재 국제적으로 학술 연구의 대상이 될 정도로 평가받고 있다. 뿐만 아니라 형무소 내부에서는 그의 뛰어난 붓글씨에 단지(斷指) 손도장이 찍힌 휘호를 얻으려는 경쟁도 일어났다고 한다.

이리하여 안중근 의사는 침략당한 대한제국의 억울함을 세계만방에 알렸을 뿐만 아니라 나라를 빼앗기고 슬픔에 싸인 우리 백성들에게 민족혼을 되살린 위대한 영웅이다.

〔2018년 5월호〕

자랑스러운 흥남 철수작전 기념사업회

1950년 12월 12일부터 24일까지 13일 동안 단행된 흥남 철수작전은 같은 해 9월 15일에 단행한 인천 상륙작전과 더불어 세계 전쟁사에 영원히 기록될 대규모 전투라고 하겠다. 흥남 철수작전은 또한 제2차 세계대전에서 감행된 저 유명한 덩케르크(Dunkirk) 철수작전에서는 이루지 못한 민간 피난민을 10만이나 동시에 구출했다는 점에서 위대한 인도주의도 실현한 새로운 기록을 세웠다.

이러한 흥남 철수작전을 여러 각도에서 분석해보면 두 가지의 특성을 지니고 있다.

그 하나는 인해전술로 끈질기게 추격해 오는 중공군의 공격에 대응해야 하는 치열한 군사작전을 수행하면서도 많은 민간인을 구출했다는 사실이다. 또 하나는 10만에 이르는 피난민이 흥남부두의 벌판에서 13일 동안 영하 20도의 혹한에서 굶주리면서도 밤을 지새워 수송선을 탈 때까지 질서를 철저하게 지켰다는 사실이다.

이렇게 위대한 흥남 철수작전이 오랜 세월에 잊혔다가 2002년에 흥남 철수작전 기념사업회가 발족됨으로써 비로소 다시 빛을 보게 된 것이다.

이 기념사업회가 발족된 동기는 영안모자의 백성학(白聖鶴) 회장의 기부금과 정부의 지원금으로 설립되었고, 2005년에 황덕호(黃德浩) 회장의 주도로 거제도의 옛 포로수용소 자리에 흥남철수 기념공원을 조성함으로써 생동감 넘치는 활동을 전개하게 되었다.

흥남철수 기념사업회는 거제도에 기념공원까지 조성하고서 2006년부터 해마다 이 기념공원에서 내외 귀빈을 초청하여 성대한 기념행사를 거행하고 있다. 올해에도 제13회 기념행사를 지난 5월 25일에 거제도의 기념공원에서 성대하게 열렸다.

이날 행사장에는 서울, 속초 등지에서 100여 명의 회원들이 동참한 가운데 정부의 요인을 위시해 미 해병대 부사령관 등 내외 귀빈이 참석했다.

사실 흥남 철수작전은 6 · 25 전쟁에서 가장 중요한 작전이므로 이 작전을 기념하는 국가적 사업을 우리 북청 출신의 이진규 회장이 주도하고 있을 뿐만 아니라 이날 행사에 동참한 100명의 인원도 거의 북청 군민이라는 사실도 우리 모두의 자랑이라고 여겨진다.

또한 이번의 13회 기념행사에서는 6 · 25 전쟁 당시 흥남에서 철수한 우리 피난민을 따뜻하게 수용해 준 거제도민에게 고마움을 나타내는 의미에서 거제대학의 두 학생에게 손동헌 이사장이 장학금을 수여한 사실도 특기할 사항이다.

〔2018년 6월호〕

3 · 11 재앙에서 보여준 일본인들의 품격

오늘날 한국 사회는 적폐 청산이라는 이름으로 지난 정부의 국정을 파헤쳐 두 전직 대통령을 수감하고, 연일 압수수색과 체포하는 뉴스가 나오니 살벌한 분위기만 감돈다.

이러한 시기에 공교롭게도 북한의 김정은이 핵 카드로 남남갈등을 일으켜 시민들은 좌파와 우파로 갈라져 격렬한 이념 분쟁이 일어나고, 세월호 문제까지 되살아나 나라의 앞날이 걱정된다.

이렇게 앞이 캄캄하다 보니 지난날 일본 사회가 3 · 11 재앙 때에 나타낸 성숙하고도 너그러운 시민의식이 문득 떠올라 부러운 마음에서 그 당시의 현장을 여기에 옮겨 본다.

3 · 11 재앙은 2011년 3월 11일에 일본 본토 동북부 지방의 바다 밑에서 강진이 일어나 산더미 같은 해일이 덮쳐 이 일대를 폐허로 만든 미증유의 천재지변이다. 순식간에 일어난 이 참사에서 보여준 일본 사람들의 높은 시민의식과 품격이 현장을 취재한 외신 기자들에 의해 전 세계에 알려졌다.

이재민들이 생사가 엇갈리는 절박한 상황에서도 이성을 잃지 않고, 침착하게 질서를 지키며 남을 배려하는 모습은 진실로 감동적이었다. 지진으로 인해 도로가 파괴되어 구호 식품이 늦어져도 당국을 원망하거나 불평하지 않고 도착하기를 기다리면서 추위와 굶주림을 참아냈다.

애타게 기다리던 식품이 도착해 배식이 시작되자 굶주린 난민들은 한꺼번에 몰려들지 않고 줄부터 길게 서서 차례를 기다렸다가 주는 대로 조용히 받아갔다. 밤에는 담요 한 장으로 추위를 견디다가 옆 사람이 담요가 없어 떨고 있는 것을 보자 자기 담요를 반 찢어 갈라 주기도 했다.

병원에서는 부상당한 환자들이 응급실에서 줄을 서서 차례를 기다리다가 자기보다 위급한 부상자가 나타나면 자기 차례를 양보하는 감동적인 장면도 포착되었다. 실종된 가족을 애타게 찾다가 시신으로 발견되어도 그 시신 앞에서 몸부림치거나 울부짖지 않고 조용히 흐느끼기만 했다.

3 · 11 재앙에서 일본 사람들이 보여준 자제력과 관용, 질서의식과 남을 배려하는 높은 품격은 진실로 놀랍다. 이렇게 놀라운 일본 사람만의 품격은 가정교육을 통해 어릴 때부터 몸에 배게 되었다고 한다.

그들은 가정에서 자녀들을 치마폭으로 감싸거나 무조건 1등 하라고 촉구하지 않고 사회생활에서 꼭 필요한 덕성부터 가르친다. 대중 앞에서는 차례를 지키고, 남에게 폐를 끼쳐서는 안 된다고 철저히 가르친다. 또한 불이익을 당하는 한이 있더라도 끝까지 정직하라고 타이르는 가정교육이 있기에 이러한 품격이 다져지는 것이다.

일본 사람들의 이러한 독특한 품격은 관광여행에서 뚜렷하게 나타난다.

그들은 떼 지어 다니면서도 옆 사람들에게 방해가 되지 않게 떠들지 않고, 가이드가 설명할 때에는 조용히 경청하면서 노트에 메모한다. 여러 사람들 앞을 지나갈 때에는 미안하다고 하며, 사소한 호의에 대해서도 공손히 감사하다고 인사한다.

일본 사람들은 이러한 높은 품격을 나타내고 있는데, 우리는 그들을 얕잡아 보는 경향이 있고, 일본에 대해서는 아직도 식민지 시절의 원한을 풀지 못하고 있다.

기실 따지고 보면 우리가 일본에게 나라를 빼앗긴 것은 우리에게도 그 원인이 있다는 사실을 솔직히 시인해야 한다.

구한말(舊韓末)에 한반도는 열강들의 패권 싸움판이었는데, 우리는 서로 당파싸움만 했다. 마치 밀림의 맹수들 앞에서 들소처럼 싸워 결국 일본에게 먹혔으니 일본만 원망할 것이 아니라 우리 자신도 반성해야 할 것이다.

이러한 사실을 솔직히 인정하고, 앞으로 일본과 우호관계를 증진하는 것이 결국 우리 국익에도 보탬이 될 것으로 믿는다.

그리고 일본 사람들이 3 · 11 재앙에서 나타낸 높은 품격도 솔직히 인정하며, 허심탄회하게 배우려는 자세로 오늘의 우리 사회를 되돌아보는 것이 정도라고 여겨진다.

〔2018년 7월호〕

건국 70주년 기념행사와 대한민국 정통성

2018년은 건국 70주년이 되는 해이기 때문에 우리 민족에게는 매우 경사스러운 해인데 현 문재인 대통령은 2년 전 '8월 15일 건국' 주장에 대해 '대한민국 정통성을 스스로 부정하는 얼빠진 주장' 이라고 하였고, 지난 8월 15일에 용산 국립중앙박물관에서 조촐한 기념행사를 치렀다. 한편 북한 김정은은 그들이 건국했다고 우기는 9월 9일을 99절이라고 칭송하며 올해에는 대대적인 축하행사를 준비 중이라고 한다.

문재인 정부가 건국 70주년을 중요하게 생각하지 않는 이유는 현 대한민국의 정통성을 인정하지 않기 때문이다. 문재인 정부를 둘러싼 한국의 좌파는 대한민국의 뿌리(정통성)가 1919년에 상해에서 수립한 임시정부에만 있다며 1948년에 수립된 정부는 인정하지 않기 때문에 이러한 기상천외의 현상이 생기는 것이다.

무릇 하나의 국가가 성립되자면 국민, 영토, 주권이라는 3대 요소가 구비되어야 하는데 상해 임시정부는 주권뿐이고 국민과 영토가 없으니 국가라고 할 수는 없다.

이에 반해 1948년에 탄생한 대한민국은 3대 요소를 모두 갖추었을 뿐만 아니라 UN이 '한반도의 유일한 합법 정부' 라고 승인했다.

이렇게 확실한 정통성을 구비한 1948년의 대한민국을 부정한다는 것은 도저히 이해할 수가 없다.

북한의 주장은 남한이 1948년의 8월 15일에 단독정부를 먼저 세웠기 때문에 자기들은 부득이 9월 9일에 뒤따라 정부를 세웠다고 계속 우기지만 이는 대외 선전용이고, 실제는 1945년의 8월 15일에 해방되자 25일 만에 세웠다는 사실을 간과해서는 안 될 것이다.

북한은 해방된 1945년의 10월 10일에 소련군 사령관 스티코프 장군의 지령으로 5 도(함경 남북도, 평양 남북도, 황해도)의 인민위원장을 평양에 소집해 북조선 노동당을 창건했다. 북한의 이 노동당은 정책을 다루는 일반적 정당과는 달리 입법, 사법, 행정 등 3권을 한 손에 장악하는 국가 최고 권력체라는 점에서 사실상의 정부인 것이다.

이렇게 창건된 노동당은 4일 뒤인 14일에 평양의 공설 운동장에서 군중대회를 열고 이 자리에서 33세의 김일성을 북조선 임시 인민위원장으로 선포하고, 바로 토지개혁을 단행하는 동시 반동분자를 색출하는 한편, 남한과의 우편 통신을 차단하고서는 북한 특유의 독재체제를 강화했다.

북한의 독재는 백두 혈통의 신격적 세습적 독재라는 점에서 여느 독재와는 확연히 다르다. 북한은 이러한 세습적 독재를 계속해서 유지하기 위해 체제 보장에 온갖 신경을 곤두세우면서 인민들이 외부 세계와 접촉 못하도록 항상 감시하고 단속하는 것이다.

북한에서는 해방 직후부터 이렇게 김일성 일가의 독재 하에 모든 시책을 일사불란하게 강행한 반면, 남한에서는 우익과 좌익으로 갈라져 혼란스러웠다.

이 틈을 타서 박헌영의 남로당이 정판사 위조지폐 사건(1946년 5월), 대구 폭동(같은 해 10월 1일), 전국 철도노조 총파업(1946년 9월 23일), 제주 4 · 3 사건(1948년 4월 3일), 여순 반란사건(1948년 10월 19일) 등 곳곳에서 폭동을 일으켰다.

이렇게 극도로 혼란스러운 상황에서 5 · 10 선거(1948년 5월 10일의 선거)를 공정하게 실시해서 의회를 구성하고 헌법을 제정해서 공화 체제의 자유민주 정부를 수립한 것이 대한민국인 것이다.

이렇게 탄생한 대한민국이 6 · 25 전쟁의 폐허에서 일어나 산업화에 성공해 70년대에 이르러 비로소 북한을 앞지르기 시작했고, 80년대에는 민주화에도 성공했으며, 1988년에 개최한 서울 올림픽을 계기로 세계화에도 성공하고, 연이어 한류가 지구촌에 확산되었을 뿐만 아니라 IT(정보기술), AI(인공지능) 등 우리의 첨단 기술이 세계를 선도하고 있다. 이리하여 대한민국은 아프리카 에티오피아의 원조까지 받아야 할 정도로 가난한 나라에서 오늘날에는 선진국 대열에 올라 원조하는 나라가 되었으니 우리 대한민국의 현대사는 분명 영광스러운 역사임에 틀림없다.

이 자랑스러운 우리의 현대사를 오늘의 좌파 정부는 자라나는 새싹들에게 수치스러운 역사라고 가르치면서 건국 70주년을 외면하고 있으니 그 논리적 근거가 무엇인지 따지고 싶다.

〔2018년 9월호〕

사람이 책 만들고, 책이 사람 만든다

풍요를 구가하는 오늘의 산업사회에서 우리는 가난하게 살던 지난 시절과는 비교가 되지 않을 정도로 잘 먹고, 잘 사는데 마음은 오히려 허전하고 살 맛을 느끼지 못해 우울증에 시달리기도 하고, 심지어 자살까지 하니 그 까닭이 무엇일까.

그것은 현대사회에서 우리 인간은 물질문명에 사로잡혀 기계의 부속품으로 전락해 정신문화가 황폐되었기 때문이다. 달리 표현하면 우리 인간은 돈의 노예가 되어 인간성을 잃었기 때문이다. 이렇게 되고 보니 우리는 배는 부르면서도 마음은 오히려 가난해져서 공허감에 시달리는 것이다. 이러한 공허감을 채워주는 마음의 양식이 바로 책에 있다.

책은 인간의 사유(思惟)를 깊게 하고, 견문을 넓히며, 정신세계를 풍요롭게 하고, 마음의 평화를 주는 동시 일상생활을 너그럽게 한다. 이러한 연유에서 예로부터 "사람이 책 만들고, 책이 사람 만든다." 격언이 생긴 것이다. 따라서 책을 가까이하는 사람은 어딘지 모르게 세련된 교양미를 풍기고, 사귀면 사귈수록 따뜻한 인간미를 느끼게 한다.

그런데 안타깝게도 우리 사회는 독서율이 상대적으로 낮은 데다가 근년에 TV나 스마트폰 등 영상매체가 보편화되면서 책을 더욱 멀리하는 경향이 짙어간다. 이러한 현상에 대해 학자들은 우려를 나타내면서 책과 영상매체의 효과를 다음과 같이 비교 분석했다.

영상매체는 시청각을 동원할 수 있으므로 언뜻 보기에 책보다 효과가 클 것으로 생각되지만 책과는 달리 몰두하면 할수록 중독 증세가 생겨 자칫 정신장애를 일으킨다고 한다. 그런데 책은 몰두해서 읽을수록 오히려 두뇌를 활성화하기 때문에 치매 예방까지 한다는 것이다.

그뿐만 아니라 책은 영상매체와 달리 읽다가 중요한 부분은 되풀이해서 읽을 수도 있고, 읽다가 잠시 내려놓고 음미할 여유가 있는 반면에 영상매체는 사색할 여유도 없이 화면을 바쁘게 따라가지 않으면 안 되는 단점이 있다.

책과 영상매체의 이러한 상충하는 특성에 대해 학자들은 흥미로운 이론을 발표한 바가 있다. 즉 책은 차분히 사색하면서 읽을 수 있으므로 독자에게 능동적 사고(能動的 思考)를 함양하는 반면, 영상매체는 사색할 여유도 없이 화면을 따라가야 하므로 시청자에게 수동적 사고(受動的 思考)를 조장한다는 것이다.

이러한 논리에서 책은 독자에게 가슴을 채워주는 지혜(智慧)를 키워주지만, 영상매체는 단편적인 토막 지식(知識)을 머리에 저장하기 때문에 머리는 명석하지만, 지혜가 미흡해 인간으로서의 덕성은 상대적으로 부족하게 된다.

책은 많이 읽을수록 좋지만, 기왕 읽을 바에는 될 수 있으면 흥미 위주의 책보다는 오래도록 가슴에 담아둘 책을 선택하는 것이 바람직하다.

책은 또한 새로 나온 신간 서적이 반드시 좋은 것이 아니다.

세계 문학 전집을 위시한 고전(古典)이나 지난날 감동을 주던 책을 다시 읽어보면 새로운 의미를 깨닫게 된다.

내가 경험한 바에 의하면 지난날 감동 주던 글이나 책을 잘 간직했다가 특별한 계기에 다시 읽어보니 전연 새로운 느낌이나 감동을 받았다. 그러기 때문에 흉금을 울리는 책은 잘 간직했다가 마음이 울적하거나 고독을 느낄 때 다시 읽어보면 큰 위안이나 교훈을 받았다.

감수성이 예민한 청소년기에 감명 깊게 읽은 책은 일생을 좌우할 정도로 지대한 영향을 미친다고 한다. 따라서 가정에서 자녀들이 어려서부터 책을 좋아하도록 어른들이 솔선해서 책을 열심히 읽는다면 이보다 더 좋은 가정교육이 없을 것이다.

책은 바쁜 틈을 이용해서 읽는 것이 오히려 능률적이다. 이렇게 아무 때나 읽자면 책을 항상 손이 쉽게 닿을 수 있는 곳에 두어야 한다.

이제 무더위도 사라지고 상쾌한 바람이 솔솔 부는 이 가을은 책 읽기에 가장 좋은 시기라고 해서 예로부터 이 가을을 독서의 계절, 또는 등화가친의 계절(燈火可親의 季節)이라고도 부른다. 이 좋은 계절에 그동안 벼르기만 하던 책을 조용히 읽는다면 우리들의 일상생활이 더욱 운치 있고 짙은 행복감을 느끼게 될 것으로 믿는 바이다.

〔2018년 11월호〕

오늘의 남북 관계를 진단해 본다

문재인 정부가 현재 추진하고 있는 남북의 화해 협력은 매우 고무적인 듯하지만, 북한 당국이 이제까지 나타낸 속성을 고려한다면 아직 낙관하기 어려운 실정이다. 남북의 화해 협력은 평화통일을 향한 지름길이기에 고향을 북녘땅에 두고 있는 우리 실향민은 살아생전에 고향 땅을 밟아볼 수 있겠다는 소망으로 현재 진행되고 있는 남북의 접촉에 행여나 하는 기대를 걸면서도 조마조마하니 그 까닭이 무엇일까.

그 까닭은 두 가지로 요약된다. 하나는 남북의 정치체제가 근본적으로 다르기 때문이고, 또 하나는 북한 정권의 세습적 1인 독재 때문이라고 분석된다. 정치체제가 남한은 자유민주 체제지만 북한은 인민 민주체제(공산주의)이기 때문에 서로 통일을 주장하면서도 남한에서는 자유민주통일이 아니면 받아들일 수 없고, 북한은 공산통일이 아니면 차라리 현재의 분단 상태를 고수하겠다는 주장이다. 이러한 상황에서 남북통일은 매우 어려운 과제이다. 또 하나의 저해요인은 세계 어느 독재국가에서도 볼 수 없는 북한만의 세습적 1인 독재 때문이다. 북한의 독재는 여느 독재국가와는 달리 백두혈통(白頭血統)이라는 신격적 구호로 인민을 현혹해 입법, 사법,

행정에 이르기까지 모든 권한을 마음대로 행사하기 때문에 북한은 정상적인 나라가 아니고 김일성 일가의 개인 소유물이나 다름없다.

이렇게 맛 들인 절대권력은 아편보다 더 심한 중독 증세를 나타내 김일성의 독재보다 김정일이 더 심해지더니 김정은의 독재는 이제 잔인할 정도로 혹독해지는 것이다. 김정은은 고모부 장성택이 눈에 거슬린다고 당장 고사포로 총살했고, 이복형인 김정남(김정일의 첫째 부인 성혜림의 아들)이 자기 자리를 빼앗을지 모른다는 두려움에 그를 말레이시아 쿠알라룸푸르에서 암살할 정도에 이르렀다.

이러한 절대권력을 세습해서 유지하려면 인민들이 현재 당하고 있는 독재를 당연한 것으로 여기며 순종하도록 하기 위해서는 인민들이 바깥세상 물정을 모르게 문단속을 철저히 해야 한다. 이러한 연유에서 인민들이 외부 세계와 접촉할 수 있는 개방이 김정은에게는 죽음을 뜻하기 때문에 인민을 철저히 감시하는 것이다. 따라서 개방을 유도하는 남한과 화해 분위기가 짙어지면 문단속을 강화하는 동시 긴장을 고조시키기 위해 사건을 터트렸다.

이러한 사실을 입증하는 대표적 사례가 김대중, 노무현 대통령의 햇볕정책 시기에 여실히 드러났다. 두 분의 대통령이 추진한 햇볕정책 10년은 분단 70년의 역사에서 남북 관계가 가장 친밀한 시절이었다. 이렇게 평화 무드가 나타나자 북한은 서해의 연평도를 포격하고, 해전을 일으켜 긴장 분위기를 고조시켰다.

그뿐만 아니라 김대중 대통령이 지원한 막대한 돈으로 핵 개발을 다시 시작해 노무현 정권 시절인 2006년에 제1차 핵실험에 성공하고서 꾸준히 실험을 거듭해 2016년 9월 8일에 제5차 실험을 하더니

1년 뒤인 2017년의 9월 3일에 6차 실험까지 했다. 북한의 핵은 김일성 일가의 세습적 독재를 지탱하는 힘인 동시에 국제사회에서 외교의 지렛대로 이용하기 때문에 국제적 압력이 아무리 강해도 절대 포기할 수 없다.

김일성 일가의 이러한 세습적 독재가 광복과 동시 시작되어 오늘에 이르기까지 70년 동안 아무 저항도 받지 않고 꾸준히 유지된 비결은 무엇일까. 그것은 북한 전역에 마을 단위로 배치된 3만 명에 이르는 노동당의 핵심 세포조직이 인민을 감시하며 통제하고, 평양에는 노동당의 열성 분자만 거주가 허용되기 때문에 평양 시민 전체가 김정은의 경호를 담당하고 있다. 이러한 사실이 이번 문재인 대통령의 평양 방문에서 김정은과 함께 카퍼레이드 할 때에 시민들이 몰려나와 경쟁하듯이 열광하는 모습에서 여실히 나타났다.

이러한 절대권력에 중독된 김정은은 미국이나 UN이 아무리 강력한 제재를 가해도 끝까지 핵을 보유하려고 교묘한 속임수를 계속할 것이 분명하다. 따라서 북한의 핵 위협을 직접 받는 우리 국민은 문재인 정부가 현재 미국과의 전통적 우호 관계를 해치면서 추진하고 있는 굴욕적 대북 정책을 예의 주시하는 동시 김정은의 권모술수에 대해서도 주의 깊게 감시해야 할 것이다.

〔2018년 12월호〕

北靑소식

2017.1~2017.12

새 아침에 바라본 조국의 실상

2017년의 새 아침에 바라본 우리 조국 대한민국의 실상은 그렇게 밝지 않다. 그것은 저 조국이 근년에 경제적 성장동력을 잃고 허덕이고 있는 데다 최순실 게이트까지 겹쳐 국정이 마비상태에 빠져 한치 앞을 예측할 수 없는 위기에 직면하고 있기 때문이다. 이러한 위기를 앞장서서 해결해야 할 여의도 정치판은 나라야 어찌 되든 이 위기를 제각기 정략적으로 이용하려고 저질적 싸움만 하고 있으니 우리 민초들은 불안하기만 하다. 이보다 더 심각한 문제는 이제까지 숨을 죽이고 잠복해 있던 통합진보당을 위시한 종북세력이 이때를 놓칠세라 표면에 나타나 노골적으로 활개 치고 있다는 사실이다. 이 혼란에 대처할 대안을 당당하게 제시하는 국가 원로마저 보이지 않으니 우리 민초들은 더욱 답답하다.

그러나 오늘의 이 위기를 주의 깊게 분석해 보면 이 위기는 오직 정치판에서만 소용돌이 칠 뿐이고, 일반 시민들의 경제활동이나 일상생활의 현장은 평소와 다름없이 활기를 보이니 다행한 일이다. 더욱 놀라운 사실은 100만에 이르는 성난 군중이 운집한 광화문 광장의 촛불 시위에서 단 한 사람도 다치거나 폭력을 휘두르지 않고 질서를 유지하고 있는 높은 시민의식이다.

이러한 시민의식이 있기에 한국사회는 마치 바닷물이 태풍에 아무리 요동쳐도 그 밑바닥에서는 수평을 유지하는 인력이 작용하는 것처럼 정치가 아무리 흔들려도 시민들이 균형을 유지하고 있는 것이다.

사실 한국은 현재와 같은 통수권의 공백 상태를 이미 몇 차례 겪었는데 그 위기를 오히려 기회로 만들었던 것이다. 그 위기가 바로 1960년에 발생한 4 · 19 학생의거이고, 1979년의 박정희 대통령 시해 사건이었으며, 1997년의 IMF 외환위기라고 하겠다.

4 · 19 학생의거에서 발생한 통수권의 공백은 이승만 대통령이 하야했기 때문이었는데, 그 위기가 5 · 16 군사혁명으로 이어져 결국에는 산업화를 선도했던 것이다, 1979년 10월 26일 저녁에 발생한 박정희 대통령 시해 사건도 19년 동안 장악하던 절대 권력이 한순간에 무너졌는데 결과적으로 6 · 29 선언을 이끌어내 한국의 민주화가 싹틀 수 있는 계기가 되었던 것이다.

1997년의 IMF 외환위기도 국가부도 사태라는 위기였는데 민초들이 자진해서 귀금속과 패물을 헌납해서 그 위기를 우리나라의 신용도를 튼튼하게 다지는 기회로 만들었던 것이다.

이번에 박근혜 대통령의 탄핵으로 말미암아 발생한 통수권의 공백도 틀림없이 전화위복의 기회가 될 것으로 믿어진다. 이번에 발생한 최순실 국정 농단 사건은 오랜 세월 한국사회를 어지럽힌 권력형 비리를 여지없이 노출시켰다.

이렇게 노출된 비리 때문에 박근혜 대통령이 탄핵을 받아 또다시 통수권에 공백이 생겼는데 이 공백사태도 결국에는 지난번에 발효된 '부정청탁 금지법(일명 김영란법)' 과 결부되어 우리 사회에 만연된 부패를 깨끗이 쓸어낼 기회가 될 것으로 나는 굳게 믿는다. 사실 한국에서는 이제까지 새로운 정부가 들어설 때마다 부정부패를 척결하겠다고 다짐했으나 척결은 고사하고 오히려 기승을 부린 것이 현실이다. 이러한 부패를 청산하지 못하는 한 한국은 선진국 대열에 들어서지 못한다.

그럼에도 불구하고 한국사회는 아직도 어떤 중요한 일을 추진하자면 관련된 법규나 규정은 뒷전으로 밀려나고 지연(地緣)이나 학연(學緣)이나 혈연(血緣)을 찾아 뇌물을 주고 해결하는 것이 관행이다.

이러한 고질적 관행이 다행스럽게도 최근에 몰라보게 시정되고 있다는 증거가 바로 지난 9월 28일에 김영란법이 시행되자 대뜸 요식업이나 꽃 시장에서 장사가 안된다는 비명 소리가 요란하게 들린다는 사실이 이를 입증하는 것이다. 이러한 맥락에서 이번의 위기가 김영란법과 결부되어 우리나라의 고질적 부정부패를 깨끗이 쓸어내는 계기를 만들 것으로 믿는 것이다.

이와 같은 오늘의 모든 상황을 종합적으로 분석해 보면 우리의 현대사(1945～ 현재)는 불행했던 근대사(1876～1945)와는 정 반대로 국가적 위기를 기회로 만드는 행운의 역사라고 하겠다. 따라서 우리는 오늘의 이 어지러운 시국을 지나치게 걱정만 할 것이 아니라 새로운 기회로 만들겠다는 적극적 자세로 대처해야 하겠다.

다행히 이번 사태에서도 이미 특검이 발족되고 헌재도 활동을 시작하는 등 사태 수습에 실마리를 찾고 있으니 우리는 당분간 촛불 시위를 멈추고 차분히 귀추를 지켜보는 것이 순리라고 여겨진다. 이렇게 사태 수습을 서둘고 있는데도 불구하고 촛불 시위를 계속한다면 또 다른 위기가 닥쳐올 것이다.

마치 1960년에 4·19 학생의거가 진정되었는데도 데모 만능의 풍조가 일어나 새로운 사태를 야기시킨 것과 같은 전철을 밟지 않기 위해서라도 우리 모두 부화뇌동(附和雷同)을 경계해야 할 것이다.

〔2017년 1월호〕

김영란법과 최순실 게이트의 궁합

이른바 김영란법으로 널리 알려진 금지법이 지난해(2016년) 9월 28일에 발효되자 대뜸 요정에 손님이 끊기고, 화원에서도 꽃이 팔리지 않아 문을 닫아야 할 지경에 이르렀다는 비명이 들려와 나는 속으로 쾌재를 외쳤다. 그것은 이 비명소리가 바로 김영란법이 당장 효력을 발휘해 우리 사회에 누적된 권력형 부정부패의 뿌리가 뽑히고 있다는 증거라고 여겨졌기 때문이다.

사실 한국은 오늘날 경제적으로는 선진국 수준에 도달했지만, 도처에 만연된 부정부패 때문에 사회의 공정성이나 청렴도에 있어서는 후진국을 면치 못하고 있는 실정이다.

한국사회는 어떤 중대한 일을 추진하자면 법이나 규정은 뒷전으로 밀려나고 권력과의 연줄이 힘이 된다. 연줄 없이는 아무 일도 제대로 할 수 없기 때문에, 그 연줄을 만들기 위해서는 평소에 여러 가지 방법을 동원해 권력을 가진 사람과 인연을 쌓아야 하니 이토록 접대문화가 기승을 부리는 것이다.

이렇게 평소에 연줄을 구축해야 하니 한국에서는 공공기관에 손님이 항상 들끓는 것이다. 이들 손님이 급행료, 떡값, 촌지(寸志)라는 이름으로 뒷돈을 찔러주게 되니 부정이 따라다니는 것이다.

미국 등 선진국에서는 한국과 달리 거의 모든 수속을 정해진 규정에 따라 주로 우편으로 처리하기 때문에 굳이 사무실에 직접 찾아갈 필요가 없으니 공공기관은 항상 조용하다.

우리도 새 정부가 들어설 때마다 부정부패를 척결하겠다고 선언하지만 척결은 고사하고 오히려 더 심해지고 심지어 몇몇 대통령은 아들까지도 부정에 연루되었다. 우리가 그렇게 믿었던 박근혜 대통령도 결국 최순실 게이트에 휘말리고 말았으니 진실로 안타까운 일이다. 이러한 비극을 막기 위해서라도 이번에 김영란법을 반드시 성공시키도록 우리 모두가 힘을 모아야 하겠다.

김영란법을 적용하는 대상은 일반 공무원을 비롯해 모든 공공기관, 교육기관, 언론계의 종사자는 물론 그들의 배우자까지 포함된다. 김영란법이 규정하고 있는 접대비의 상한선은 식사가 3만 원, 선물은 5만 원, 경조사의 부조는 10만 원으로 정하고 이를 어기면 처벌의 대상이 되는 것이다.

미국에서는 김영란법과 유사한 법을 이미 1962년에 '뇌물 부당이득 및 이해충돌 방지법' 이라는 이름으로 제정해 공직자들이 대가성 없는 고마움의 선물이라도 최고 20달러, 한 해에 50달러를 초과하지 못하도록 정했고, 일본도 1인당 5,000엔(5만 원)이라는 상한선을 엄격하게 정해놓고 있다.

이번에 김영란법이 시행되자 소비가 위축되어 폐업하는 점포가 늘어난다고 한국사회 일각에서는 이 법을 완화해야 한다는 주장이 있다고 한다. 사실 우리 사회에서 오랫동안 관습으로 내려오던 권력형 접대문화를 하루아침에 폐지한다는 것은 쉬운 일이 아니겠지만 이번 기회에 무리가 있더라도 이법을 엄정하게 적용시켜야 한다.

오늘에 이르기까지 한국사회의 저변에 흐르고 있는 부정부패가 이번에 터진 최순실 게이트를 계기로 백일하에 속속들이 노출되었다. 이 부정부패 때문에 공정한 경쟁이 이루어지지 못하고 있으니 우리 사회는 실력보다 권력과의 연줄이 우선되어 사회정의가 무너지는 것이다. 이러한 폐단을 바로 세우지 못한다면 한국은 영원히 후진국 신세를 면치 못할 것이다.

이 절실한 시기에 마침 김영란법이 발효되었고 연이어 최순실 게이트가 터져 부정부패의 뿌리를 제거할 절호의 기회가 생겼으니 이는 진실로 우연의 일치라고 하기에는 너무나 신기한 일이다. 따라서 최순실 게이트는 일시적으로 불행이지만 이 불행이 김영란법과 찰떡같은 궁합을 이루어 오히려 전화위복의 기회가 될 것으로 믿어진다.

다행히 최순실 게이트를 수습하기 위해 특검(特檢) 헌재(憲裁)가 이미 가동하고 있으니 우리 시민들은 이제 흥분을 가라앉히고 냉철하게 사태의 추이를 지켜보는 것이 순리라고 여겨진다. 따라서 광화문 촛불 시위를 중단하고, 여의도 정치판은 최순실 게이트를 더 이상 정략적으로 이용하려는 잔꾀를 부리지 말고 국가의 미래를 위한 정책대결에 힘쓰기를 바란다.

〔2017년 2월호〕

촛불 시위와 태극기 시위의 차이

서울 광화문 광장의 촛불 시위는 단순히 최순실의 국정 농단에 대해 분노한 시민들이 이번 기회에 권력형 부정부패를 뿌리 뽑자는 충정에서 발생한 것이다. 따라서 이 촛불 시위는 정치적 이념과는 무관한 집회였다.

이렇게 시작된 촛불 시위에 좌파 성향의 단체들이 재빠르게 끼어들어 근거 없는 헛소문을 퍼뜨리자 삽시간에 폭발한 군중심리를 여의도 정치판이 정략적으로 이용하다 보니 당초의 순수성은 간데없이 이념 분쟁으로 번져 반국가적 구호가 난무하기에 이르렀다.

군중 속에서는 현재 가동 중에 있는 헌재를 믿을 수 없다며 대통령을 무조건 탄핵해야 한다고 요구하는가 하면, 북한의 핵 위협에 대응하려는 사드(THAAD) 배치에도 반대하고, 심지어 현재 감옥에 수감 중인 민노당의 빨갱이 이석기를 석방하라며 국가 안보를 뒤흔들고 있다.

이러한 군중심리를 악용해 야당에서는 일본과 이미 맺은 위안부 문제나 정보교환 협약까지 백지화해야 한다고 주장하니 이들은 한국을 국제사회에서 신의 없는 국가로 만들어 나라의 품격까지 떨어뜨리는 것이다. 이렇게 오늘의 한국 정치는 시민을 위하기는 고사하고 걱정만 시키고 있다.

광화문 광장의 촛불 시위가 이 지경에 이르자 우파 성향의 시민들이 "이대로는 큰 일 나겠다."는 위기의식에서 따로 모인 군중집회가 바로 시청 앞 광장에서 전개되고 있는 태극기 시위인 것이다.

지방에서도 자발적으로 대거 참여해 태극기 시위가 이제 촛불 시위를 오히려 압도하고 있으니 그동안 헛소문에 부화뇌동하던 군중심리가 점차 이성을 되찾는 기미를 보이고 있어 다행이다.

차제에 광화문 광장의 촛불 시위와 시청 앞 광장의 태극기 시위에서 들려오는 구호를 참고로 좌파와 우파의 특성을 분석해 보고자 한다. 좌파와 우파라는 두 이념에서 가장 심각한 문제는 서로 상반되는 국가관이다.

좌파에서는 대한민국의 건국을 부정하고, 우리의 자랑스러운 현대사를 부끄러운 역사라고 주장한다. 더욱 걱정되는 것은 공교육을 장악하고 있는 전교조가 자라나는 우리의 새싹들에게 그릇된 국가관을 가르치고 있으니 나라의 정체성까지 흔들리는 실정이다.

뿐만 아니라 좌파와 우파는 사회문제를 해결하는 방법에서도 뚜렷한 대조를 이루고 있다.

좌파는 모든 문제를 투쟁으로 해결하고자 하기 때문에 언제나 격렬한 데모와 파업을 하는 반면에, 우파는 대화를 통한 타협으로 문제를 해결하려고 하니 항상 온화한 분위기가 감돌게 마련이다.

또한 사회정책에서 우파는 선 성장, 후 분배(先 成長, 後 分配)의 원칙을 우선하는 반면에 좌파에서는 평등을 앞세운 분배 우선 원칙을 강조한다. 우파에서는 자유경쟁 체제로 기업이 창출한 부를 분배하는 정책을 채택하므로 기업이 성장한다. 이와 반대로 좌파에서는 기업이 노동자를 착취한다며 미워하니 기업의 활동이 위축될 수밖에 없어 결국 나라가 망하게 되는 것이다. 이러한 사실은 사회주의 정책을 도입한 소련이 이미 무너졌고, 북한을 비롯한 남미의 아르헨티나, 베네수엘라 등 여러 나라가 이미 경제적 파탄에 빠진 현실이 나타나게 된 것이다.

이렇게 여러 가지 측면에서 종합적으로 분석해 보면 오늘의 이 난국을 어떻게 극복해야 할지 뚜렷한 방향이 잡힌다.

우선 한국사회에서 일고 있는 오늘의 소모적 이념 분쟁을 이제 그만 하고, 좀 더 넓은 시야에서 국가의 미래를 설계하는 동시에, 국제사회에서 우방과의 공조를 더욱 강화해 국가 안보를 튼튼하게 다지는 일에 국론을 결집해야 할 것으로 믿는 바이다.

〔2017년 3월호〕

100세 시대, 축복일까 고난일까

오늘날 100세 시대가 현실로 우리 앞에 성큼 다가왔다. 세계 보건기구(WHO)의 발표에 의하면 인간의 기대수명(Life Expectancy)은 점차 길어지는 추세라고 한다. 우리나라도 2015년 통계에 의하면 평균수명이 남성은 77.6세, 여성은 84.4세에 이르렀다고 하니 이러한 사실은 100세 시대에 가까워진다는 예고라고 하겠다.

이렇게 다가오는 100세 시대가 우리 노인들에게 과연 축복이 될는지 고난이 될는지 예측하기 어려워진다. 그것은 100세까지 건강하고 품위 있게 산다면 축복이 되겠지만, 병고에 시달리거나 노망을 부려 추한 모습을 보인다면 100세 시대는 축복이 아니라 고난이 될 것이기 때문이다. 따라서 축복받는 100세 시대가 되기 위해서는 건강과 품위를 잃지 않고 장수하는 것이 전제조건이라고 하겠다.

그런데 우리 인간은 늙을수록 병이 자주 생기고, 쓸모없는 인간이 되었다는 소외감과 고독감에 시달리기 마련이다. 이러한 여건에서 100세까지 건강을 잃지 않고 품위를 유지하면서 자그마한 보람이라도 느끼면서 산다는 것은 그렇게 쉬운 일이 아닐 것이다. 따라서 축복받는 100세 시대를 열기 위해서 우리 모두가 확고한 마음의 준비가 필수적이라고 여겨진다.

건강하고 품위 있는 노후생활을 위해서는 두 가지 요소가 필수적이라고 여겨지는데 그 하나는 육체적으로 건강해야 하고, 다른 하나는 건전한 사고방식이라고 요약된다.

육체적 건강은 영양 섭취와 적절한 운동, 그리고 절제 있는 생활로 유지될 것이고, 건전한 사고방식은 일상생활에서 항상 자기를 되돌아보면서 마음을 스스로 다스리는 자아성찰(自我省察)을 통해 이루어질 것이다.

그런데 육체적 건강은 비교적 쉽게 얻어지겠지만 건전한 사고방식은 평소에 꾸준히 축적한 경륜 없이는 불가능하다. 다행히 오늘의 노인들은 지난 20세기의 험난한 역경 속에서 모진 고생을 하면서 살아온 삶의 현장에서 터득한 생활의 지혜를 일상생활에 슬기롭게 잘 적용한다면 100세 시대를 행복하게 살 수 있다고 믿어진다.

지난날 터득한 생활의 지혜 가운데에서 100세 시대에 가장 요긴하게 적용할 수 있는 덕목은 겸손한 마음가짐이라고 감히 단언하고자 한다. 겸손한 마음가짐 이야말로 노후생활을 추하지 않고 품위 있게 하는 기본요건이라고 믿기 때문이다. 마음이 겸손하면 모든 사물이 긍정적으로 보이고 감사하는 마음이 저절로 우러나기 때문에 활기가 넘쳐나, 얼굴은 비록 주름질지라도 몸가짐은 오히려 아름답게 비쳐질 것이다. 특히 늙을수록 "입은 다물고 지갑은 열라."는 속담대로 할 말이 많아도 듣기만 하고, 돈에 아무리 궁해도 꼭 필요한 일에 대해서는 지나치게 인색해서는 안 될 것으로 여겨진다.

마음이 겸손하면 짜증 낼 일도 없이 마음이 편해지고, 따라서 표정도 맑아져서 남에게 좋은 인상을 주게 될 것이다. 겸손한 노인은 또한 자기보다 남을 배려하며, 설치지 않고 잔소리도 없이 온유하고 너그러운 어른으로 대접받으면서 보람을 느끼는 여생을 보내게 될 것이다.

겸손한 마음을 가지면 젊은 사람들을 얕보지 않고 그들로부터 오히려 배우려 하게 되니 젊은 세대와도 어울리게 되어 활동범위가 다양해질 것이다.

마음이 겸손하면 아무리 늙어도 노욕(老慾)이 생기지 않고 심성이 맑아지기 때문에 아름답게 늙을 뿐만 아니라, 모든 사리판단을 정확하게 내릴 수 있게 되어 존경받는 어른이 될 것이다. 욕심을 버리면 특히 노인들이 쉽게 당하는 사기에 걸려드는 일도 생기지 않을 것이다. 겸손한 마음으로 처세한다면 아무리 늙어도 친구가 많이 생겨 노후에 가장 무서운 고독감을 느낄 겨를도 없이 활기찬 여생을 즐길 수 있어 건강까지 저절로 따라오게 될 것이다.

100세 시대에 가장 무서운 것이 치매라고 하니 치매의 예방에도 특별한 배려가 필수적이다.

치매를 예방하기 위해서는 평소에 적극적인 자세로 건전한 일과를 스스로 마련하는 동시에 책을 가까이하면서 두뇌를 활성화 시켜야 할 것으로 믿는다. 특히 돋보기안경을 끼고 독서 삼매경에 빠진 노인은 그 어떤 신사보다 훌륭하게 보일 것이다. 이러한 여러 가지 방법을 동원해 지혜롭게 노후를 잘 관리한다면 5기 '눈에는 정기(精氣), 얼굴에는 화기(和氣), 몸에는 활기(活氣), 마음에는 의기(義氣), 생활에는 윤기(潤氣)' 까지 구비한 멋진 노신사가 되어 축복 받는 100세 시대를 마음껏 즐길 것으로 확신하는 바이다.

〔2017년 5월호〕

8 · 15 광복 당시의 아련한 추억

지난 8월 15일은 우리 민족이 일본의 쇠사슬에서 풀려난 8 · 15 광복 72주년 되는 날이다. 일본이 대한제국을 강탈하고서 1932년에 만주사변을, 1937에는 중일전쟁을 일으켜 아시아 지역을 석권했다.

연이어 태평양까지 장악하려고 1941년 12월 7일 새벽에 하와이 진주만의 미국 태평양 함대를 기습 공격함으로써 이른바 태평양 전쟁(일본은 대동아전쟁이라고 호칭)을 일으켰다. 이 전쟁은 4년 동안이나 이어지다가 1945년 8월 6일에 미국의 원자탄 공격을 받고 일본은 결국 무조건 항복했던 것이다. 원자탄 공격을 받던 당시의 상황을 보도한 일본 아사히(朝日) 신문의 기사를 간추려 여기에 옮겨본다.

1945년 8월 6일의 아침 8시에 히로시마(廣島)에서 다급한 공습경보 사이렌이 울렸다. 거의 날마다 당하는 미군 B-29의 공습에 지친 시민들은 이날 아침에도 여느 때와 마찬가지로 겁에 질려 황급히 방공호로 대피했다. 그런데 이날 아침의 공습은 여느 때처럼 B-29가 떼 지어 오지 않고 두 대만 고공에서 나타나 조용히 날아가고 있었다. 주민들은 방공호에서 B-29의 행로를 지켜보고 있는데 그 비행기가 시내 중심부 상공에 이르자 시커먼 물체 하나를 떨어뜨리고 쏜살같이 날아갔다. 이 순간 천지를 진동하는 폭음과 함께 온 시가지가 순식간에 불바다가 되었다.

B-29가 떨어뜨린 이 검은 물체가 바로 인류 역사에서 처음 터트린 원자탄인 것이다. 3일 후인 8월 9에는 나가사키(長崎)에도 원자탄이 떨어졌다. 이것이 아사히신문의 기사이다.

일본이 이렇게 두 번이나 원자탄 공습을 받고 빈사 상태에 빠지자 소련은 일본과 이미 체결한 불가침 조약을 일방적으로 파기하고 일본이 항복하기 6일 전인 8월 9일에 만주에 침공했다.

만주는 당시 일본이 점유하고 있었는데 일본은 소련과 체결한 불가침 조약을 믿고 만주에 주둔해 있던 관동군을 태평양 전선으로 빼냈기 때문에 만주는 무방비 상태에 있었으니 소련은 무혈 점령한 것이다. 연이어 일본이 항복하자 일본군 무장해제를 구실로 북조선에 진주했으니 소련은 피 한 방울 흘리지 않고 공짜로 극동에서 막대한 이권을 챙긴 것이다. 소련은 북조선에 진주하자 10월 10일에 평양에서 노동당을 창당하고, 4일 뒤인 10월 14일에 김일성을 환영하는 대규모 군중집회를 열고 김일성을 영도자로 추대했으니 이것이 사실상의 북조선 정부인 것이다. 그런데 북한은 남조선이 1948년 8월 15일에 정부를 먼저 수립했으니 자기들도 할 수 없이 9월 9일에 뒤따라 수립했다고 주장하지만 이것은 대외 선전용에 불과하다는 사실이 여기서 확인된 것이다.

김일성이 권력을 장악하자 우리 북청에도 시내의 큰 건물에는 스탈린 대원수 만세와 김일성 장군 만세라는 대형 초상화가 나란히 걸렸고, 농업학교에도 우리 조국 소비에트 동맹 만세라는 현수막이 드리워졌다.

북한은 다음 해인 1946년 3월에 토지개혁령을 공포하고 지주의 토지를 몰수해서 소작인에게 분배하고서 무거운 현물세를 부과했다. 김일성은 토지개혁과 함께 지주와 반동분자를 색출해서는 모진 탄압을 시작했다. 이때 지주로 몰린 우리 집 어른들은 가족이 몰살당할지도 모른다는 위기의식에서 나를 포함한 10대 셋을 남한으로 탈출시켰던 것이다. 그날이 잊을 수 없는 1947년의 3월 22일이다. 우리 셋은 철원(鐵原)에서부터 밤길을 걸어 38선을 겨우 넘어 1주일 만인 3월 28일에 서울에 무사히 도착했다. 서울에 와보니 이곳 분위기는 북조선과 전연 달랐다.

북조선에서는 소련군의 지원으로 노동당이 일사불란하게 모든 일을 마음대로 집행했는데 남한에서는 우익과 좌익으로 갈라져 소란하기만 했다. 그때 당시 우익은 집회를 서울운동장(전 동대문운동장)에서 하고, 좌익은 남산에 있는 일제시대의 조선신궁(朝鮮神宮) 자리에서 열었다. 뿐만 아니라 전국 각지에서는 대형 사건도 연이어 터졌다. 그 대표적 사건이 1946년 10월 1일에 터진 '대두 폭동', 1947년 3월에 발각된 남로당이 저지른 '정판사 위조지폐 사건', 1948년 4월 3일에 일어난 '제주도 4·3사건', 1948년 10월 19일의 '여순 반란사건' 들이다.

이 아슬아슬한 혼란 속에서 다행스럽게도 위대한 영도자가 나타나 탁월한 외교 솜씨를 발휘해 UN의 승인을 얻어 1948년 5월 10일에 역사상 처음으로 민주선거를 실시하고, 공화 체제의 정부를 수립했던 것이다. 이러한 8·15 광복 당시의 아련한 추억들을 70년이라는 세월이 흐른 오늘에 와서 되돌아보니 모질게도 그리워진다.

〔2017년 9월호〕

한식의 밑반찬 문화에 문제가 있다

한국 식당에서는 간단한 음식을 주문해도 여러 가지 밑반찬이 따라 나온다. 특히 한정식을 전문으로 하는 고급 식당에 가면 밑반찬이 너무 많아 접시를 포개 놓기도 한다.

한국식당의 이러한 밑반찬 문화를 한국의 '푸짐하고도 넉넉한 인심' 이라고 자랑하지만 여기에는 몇 가지 문제점이 있다는 사실이 발견된다.

그 문제점을 요약하면 첫째, 우리의 식품을 우리 스스로 천하게 취급하는 것이고, 둘째, 귀중한 식품자원의 낭비, 셋째, 비위생적 식습관이라고 분석된다.

다른 나라에서는 주문한 음식만 나오고, 일단 나온 음식은 모두 계산하는 것이 관례인데, 우리나라 식당에서는 주문도 하지 않은 밑반찬을 공짜로 식탁에 차려놓으니 우리 음식을 스스로 천대하는 것이다. 또한 공짜로 나온 그 밑반찬의 대부분은 젓가락도 대지 않고 그대로 쓰레기통에 버린다. 뿐만 아니라 찌개나 물김치 같은 유동음식을 여러 사람이 숟가락으로 떠먹는 비위생적 식탁문화는 세계의 어떤 후진국에서도 볼 수 없는 수치스러운 관행이라고 여겨진다.

그럼에도 불구하고 한국에서는 한류가 지구촌에 확산되자 한때 우리의 한식도 세계로 널리 알리려는 여론이 일어났다. 이러한 움직임에 고무된 정부는 2008년에 100억 원이라는 막대한 국고를 투입해 '한식 세계화 재단'을 설립하고 한식을 궁극적으로 프랑스, 이탈리아, 중국, 일본 요리에 이어 세계 5대 음식으로 육성한다는 야심 찬 계획을 세우고 외국 사람들의 입맛을 사로잡을 요리 개발에 막대한 투자를 해왔으나 결국 성과를 거두지 못하고 흐지부지되고 말았으니 그 까닭은 무엇일까.

그 까닭을 요약하면 정부 당국이 새로운 요리 개발에만 노력을 집중한 반면에, 위에서 이미 지적한 우리의 낙후된 식탁문화에 대해서는 개선하기는커녕 문제의식조차 느끼지 못했기 때문이라고 분석된다.

새로운 요리의 개발은 하나의 기술적 과제이기 때문에 마치 공장에서 새로운 제품을 연구 개발하듯 전문 요리사들이 짧은 시일에 만들어낼 수 있을 것이다. 이와 반대로 한식의 밑반찬 문화나 찌개나 물김치를 함께 떠먹는 식사 관행은 하나의 전통문화이기 때문에 단시일에 바꿀 수 없는 어려운 과제이다. 따라서 한식을 세계화하기 위해서는 우선 우리의 부끄러운 식사 관행을 일반 대중이 뼈저리게 인식하고 이를 시정해야 하겠다는 범국가적 캠페인을 전개해야 할 것이다.

다행히 서울 시내의 일부 식당에서 이러한 밑반찬 문화를 개선하려는 움직임이 목격되었다. 이들 식당에서는 종래 식탁을 메우던 여러 가지 밑반찬 대신에 꼭 필요한 김치와 깍두기를 넣은 두 개의 자그마한 항아리 곁에 집게와 가위를 식탁마다 차려놓고 손님에게는 빈 접시만 나누어 준다. 손님은 나누어준 접시에 필요한 양의 김치와 깍두기를 항아리에서 집게로 집어내 가위로 잘라먹으니 위생적이고 낭비도 없게 된다.

어떤 식당에서는 꼭 필요한 밑반찬을 뷔페식으로 각자 떠다 먹게 하고, 남기지 않는 손님에게는 인센티브를 주는 기발한 아이디어도 목격했다. 사람의 품격은 그의 일상생활에서 나타나며, 그중에서도 특히 식탁 매너에서 가장 뚜렷하게 부각된다.

같은 음식이라도 그 음식을 먹는 모습은 사람마다 다르며, 그 모습에서 그 사람의 인품을 가늠하게 된다. 이렇게 식사하는 모습에서 그 사람의 인격이 나타나듯이 나라와 민족의 품격도 그 나라의 식탁문화에서 여실히 나타난다고 여겨진다.

이러한 맥락에서 한국이 진정 문화 선진국 대열에 서기 위해서는 오늘의 부끄러운 식탁문화를 하루속히 개선하고자 하는 범국가적 캠페인을 전개해야 할 것으로 믿는 바이다. 그러나 예로부터 내려오던 전통문화를 하루아침에 바꾼다는 것은 매우 어려운 과제이다.

오랜 세월 체질화된 우리의 밑반찬 문화를 새롭게 개선하는 과제는 더욱 어려운 문제임에 틀림없다. 그러면서도 우리의 이 후진적 밑반찬 문화는 반드시 개선하고야 말겠다는 사회적 공감대가 형성되기를 간절히 바라는 바이다.

〔2017년 10월호〕

북한 독재의 특수성

오늘날 복잡하게 엉키고 있는 남북문제를 올바르게 진단하려면 무엇보다 먼저 북한에서 자행되고 있는 독재체제의 특수성을 분석해 보는 것이 순리라고 여겨진다. 다른 나라의 독재는 오직 정치적으로 탄압할 뿐, 인간적으로 잔인한 행동은 하지 않는 것이 관례인데 북한의 독재는 정치적 탄압뿐만 아니라 인간적으로는 도저히 용납될 수 없는 사악한 특성을 지니고 있다. 가장 뚜렷한 특성은 세습적 독재라는 점이고, 또 하나는 우상화 독재라는 사실이다.

북한의 독재는 8 · 15 광복과 동시에 시작되어 오늘에 이르기까지 3대가 대를 이어 계속되고 있다. 그런데 그 독재는 시일이 갈수록 점점 더 혹독해지고 잔인해진다는 사실이 더욱 주목된다. 할아버지 김일성은 권력을 장악하자 연안파(延安派), 소련파 등 이제까지의 동지가 앞으로 자기 독재에 걸림돌이 될지도 모른다는 이유로 숙청하는 정치적 독재뿐이었다.

그런데 김정일이 권력을 장악하고서는 잔인한 범죄를 서슴없이 자행하기 시작했다. 김정일은 지난 1969년에 남의 가정주부가 마음에 든다고 그 유부녀를 강제로 빼앗았는데 그 빼앗은 유부녀가 바로 저 유명한 성혜림(成惠林)이다. 성혜림은 당시 평양에서 작가동맹 위원장으로 있던 이기용의 며느리였는데 그녀가 김정일의 아내가 되어 낳은 장남이 바로 김정남이다. 이 김정남이 바로 북한에서 현재 권력을 장악하고 있는 김정은의 이복형(異腹兄)이다.

김정일이 빼앗은 부인 성혜림에게는 김영순(金英順)이라는 아주 절친한 친구가 있었다. 김영순은 성혜림과 동갑내기로 고등학교와 대학 동창으로 성혜림이 김정일과 결혼한 뒤에도 매일 만날 정도로 친숙한 사이였다. 이 때문에 김정일은 김영순을 통해 자기의 사생활이 노출되는 동시에, 조작된 자기 집안의 가계(家系)가 탄로 날까 겁났던 것이다. 그래서 김정일은 김영순을 성혜림과 떼어놓기 위해 그녀의 가족까지 모두 요덕 수용소에 강제로 이주시켰다. 김영순은 평양에서 무용가 최승희를 사사(師事)하며 귀족 같이 특권을 누리며 살다가 하루아침에 이렇게 감옥생활을 하게 된 것이다.

요덕 수용소에 수감된 김영순은 1984년에 겨우 풀려났으나 정치보위부의 날카로운 감시가 계속되어 이에 견디다 못해 2001년 2월 1일에 탈북하여 중국에서 3년 동안 숨어 살다가 드디어 2003년 11월 25일 꿈에 그리던 대한민국에 들어섰다. 김영순은 현재 북한 인권단체에서 활동하고 있다. 김정일의 잔인성은 근년에 일고 있는 이른바 통영의 딸 구출운동에서도 나타나 있다.

이 구출운동의 사연도 우리를 분노케 한다. 이야기의 주인공도 북한 요덕 수용소에 현재 갇혀있는 통영 출신의 신숙자와 그녀의 두 딸이다. 신숙자는 1960년대에 간호사로 독일에 파송되어 그곳에서 근무하던 때에 독일에서 유학 중이던 오길남과 결혼해 두 딸을 두었다. 독일의 베를린에서 행복하게 살고 있던 이들 가족은 북한 공작원의 꼬임에 속아 1985년에 북한으로 이주했다.

오길남은 대학 교수를 시켜준다는 약속을 받고 북한으로 갔으나 막상 가보니 당초의 약속과는 달리 날마다 대남 선전방송에 시달렸다. 그러던 중 1987년에 오길남은 공산당 간부로부터 독일에 유학 중인 남조선의 유학생을 회유해서 데려오라는 지령을 받았다. 이에 떠나는 남편에게 아내 신숙자는 중대한 결심을 했다. "나는 두 딸을 데리고 이곳에서 학대받다가 죽을 각오가 되어 있으니 당신만은 모처럼의 이 기회에 탈출해서 성공해야 한다."고 간절히 애원했다. 부인의 이 애원이야 말로 눈물겨운 현대판 순애보인 것이다.

이리하여 오길남은 독일로 가는 도중 덴마크의 코펜하겐 공항에서 극적으로 탈출했다. 오길남이 탈출하자 북에 남은 세 모녀는 바로 요덕 수용소에 감금된 신세가 되었다. 이러한 사실이 알려지면서 한국에서는 한때 통영의 딸 구출운동이 일어났던 것이다.

3대째의 독재자 김정은은 더욱 잔인한 양상을 보인다.

김정은은 권력을 장악하자 이모부 장성택이 눈에 거슬린다고 당장 숙청했고, 이복형 김정남이 장차 자기 권력에 도전할지도 모른다는 두려움에 지난해(2016)에 말레시아 쿠알라룸푸르에서 암살했던 것이다. 북한의 우상화 독재는 이렇게 대를 이어 권력을 장악하기 위해서는 인민들을 엄하게 감시하고 통제해야 한다. 이러한 연유에서 그들에게 개방은 죽음을 뜻하기 때문에 남북 간에 평화무드가 감돌면 바로 도발을 일으켜 인민들에게 긴장감을 고조시키는 것이다. 북한 독재의 이러한 특수성을 감안한다면 우리가 현재 바라는 남북의 화해협력이나 대화 노력이 얼마나 순진한 발상인지 비로소 깨닫게 된다.

〔2017년 11월호〕

옛날의 구주 탄일과 오늘의 성탄절

한 해를 영원히 보내는 세모(歲暮)는 본시 쓸쓸하기 마련인데 늙어가는 사람에게는 더욱 쓸쓸한 계절입니다. 그래서인지 이 세모에 가로에서 들리는 자선냄비의 가냘픈 종소리가 유난히 가슴을 울리며, 곧 다가올 거룩한 성탄절의 의미를 새롭게 합니다.

이 성탄절을 제가 주일학교에 다니던 아득한 옛날에는 구주 탄일이라 불렀고, 교회도 그 시절에는 예배당이라고 불렀습니다. 그런데 그 구주 탄일을 언제부터 무슨 까닭으로 이렇게 성탄절이라 불렀고, 예배당도 교회라고 부르게 되었는지 저로서는 알 도리가 없습니다.

그러면서도 저는 구주 탄일이라고 부르던 그 시절과 성탄절이라고 하는 오늘날과는 믿음의 분위기에서 현격한 차이를 느끼고 있습니다. 옛날의 구주 탄일 시절은 가난했기 때문인지 요란하지 않고 조용하면서도 경건한 분위기였는데, 오늘의 성탄절은 사치스럽고 들뜬 분위기만 느끼게 합니다.

구주 탄일 시절에는 옷깃을 여미고 거룩한 마음으로 조용히 그 날을 기다렸는데 오늘의 성탄절에는 예수님의 탄생을 기리기보다는 선물과 파티에 신경을 집중시키는 듯싶습니다. 어른들은 선물을 장만하느라 분주하게 돌아다니며 파티도 준비하느라 여념이 없고, 어린이들은 선물에만 눈독을 들이는 것으로 보입니다.

교회에서도 구주 탄일 시절에는 화려한 장식이나 거창한 행사보다 성탄예배 위주로 조용한 분위기였던 것으로 기억됩니다. 그날 저녁에는 성탄예배를 드리고서 자정이 가까워지면 몇 개의 그룹으로 나누어 교우들 집을 찾아가 대문 밖에서 찬송가 '고요한 밤, 거룩한 밤' 을 조용히 부르고서는 다음 집으로 옮겨 갔습니다.

이날 밤의 이 심방 행렬은 시종 엄숙한 분위기였기 때문에 떠드는 소리 하나 없이 조용했고, 오직 길바닥에 깔린 눈을 밟는 소리뿐이었습니다. 두툼한 방한복이 귀하던 그 시절에 추워서 떨면서도 이 행렬을 따라다니는 것이 마냥 즐겁기만 했습니다. 이렇게 돌아다니다가 간혹 우리를 불러들여 따끈한 팥죽이라도 주면 그렇게 반가울 수가 없었습니다.

그런데 오늘의 성탄절에는 지난날의 그 엄숙한 심방 찬미 소리는 들리지 않고, 화려한 크리스마스 장식에 성대한 축제 분위기에 들떠있습니다. 교회에서는 성탄예배가 끝나자마자 진수성찬으로 친교 식사를 마치면 다양한 게임을 하고, 가정에서는 친지끼리 모여 크리스마스 선물을 교환하고 성대한 파티를 여는 것이 관례인가 봅니다.

젊은이들은 연인끼리 거리로 쏟아져 나와 네온사인 밑에서 밤이 지새도록 노래하고 춤을 추는 것으로 보입니다. 옛날의 구주 탄일과 오늘의 성탄절 분위기를 믿음이 약한 제가 이렇게 피상적으로 단순비교한다는 것은 매우 어리석은 일이라고 여기면서도 이에 대한 저의 의견을 감히 개진하고자 합니다.

제가 경험한 바에 의하면 구주 탄일 시절에는 성탄의 의미를 진지하게 되새기는 순수한 종교적 관행이 짙은 반면에 성탄절의 오늘에는 실리만을 추구하는 현대사회의 조류에 휘말려 상업적 속물주의가 매우 강하게 풍기는 것으로 느껴집니다. 이러한 연유에서 저는 솔직히 오늘의 이 화려한 성탄절 시절보다 조촐한 구주 탄일 시절이 오히려 그리워집니다.

그 옛날에는 교회가 난립하지 않아 혼탁한 믿음의 홍수도 없었으니 맑은 생명수를 쉽게 만날 수 있었습니다. 특히 6 · 25 전쟁으로 굶주리던 시절, 제가 다니던 천막교회에서는 어려운 교회 재정을 보충하기 위해 목사님이 앞장서서 우리 젊은 교우들과 함께 막노동을 했고, 밤에는 불우 청소년을 위해 호롱불 밑에서 야학을 개설했습니다. 그 당시 우리 교회 인근에 신생원(信生院)이라는 전쟁 고아원이 있는데, 이 고아원도 가난한 그 시절에 정부가 지원할 수 없어 자원봉사로 겨우 유지된 것으로 기억됩니다. 그 봉사활동은 우리 교회 목사님의 사모를 중심으로 여전도회가 거의 도맡아 했습니다.

똥오줌을 가리지 못하는 어린 아기들을 씻어주며 돌보느라 말없이 구슬땀을 흘리던 그 행함의 믿음 현장이 입술로 전하는 100마디 설교보다 믿음이 약한 저에게는 오히려 더 큰 은혜가 되었습니다.

오늘에 와서 되돌아보면 가난하던 구주 탄일 시절에는 교회에 대한 애착심이나 교우끼리의 친교가 오늘의 성탄절 시절보다 오히려 더 강했던 것으로 여겨져 가난한 자의 행복도 그 시절에 터득했습니다.

〔2017년 12월호〕

北靑소식

2016.1~2015.12

늙어가는 사람의 새해 소망

어느덧 2016년의 새해가 밝았습니다. 늙어가는 사람에게 이 새 아침은 대망의 설렘이 아니고, 세월의 빠른 속도를 실감 나게 합니다.

따라서 늙어가는 사람의 새해 소망은 젊은 시절처럼 거창하지 않고 매우 소박합니다. 그 소망은 오직 "앞으로 남은 생애를 어떻게 살아야 남에게 추한 모습을 보이지 않고 최소한의 품위를 유지하면서 자그마한 보람이라도 느낄 수 있을까." 하는 염원뿐입니다. 그러나 막상 추하지 않고 보람 있게 산다는 것은 그리 만만한 과제가 아닌 것 같습니다.

더욱이 오늘의 노인들은 역사적으로 어려운 시대를 살아왔기 때문에 노후대책을 미처 세우지 못했으니 새해의 소망이 아무리 소박하다 해도 제대로 이루어질는지 의문스럽기만 합니다.

노인들은 본시 늙어갈수록 고독감을 느끼고, 질병으로 고생하며, 쓸모없는 인간이라는 역할상실(役割喪失)에 시달린다고 합니다. 이러한 여러 가지 어려움에서도 품위를 잃지 않고 보람을 느끼면서 살아가기 위해서는 확고한 마음의 준비가 선행되어야 할 것입니다. 다행히 오늘의 노인들은 지난 세월을 살아오면서 부딪친 험난한 역사의 현장에서 터득한 생활의 지혜가 있기에 그 지혜를 슬기롭게 이용한다면 새해의 소망은 잘 이루어지리라 생각됩니다.

무엇보다 먼저 늙어갈수록 나타나게 마련인 추한 모습을 보이지 않게 하기 위해서는 낮은 자세로 겸손해야 한다고 여겨집니다. 겸손한 마음가짐이야 말로 노후생활을 품위 있게 하는 가장 기본적 선행조건이라고 믿어집니다. 겸손하면 모든 사물이 긍정적으로 보여 감사하는 마음까지 저절로 우러나 짜증 낼 일도 없어 마음이 편해지고, 따라서 표정도 맑아져서 남에게 좋은 인상을 주게 될 것입니다.

겸손한 노인은 또한 설치지 않고 잔소리도 하지 않게 되어 남에게 온유하고도 너그럽게 보일 것이니 젊은 세대에게도 호감을 주면서 그들과도 친숙하게 어울리게 될 것입니다. 마음이 겸손하면 오늘날 우리 사회를 어지럽히고 있는 겉 다르고 속 다른 이중인격의 탈도 저절로 벗겨져서 남에게 소탈하고도 참신한 인상을 심어줄 것입니다.

마음이 겸손하면 아무리 늙어도 노욕이 생기지 않고 심성이 맑아지기 때문에 모든 사리판단을 공정하고도 정확하게 내릴 수 있어 결국 존경받는 어른으로 대접받을 것입니다. 겸손한 노인은 또한 경제적으로 아무리 어려워도 남에게 인색한 모습을 보이지 않고, 식당에서 식사하고서도 팁을 놓고 나오는 멋진 신사가 될 것입니다. 겸손한 마음으로 산다면 아무리 늙어도 친구가 많이 생겨 활동범위가 넓어질 것이며, 따라서 고독감을 느낄 겨를도 없이 보람 있고 활기찬 여생을 즐길 수 있을 것입니다.

이러한 마음으로 처세한다면 앉아서 대접받으려 하지 않고 오히려 베풀려고 하게 되니 건강까지 저절로 따라올 것이며 왕따 당한 듯한 소외감도 느끼지 않고 활발한 노후생활을 하게 될 것입니다.

오늘날 사회가 발달할수록 범죄가 기승을 부려 도덕이 실종한다고 개탄하지만 우리 인간사회의 밑바닥에는 정의가 항상 도도히 흐른다고 저는 확신합니다. 만약 사회가 발달할수록 도덕이 실종된다면 우리 사회는 이미 무법천지가 되어 멸망했을 것입니다. 우리는 이미 농경사회에서 산업사회로 발전했고, 다시 첨단 지식사회로 비약한 오늘날에 와서도 제도적으로 적절히 잘 대처하기 때문에 무너지지 않고 오히려 번영하고 있습니다.

이러한 사실은 날로 격화하는 생존경쟁에서 패배한 약자도 현재 떳떳한 사회 일원으로 복지를 누리면서 오순도순 잘 살고 있는 현실이 이를 증명하고 있습니다. 따라서 아무리 험악한 사회라 할지라도 정도를 벗어나지 않고 정직하게 사는 사람이 결국 최후의 승자가 된다는 진리를 저는 굳게 믿습니다.

따라서 우리 모두가 당장 막대한 이득이 생길지라도 부정하다고 여겨지면 이를 단호하게 물리치고 끝까지 정도를 밟으려고 힘쓴다면 우리 사회는 살맛 나는 세상이 될 것입니다. 이러한 긍정적이고도 적극적 마음가짐으로 새해를 맞이한다면 육체는 비록 늙어가도 마음은 젊어져서 활기가 넘치고 보람 있는 한 해가 될 것으로 확신합니다.

〔2016년 1월호〕

위안부 문제 타결 어떻게 볼 것인가

지나간 오랜 세월 일본과 지루하게 다투던 위안부 문제가 타결되자 우리 사회 일각에서 또다시 소모적 분쟁이 일고 있으니 이는 분명 불행한 일이 아닐 수 없다. 타결된 내용이 비록 우리에게 만족스럽지 못한 부분도 있지만 광복 70주년, 한일 수교 50주년이라는 뜻깊은 해(2015년)에 타결되었으니 매우 반가운 일이라고 여겨진다.

이번에 타결된 내용은 지난 1993년 고노(小野) 일본 관방장관이 밝힌 사과나 1995년에 무라야마(村山) 총리대신이 발표한 사과문보다 구체적이고 실질적이라는 긍정적 평가를 받고 있다. 지난날의 사과는 위안부 문제의 책임소재를 밝히지 않고 막연하게 "유감스럽다."는 모호한 표현이었는데, 이번에는 내각총리대신이라는 직함을 분명히 밝혔다. 그리고 한국 정부가 설립하는 위안부 지원재단에 10억 엔(한화 약 100억 원)을 민간이 아닌 정부차원에서 출연한다고 명시하였다. 이번 타결에서 우리 측은 최종적, 불가역적 해결이라는 표현으로 위안부 문제를 앞으로 더 이상 거론하지 않기로 하고, 일본대사관 앞 소녀상도 피해 당사자와 협의를 통해 적절히 처리하기로 합의했다고 한다.

우리 측에서 시행해야 할 이러한 조항들이 불만족스럽기는 하지만 국가 간의 협상에서는 100% 만족이란 있을 수 없다는 관례를 감안한다면 이번의 타결이 비록 아쉽기는 해도 장기적인 안목에서 이웃 나라와의 소모적 장기 분쟁을 이제 끝냈다는 점에서 반겨야 할 결단이라고 여겨진다.

사실 이번 타결은 오직 위안부 문제뿐이고, 독도의 영유권 분쟁이나 일제 강점기의 징용 피해자 보상 문제, 그리고 교과서 왜곡 문제 등 해결해야 할 난제들이 아직도 산적한 상태에 있다. 이러한 문제로 인해 두 나라 사이에 신뢰와 친선관계가 구축되기까지에는 아직도 갈 길이 요원하다.

이들 남아있는 문제에 대해서도 우리는 일본에 신경질적으로 대응할 것이 아니라 대승적 견지에서 유연하게 대처하는 것이 국제사회에서 오히려 협상력을 높이는 길이 될 것이다. 그런데 오늘의 여의도 정치판은 국제적 중대 사안을 당리당략에 결부시켜 정부의 결정에 대안도 제시하지 않고 덮어놓고 반대만 하고 있으니 우리 측의 입지가 약해질 수밖에 없다. 따라서 대외협상에 임할 때에는 정치권이 한 목소리를 내야 한다.

일본은 역사적으로 우리에게 껄끄러운 이웃이다. 그러나 아무리 미운 이웃이라 해도 우리가 영토를 다른 곳으로 옮겨갈 수는 없는 노릇이다. 우리 속담에 "친구는 언제든지 바꿀 수 있어도 이웃은 마음대로 바꿀 수 없다."고 한다. 따라서 일본이 아무리 미워도 대승적 견지에서 아량을 베풀면서 선린우호의 원칙을 슬기롭게 따르는 것이 결국 국익에 도움이 될 것이다.

우리가 이번에 이끌어낸 위안부 문제 타결에 대해 특별히 반기는 까닭은 우리 민족에게 가로놓인 남북통일이라는 성스러운 과업 때문이다. 남북통일을 성공적으로 성취하기 위해서는 주변 국가와의 우호관계가 필수적이라는 사실을 감안할 때, 일본과의 불화를 더 이상 계속해서는 안 될 것이다. 뿐만 아니라 미국이 현재 아시아 지역에서 영향력을 키우기 위해 일본을 가장 가까운 파트너로 삼고 있는 현실에서 우리는 사소한 문제에 얽매여 큰 것을 놓치는 우를 범해서는 안 될 것이다.

우리 대한민국은 장차 남북통일뿐만 아니라 아시아 지역에서 열강들의 패권다툼에 막중한 조정 역할도 담당할 것으로 예견된다. 우리 한반도는 지정학적으로 볼 때 대륙세력(중국, 러시아)과 해양세력(미국, 일본)이 부딪히는 요충지이기 때문에 국제적으로 매우 민감한 위치에 있다. 따라서 지난날의 제국주의 시대에서는 전란에 시달리는 불리한 곳이었으나 오늘의 경제적 패권주의 시대에서는 가장 유리한 위치에 놓여있다. 이러한 여건을 감안할 때 현재 한반도 주변에서 일어나고 있는 미국과 중국과의 패권다툼은 우리가 어떻게 대처하느냐에 따라 위기가 될 수도 있고 기회가 될 수도 있을 것으로 전망된다.

미국 뉴욕의 미래예측 전문 투자증권회사인 골드만삭스는 지난 2007년에 "Korea는 2050년 경 세계 G-2 강국이 될 것이다."라고 예언할 정도로 대한민국의 미래는 밝기만 하다. 따라서 우리는 이제 소모적인 분쟁에 너그럽게 대처하는 동시에 보다 넓고 장기적 안목에서 국가의 미래를 설계해야 할 것이다.

〔2016년 2월호〕

천안함은 말한다

지난 3월 26일은 천안함 사건이 발생한 지 6주년 되는 날이다. 2010년 이날 밤 9시 22분에 서해 연평도 해역에서 경계임무를 수행하던 천안함이 돌연 수중 폭파로 침몰해 근무 장병 104명 중 46명이 모함과 함께 희생되었다.

이 사건이 터지자 우리는 대뜸 북한의 소행임을 직감했다. 그것은 북한이 이곳 서해에서 이미 여러 차례 도발했기 때문이었다. 그러나 정부는 북한의 공격임을 예단하면서도 경솔히 대처할 경우의 부작용을 우려해 과학적 증거부터 찾아내고자 국제 합동조사단을 구성했다.

조사단은 우리나라를 비롯해 미국, 영국, 호주, 캐나다, 스웨덴 출신의 전문가로 구성된 74명으로 이들은 여러 방법으로 정밀하게 조사했다. 이 조사단과는 별도로 우리 해군도 물적 증거를 확보하고자 쌍끌이 어선을 동원해 사고해역을 샅샅이 뒤진 결과 1번이라고 한글로 쓰인 북한 어뢰의 추진체를 찾아냈다. 합동조사단도 사건 발생 두 달 만인 5월 20일 "천안함은 북한의 고성능 어뢰의 수중 폭발로 발생한 충격과 버블효과에 의해 두 동강 났다."는 조사 결과를 발표하고 이를 UN에도 보고했다. 국제 합동조사단의 이러한 발표에도 불구하고 종북 이념단체는 이 사건을 정부의 자작극이라며 관계장관의 해임을 요구하는 동시에 사고 원인을 생존자들이 밝혀야 한다며 병원에 입원 중인 부상자를 증언대에 세웠다.

증언대에 환자복 차림으로 나타난 이들은 부상과 심리적 충격으로 시달리는 모습으로 고개를 숙였다. 그리고 눈시울을 적시면서 "실종된 동료를 남겨두고 이렇게 살아서 죄송하다."며 죄인처럼 머리를 조아렸다. 이들 생존자는 죄인이 아니다. 이들은 엄연한 대한민국의 해군으로 나라를 지키다가 불의의 공격을 받고 구사일생으로 살아난 우리의 아들들이다. 이들이 무슨 잘못을 저질렀기에 대중 앞에 끌려 나와 이렇게 모욕을 당해야 했는가. 반정부 이념단체는 희생자 유가족에게도 접근해 희생자 가족모임을 구성하고, 그들에게 분노를 유발시켰다.

그들은 유족들에게 군 당국은 가해자라는 적개심을 부추기는 동시, 희생자는 억울한 피해자라고 선동해 한때 살벌한 분위기가 감돌기도 했다.

종북 이념단체는 이렇게 반정부 운동을 부추기는 한편, 국제 합동조사단이 UN에 보고한 조사 결과에 대해서도 이의를 제기한 공개서한을 UN 안보리의 15개 이사국에 개별적으로 보냈다.

이 서한을 받은 이사국은 한국이 우선 내부에서 일고 있는 엇갈리는 여론부터 조정하는 것이 순리라는 반응이었다. 이에 따라 UN 안보리도 결국 북한의 만행을 공식적으로 규탄하려던 당초의 결의를 철회하고 형식적인 안보리 의장성명으로 끝마무리 짓고 말았다.

진실로 안타까운 일이었다. 이러한 현상은 2014년에 발생한 세월호 참사에서도 나타났다. 당시 참사가 발생하자 종북 이념단체는 정부가 사태 수습을 할 겨를도 주지 않고 격렬한 반정부 시위를 유발하는 동시, 희생자 유족들이 천막농성을 하도록 선동해 오늘에 이르기까지 그 후유증이 아물지 않고 있는 실정이다.

사실 세월호 참사와 꼭 같은 해난사고가 지난날에도 여러 차례 발생했다. 그 대표적 사고가 1953년 다대포 앞바다에서 236명이 희생된 창경호 사건, 1963년 목포 앞바다에서 140명이 희생된 영산호 사건, 1970년 여수 앞바다에서 326명이 희생된 남영호, 1993년 서해에서 292명이 희생된 서해 페리호 참사인 것이다. 이렇게 많은 해난사고 중에서 유독 세월호 참사만이 이렇게 삿대질 흙탕물 싸움을 계속했으니 한국사회는 발전은 고사하고 오히려 후퇴하고 있는 것이다.

천안함 사건이나 세월호 참사에서 보여준 한국사회의 이러한 후진성은 미국에서 발생한 9 · 11 테러 당시의 상황과 매우 뚜렷한 대조를 이룬다. 9 · 11 테러는 2001년의 9월 11일에 알카에다 테러조직이 미국에 잠입해 항공기를 납치해서 뉴욕의 쌍둥이 빌딩을 공격한 사건이다. 이 테러는 3천 명이 희생당하고 130여 명의 경찰과 소방관이 순직한 대형 참사였다. 이렇게 국가안보에 구멍 뚫린 미국사회는 부시 대통령을 규탄하기는커녕, 사태 수습을 소신껏 하라는 의미에서 지지율이 85%까지 올라가 우리와 상반되는 반응을 나타냈다. 이러한 오늘의 현실에서 현재 경기도 평택의 해군 제2함대사령부 광장에 안치된 천안함은 우리 사회를 향해 피맺힌 사연을 암시하고 있다.

〔2016년 4월호〕

5 · 16 군사혁명의 역사적 인식

지난 5월 16일은 5 · 16 군사혁명 55주년 되는 날이다. 1961년의 이날 새벽에 일어난 5 · 16 군사혁명은 오랫동안 그 당위성에 대해 엇갈리는 견해가 맞서 이념 분쟁을 야기시켰다. 일부 주장은 '군인들이 정치적 탐욕으로 헌정질서를 어지럽힌 범죄행위' 라는 것이고, 다른 하나는 '바로 1년 전에 일어난 4 · 19 학생의거 후에 걷잡을 수 없이 계속된 사회혼란 때문에 필연적으로 발생한 의거' 라는 주장이 맞섰던 것이다.

이렇게 혼돈을 거듭하던 5 · 16 군사혁명에 대한 인식도 이제 반세기라는 세월이 지나면서 정확한 윤곽이 드러나고 있다. 마치 숲은 가까운 곳에서는 제대로 보이지 않지만 먼 곳에서는 전체를 볼 수 있는 것과 같은 이치이다. 이러한 논리에서 역사는 반드시 후세의 사가에게 맡겨야 올바른 인식을 하는 것이다.

이러한 견지에서 5 · 16 군사혁명에 대한 새로운 인식도 근년에 출간된 역사 교과서에서 밝혀지고 있다. 이 교과서가 바로 한국의 보수와 진보 성향의 역사학자들이 공동으로 집필해서 2008년에 발간한 한국 근-현대사라는 대안 교과서인 것이다. 이 교과서에 의하면 5 · 16 군사혁명은 비록 합법 정부를 무너뜨린 쿠데타라고 하지만 당시의 사회 환경을 감안한다면 어쩔 수 없이 일어난 사건이라고 기술했다. 그 전 해에 일어난 4 · 19 학생의거 직후 우리 사회는 극심한 혼란을 일으켜 거의 무정부 상태에 빠진 것으로 기록돼 있다. 4 · 19 학생의거로 자유당 정부가 무너지고 허정이 이끈 과도정부에 의해 탄생된 민주당 정부는 윤보선 대통령의 구파와 장면 총리가 이끄는 신파와의 갈등이 격화되어 국정이 거의 마비된 상태에 이르렀다.

이러한 혼란 속에 학생데모가 다시 기승을 부려 일부 데모대는 국회에 난입하고, 일부 학생들은 평양으로 가서 통일을 의논하겠다며 38선을 넘으려는 사태까지 발생했다. 이러한 상태에서 일어난 정치적 결단이 5 · 16 군사혁명인 것이다. 따라서 5 · 16 군사혁명을 오늘의 정돈된 사회를 기준으로 판단할 것이 아니라 당시의 불가피한 시대성을 감안해야 정확한 역사인식을 할 수 있는 것이다.

5 · 16 군사혁명으로 탄생한 군사정부는 조국 근대화라는 국정지표를 내걸고 국력을 결집시켜 한강의 기적을 이루어냈다. 이 한강의 기적은 단순한 경제발전이라는 가시적 성과보다는 눈에 보이지 않는 우리 민족의 의식 개혁이라는 사실에 주목해야 하겠다.

이 의식개혁은 새마을 운동을 통해서 이루어졌다. 70년대 초에 농촌에서 초가집을 개량하고 마을 안길을 넓히는 사소한 일로 시작한 이 운동이 전국으로 확산되면서 하나의 거대한 민족의식개혁 운동으로 번졌다. 이화여대 석좌교수 이어령 박사에 의하면 "새마을 운동은 지난 5천 년 동안 우리 민족의 DNA 속에 잠재해 있던 신바람을 민족적 에너지로 분출시켜 오늘의 역동적인 한류까지 만들어냈다."는 것이다.

새마을 운동에서 가장 주목해야 할 대목은 농촌의 가난을 남의 탓으로 미루지 않고 자기 자신에게 돌리며 자조와 협동정신으로 성취한 것이다. 이러한 새마을운동의 기본정신에 착안한 UN은 오늘날 저개발 국가에 대한 원조를 할 때에는 한국의 새마을운동 원리를 적용하고 있는 것이다. 그래서 현재 경기도 성남시에 자리 잡은 새마을 연수원에는 UN 원조를 받는 개발도상국의 요원들이 대거 찾아와서 교육을 받고 있다.

군사정부의 또 하나 업적은 공고(工高)를 통한 기술혁신이라고 하겠다. 군사정부의 공고 육성에 대한 집념에는 실로 눈물겨운 일화가 많이 전해지고 있다. 당시 국가 원수는 지방 순시할 때마다 아무리 바쁜 일정이라 해도 반드시 그 지역 공고를 찾아가 격려하고 애로사항을 청취했다. 이렇게 애써 키운 기능인력이 1977년부터 계속해서 국제 기능 올림픽을 휩쓸고, 오늘날 한국을 과학기술 선진국으로 만든 것이다.

군사정부는 1972년 10월 17일에 10월 유신이라는 또 하나의 쿠데타를 일으켜 지탄을 받기도 했다. 그러나 이 쿠데타도 그 배경에는 1968년에 김신조의 청와대 습격과 삼척 울진 공비침투 등 북한이 도발을 계속하고, 여기에 미국은 월남전을 구실로 주한 미군을 감축하려고 서둘렀다. 이러한 당시의 어려운 시대성이 오늘날 널리 인식되어 10월 유신에 대한 평가도 긍정적으로 변화하는 추세에 있다. 이리하여 그 당시에는 격렬히 저항받던 5 · 16 군사혁명이 반세기가 지난 오늘날에는 경제대국의 기틀을 다졌다는 새로운 평가를 받기에 이르렀다.

〔2016년 6월호〕

휴전협정에 엉킨 이야기

오는 7월 27일은 6 · 25 전쟁의 휴전 63주년 되는 날이다. 1950년 6월 25일에 일어난 6 · 25 전쟁이 1953년 7월 27일에 휴전협정이 체결됨으로써 만 3년 1개월 만에 총성이 멈춘 것이다.

소련제 T-34 탱크를 앞세운 인민군의 기습공격에 낙동강까지 밀린 국군과 UN군은 맥아더 장군이 결행한 인천 상륙작전으로 전세를 역전시켜 압록강까지 밀고 올라가 통일을 눈앞에 둔 시점에 중공군이 인해전술로 공격해 왔다. 이 불시의 공격을 받은 맥아더 장군은 중공군의 뿌리를 절단하기 위해서는 만주 폭격이 불가피 하다고 판단했다. 맥아더 장군의 이러한 작전계획이 자칫 3차 세계대전을 유발할지도 모른다고 겁낸 트루먼 대통령은 맥아더 장군을 1951년 4월 10일에 전격 예편시켰다. 맥아더 장군의 예편은 통일을 염원하던 우리에게 청천 벼락같은 불행이었다.

맥아더 장군이 해임되자 UN주재 소련 대표 마리크가 정전협정을 슬그머니 제기해 개성에서 첫 회담이 열렸다. 그러나 개성은 공산군의 점령지역이므로 장소를 중립지대인 판문점으로 옮기고 본격적으로 회담을 추진했다.

이리하여 우리에게는 가장 가까운 전우였던 맥아더 장군이 해임

당하고, 휴전협상까지 일방적으로 추진되자 이승만 대통령은 매우 난감한 곤경에 빠졌다. 이에 이승만 대통령은 휴전을 결사반대하면서 한국군 단독으로 끝까지 싸울 것을 결심하자 국회도 이에 적극적으로 호응해 미국 요로에 우리의 확고한 의지를 전달했고, 시민들도 연일 휴전 반대 시위를 전개했던 것이다.

그럼에도 불구하고 미국은 우리를 따돌리고 휴전을 강행했으니 이승만 대통령은 외로운 투쟁을 계속할 수밖에 없었다. 이에 미국은 고집만 부리는 이승만 대통령을 제거하기 위한 공작까지 시도했다는 사실이 최근에 해지된 비밀문서에서 밝혀졌다.

휴전회담이 진행되는 동안 일선에서는 휴전이 성립되기 전에 한 치라도 더 점령하려고 연일 격전이 벌어져 공산포로도 늘어나 거제도 수용소는 초만원을 이루었다. 이렇게 되자 공산군은 거제도 포로수용소를 남로당의 거점으로 이용할 목적으로 조직력과 음모에 능한 고급 장교를 고의로 투항시켜 거제도 수용소에 잠입시켰다.

잠입한 이들은 수용소 안에서 반공 포로를 색출해서는 처형해 암매장하는 동시 때때로 폭동까지 일으키다가 어느 날 협상을 제의해왔다. 공산당의 생리를 미처 모르는 순진한 미군은 이들의 제의를 받아들여 수용소 소장 돗드 준장이 직접 협상에 나서 수용소 안에 들어갔다. 이때 기상천외의 일이 벌어졌다. 공산당의 음모에 속은 돗드 준장이 이들의 덫에 걸려 포로의 포로가 된 것이다. 이리하여 돗드 준장은 1952년 7월 5일부터 8일까지 4일 동안 포로생활을 한 것이다. 미군은 이렇게 망신당하고서 비로소 단호하게 대처하는 동시, 반공포로를 선별해 이들을 부산, 마산, 대구, 영천, 광주, 논산 등 안전한 곳에 분산해서 수용했다.

이러한 와중에서도 휴전협상은 착착 진전되자 다급해진 이승만 대통령은 대안을 제시하지 않을 수 없게 되었다. 그 대안이 한미상호방위조약인 것이다. 이 대안은 현 상태에서 휴전이 성립될 경우 한국은 중공이나 소련의 위협 앞에 방치되기 때문에 미국이 한국의 안보를 책임진다면 휴전을 더 이상 반대하지 않겠다는 것이다. 그런데 미국은 이 제의에 대해서도 요지부동이었다.

이에 이승만 대통령은 비장한 각오로 세계를 놀라게 한 사건을 터뜨리고 말았다. 그 사건이 바로 1953년 6월 18일 야반에 단행한 반공포로 석방인 것이다. 이승만 대통령은 헌병사령관 원용덕(元容德) 장군으로 하여금 이날 밤 각 수용소의 철조망을 절단하고 2만 7천 명에 이르는 반공포로 전원을 일제히 석방했던 것이다.

이에 놀란 미국은 이승만 대통령의 요구조건을 거의 그대로 받아들여 한미상호방위조약은 물론, 주한 미군 2개 사단을 상주시키는 동시 한국군 현대화뿐만 아니라 장차 20개 사단을 창설할 장비까지 지원키로 약속했다. 이렇게 체결된 한미상호방위조약에 의해 한국의 안보를 세계에서 으뜸가는 나라가 책임졌으니 대한민국이 오늘에 이르기까지 안전하게 발전한 것이다. 이승만 대통령의 이 위대한 업적은 후세에 더욱 빛날 것으로 믿어진다.

〔2016년 7월호〕

서울 올림픽에 담겨진 메시지

요즘처럼 나라 안팎이 어수선한 때일수록 제24회 서울 올림픽 당시의 감격이 되살아나 더욱 그리워진다.

1988년 9월 17일부터 10월 2일까지 16일 동안 열린 서울 올림픽은 온 국민의 단합된 힘으로 이루어낸 지구촌의 잔치였다. 숲은 멀리서 봐야 전체 윤곽을 파악할 수 있듯이 서울 올림픽도 28년이라는 세월이 흐른 오늘에 그 의미가 선명하게 떠오른다.

서울 올림픽은 세계가 우려할 정도로 매우 불안한 상황에서 개최되었다. 올림픽이 열리는 장소가 100만의 무장 군인이 대치하고 있는 38선에서 불과 40km 떨어진 곳인 데다가 북한이 이 행사를 방해하기 위해 우리 KAL 858기를 인도양 상공에서 폭파시켰고, 서울 거리에는 6월 항쟁의 최루탄 가스가 여전히 남아있는 상태였다.

이렇게 어수선한 상황에서도 당시의 정치권이 올림픽을 앞두고 나타낸 성숙한 모습은 오늘의 옹졸한 여의도 정치판과 비교되어 더욱 그리워진다.

당시 군부세력에 맞서 싸우던 재야세력이 80년대의 6월 항쟁으로 6 · 29 선언을 이끌어내고도 대승적 견지에서 올림픽이라는 민족적 행사를 성공적으로 이끌기 위해 군부세력과 손을 맞잡고 한

치의 오차도 없이 성공시켰다. 재야세력은 군부세력의 탁월한 조직력을 올림픽 운영에 반영하고자 군 출신의 박세직 예비역 장군에게 조직위원장 직을 맡기고 온 국민과 함께 뒤에서 힘을 모아 이 행사를 성대하게 마무리 지었던 것이다.

서울 올림픽은 박정희 대통령 재직 시인 1979년 9월 21일에 열린 국무회의에서 유치하기로 의결하고, 당시 대한체육회 회장으로 있던 정주영 현대그룹 회장을 위원장으로 하는 유치위원회를 구성하고 본격적으로 유치활동에 나섰다. 그 결과 1982년 독일의 바덴바덴에서 열린 IOC 총회에서 사마란치 위원장이 '제24회 올림픽 개최지는 세오울(Seoul)'이라고 발표함으로써 확정된 것이다. 이 발표 현장을 생중계한 TV를 지켜보던 당시의 감격이 지금도 생생하게 떠오른다. 대회가 열린 16일 동안에는 비 한 방울도 없는 쾌청한 날씨에 시민들도 정치권을 신뢰하고 매우 협조적이었다.

교통체증을 막기 위해 승용차의 2부제에 솔선해서 동참했고, 심지어 경인지역을 무대로 설치던 소매치기까지도 외국 손님들에게 나쁜 인상을 주지 않기 위해 대회 기간에는 사업(?)을 일시 중단했다는 뒷이야기가 나올 정도였다. 서울 올림픽의 하이라이트는 한국 고유의 전통문화가 담긴 개막행사와 폐막행사였다.

개막행사는 9월 17일의 맑게 갠 아침에 관람객이 입추의 여지없이 자리를 메운 잠실의 종합경기장에 손기정 선수가 하얀 연기를 뒤로 길게 드리운 성화를 높이 들고 나타남으로써 시작되었다.

이 성화를 물려받은 임춘애 선수가 성화대에 점화하는 순간에 기적 같은 장면이 연출되었다. 바로 그 찰나에 경기장 상공에 무지갯빛 올림픽 연막을 뒤로 길게 뿜은 5대의 제트기 편대가 갑자기 나타나 장내에는 탄성과 함께 우레와 같은 박수가 터지기도 했다.

연이어 운동장 중앙에 설치한 회전무대에서 코리아나 합창단이 이번 올림픽의 주제가 손에 손잡고를 경쾌한 율동에 맞추어 힘차게 부르고 다양한 프로그램이 이어졌다.

궁중의상을 차려입은 수백 명의 고적대가 입장해 장엄한 행진을 벌였고, 연이어 도전과 화합을 상징하는 역동적인 고놀이가 끝나자 바로 흰색의 도복에 검은색 띠를 두른 1,000여 명의 태권도 전사가 입장했다. 이 태권도 팀은 고막을 찌르는 강렬한 구령에 맞추어 기본동작을 선보인 다음 송판 조각이 공중으로 튕겨 오르는 격파 동작으로 장내를 압도했다.

개막행사는 이렇게 역동적이고 박력 넘치는 남성적 면모를 보인 반면에 10월 2일 저녁에 열린 폐막행사는 신비스러운 야간조명을 받으면서 진행된 우아하고도 섬세한 여성적인 작품이었다

특히 끝마무리 부분에서는 떠나가는 배라는 주제로 지구촌의 선수들과 작별하는 아쉬움을 달래는 뜻으로 구수한 우리 가락 뱃노래에 맞추어 흰 돛대가 푸른색 조명을 받으면서 물결처럼 넘실거리는 장면은 진정 환상적이었다.

이리하여 불안한 상황 속에서 열린 서울 올림픽은 시종 축제 분위기에서 성공적으로 끝내고, 우리는 금메달 12개에 종합성적 4위라는 기록을 남겼다. 이리하여 서울 올림픽은 불편한 관계였던 재야세력과 군부세력이 너그럽게 손을 맞잡고 우리나라를 지구촌의 변두리에서 중심부에 자리매김 함으로써 세계화에도 성공시켰으니 오늘의 흙탕물 싸움판에 천금 같은 교훈을 전해주고 있다.

〔2016년 10월호〕

세모의 자선냄비 종소리

2016년의 달력도 어느덧 마지막 한 장이 남았으니 세월의 빠른 속도가 실감 납니다. 한 해를 영원히 보내는 이 세모는 우리 늙어가는 사람들에게 고독감을 부추깁니다. 더욱이 가로에서는 자선냄비의 종소리까지 은은하게 들려 세모의 분위기를 한층 숙연하게 합니다. 저 자선냄비 종소리는 웅장하지 않고 가냘프기에 더욱 절실한 메시지가 담겨 있는 듯싶습니다.

거룩한 성탄절을 앞두고 들려오는 저 가냘픈 종소리는 우리에게 불우한 이웃을 생각하게 합니다.

우리 이웃에는 건강을 잃고 고통을 받거나 경제적 어려움에 시달리기도 하고, 사랑하는 가족을 영원히 먼저 보내고 슬픔에 잠기거나 혼자 외롭게 사는 독거노인들이 적지 않다고 저 종소리는 알려줍니다. 저 불우한 이웃을 위해 우리 모두가 이 세모에 자그마한 온정을 모은다면 그분들에게는 크나큰 위로가 되며 용기를 준다고 저 자선냄비 종소리는 암시해 줍니다.

저 종소리는 또한 부족한 저의 믿음을 스스로 성찰하게 하며, 아득한 옛날 어머니의 손을 잡고 주일학교에 다니던 어린 시절을 생각나게 합니다. 저의 어린 시절에는 오늘의 교회를 예배당이라고 불렀고, 성탄절은 구주 탄일이라고 불렀던 것으로 기억됩니다.

저 자선냄비 종소리는 또한 세파에 오염된 저의 마음도 씻어주며 두 손을 맞잡고 기도하는 심정에서 주변을 조용히 성찰하게 합니다. 가진 것도 없고, 아는 것도 없는 이 부족한 늙은 사람이 앞으로 어떻게 처신해야 최소한의 품위를 유지하며, 자그마한 보람이라도 느끼면서 생애를 마무리할 수 있을지 소중한 생활의 지혜도 가르쳐 줍니다. 무엇보다 먼저 낮은 자세로 마음을 비우고 겸손해야 한다고 속삭입니다. 마음을 비우면 심성이 맑아져서 매사가 감사하고 긍정적으로 보이기 때문에 짜증을 낼 일도 없게 되니 표정이 맑아져 남에게 좋은 인상을 주게 된다고 암시해 줍니다.

마음을 비우면 욕심도 생기지 않아 사리 판단을 정확하게 할 수 있어 사기도 좀처럼 당하지 않는다고 귀띔해 줍니다. 남에게 사기 당하는 까닭은 분에 넘치는 욕심을 부리기 때문이며, 노인들이 유별나게 사기를 많이 당한다고 합니다.

사람은 본시 늙을수록 모든 기능은 쇠퇴하기 마련인데 유독 욕심만은 오히려 심해진다고 해서 이를 노욕(老慾)이라 하고, 그 노욕이 지나치면 추하게 보인다고 이를 노추(老醜)라고 한답니다. 노인들이 사기꾼들에게 쉽게 걸려드는 연유도 이러한 노욕 때문이라고 저 종소리는 확실히 전해줍니다.

저 종소리는 또한 사람은 늙을수록 잔소리가 심해지는 반면에 돈에는 인색해져서 남에게 추하게 보이기 마련이므로 "늙을수록 입은 다물고 지갑은 열라."고 신신당부합니다. 또한 늙을수록 젊은 세대를 얕보지 말고 오히려 가까이하면서 그들에게서 배우려고 한다면 교우의 폭이 넓질 뿐만 아니라 아무리 늙어가도 시대의 변화에 뒤떨어지지 않아 노후생활이 윤택해진다고 저 종소리는 속삭입니다. 자선냄비 종소리가 이렇게 전해주는 소중한 메시지를 일상생활에 잘 활용한다면 인간이 추구하는 행복이 저절로 따라온다고 합니다.

행복은 돈이나 권력에서 생기는 것이 아니고 마음가짐 하나로 만드는 것이라고 저 종소리는 거듭 알려줍니다. 따라서 모든 사물을 긍정적 시각에서 본다면 행복은 우리 주변의 곳곳에서 얻어진다고 합니다.

행복은 오막살이집 화롯가에서 먹는 고구마에도 있고, 눈물 젖은 빵 조각에도 있으며, 알사탕을 나누어 먹는 꼬마들에게도 오고, 어려운 이웃을 챙기려는 온정에서 나타나며, 불의에 맞서는 의협심에서도 생긴다고 저 종소리는 알려줍니다. 저 자선냄비 종소리는 또한 이 세모에 우리 사회를 혼란에 빠트린 최순실 게이트에 대해서도 천금 같은 메시지를 전해주고 있습니다.

저 종소리는 이 사건에 대해 분노만 할 것이 아니라 이번 기회에 우리 사회의 뿌리 깊은 권력형 부정부패를 척결하고야 말겠다는 확고한 의지를 가지고 현명하게 대처한다면 전화위복의 기회가 된다고 단언합니다. 특히 광화문 광장의 촛불시위에서 나타난 우리 사회의 성숙한 시민의식을 높이 평가하면서 한국 사회의 미래는 매우 밝다고 알려 줍니다.

저 자선냄비 종소리는 비록 가냘프지만 전해주는 메시지는 강력한 소신으로 우리의 밝은 미래를 암시해 주니 쓸쓸한 이 세모에 활기를 줍니다.

〔2016년 12월호〕

영화 국제시장 관람기

요즘 한국에서는 물론 이곳 미국 동포사회에서도 영화 국제시장이 큰 화제가 되고 있어 나도 친구를 따라 관람했다. 이 영화에는 배고프던 시절의 애절한 사연들이 담겨 있기에 그 시대를 살아온 보릿고개 세대는 누구나 자기가 이 영화의 주인공으로 여겨져 눈물 없이는 볼 수 없었다.

이 영화의 첫 장면은 주인공 덕수가 아비규환의 흥남 철수작전에서 수송선에 올라타려고 몸부림치는 과정에서 어린 여동생을 놓치는 안타까운 장면으로 시작되었다. 영화는 계속해서 부산에서의 고달픈 피난살이, 그리고 동생의 학비를 장만하고자 서독에 광부로 갔다 와 다시 노무자로 베트남전에도 참가했고, 연이어 흥남 부두에서 잃어버린 동생을 뜻밖에 찾는 감동적인 장면으로 이어졌다.

이 영화의 이러한 중요 장면은 모두 한국의 현대사에서 빼놓을 수 없는 귀중한 역사적 현장이다. 그래서 그 현장에 엉킨 당시의 눈물겨운 사연들을 내가 현재 소장하고 있는 자료에서 찾아 여기서 다시 조명해 보고자 한다.

흥남 철수작전은 6 · 25 전쟁이 일어난 1950년의 12월 12일부터 24일까지 13일 동안 이루어졌는데, 이 작전은 제2차 세계대전에서 결행한 저 유명한 덩케르크 철수작전보다 더 큰 의미가 담긴 위대한 작전이다. 덩케르크 철수작전은 단순히 독일군에 쫓긴 연합군의 철수작전인 반면 흥남 철수작전은 병력뿐만 아니라 10만 명이나 되는 피난민까지 한 사람도 남기지 않고 구출한 위대한 인도주의의 작전이었기 때문이다.

흥남 부두를 빠져나온 10만이나 되는 이들 피난민은 주로 부산지방에 후송되었으니 부산에는 1 · 4 후퇴에 서울에서 밀려든 피난민까지 몰려 포화상태가 되었다. 이 많은 인파가 살 길을 찾아 헤매다 보니 국제시장이라는 유무상통의 광장이 자연스럽게 형성된 것이다. 이 국제시장에서는 창백한 얼굴의 피난민들이 새벽부터 늦은 밤까지 숨 가쁜 생존경쟁을 벌렸다. 길거리에는 굶주린 실업자들이 넘치는 시기에 서독에서 광부와 간호사를 모집한다는 신문광고가 나와 이들을 들뜨게 했다. 이 광고에 의하면 광부는 한 달에 650마르크(162달러)로 당시 공무원 월급의 8배나 되는 거금이었다. 그래서 1963년 제1진 500명 모집에 4,600명이 몰려 10대 1의 경쟁이 벌어졌다. 이렇게 시작된 서독 인력 파송이 1977년까지 광부가 7만 9천, 간호사가 1만에 이르렀다. 이들 광부는 지하 1,000미터의 갱도에서 땀 흘리다가 하루에 두 차례씩 지상으로 올라와 시원한 콜라로 목을 축이는 것이 유일한 위안이었는데 우리 광부들은 그 콜라마저 마시지 않고 고국에 송금했다고 한다. 이렇게 보낸 돈이 어려웠던 당시의 나라 살림에 종잣돈이 된 것이다.

이 시기에 월남 파병도 시작되어 침체된 나라에 활기를 일으켰다. 월남 파병은 1964년 9월 11일에 130명으로 구성된 제1 이동외과병원에 이어 30명의 태권도 교관단 등 비전투요원으로 시작되었다.

연이어 비둘기부대, 청룡부대, 맹호부대에 이어 백마부대 등 전투부대가 뒤를 이었다. 이리하여 월남전에 우리 국군이 1975년에 사이공이 함락될 때까지 연 32만 5,500여 명이 참가해 이 중에서 5,099명이 전사하고 1만 1천여 명이 부상당했다. 그럼에도 불구하고 월남전 참전은 우리에게 엄청난 경제적 실익을 주었을 뿐만 아니라 한미 간의 혈맹관계도 더욱 굳게 다졌던 것이다.

영화 국제시장의 주인공 덕수가 흥남 부두에서 잃어버린 여동생을 찾게 된 'KBS 이산가족 찾기 캠페인' 도 우리에게는 잊을 수 없는 추억으로 남아 있다.

1983년 6월 30일부터 11월 14일까지 장장 4개월 반 동안 계속된 이 캠페인은 당시 세계가 주목한 큰 이벤트였다. 이 캠페인은 당초 KBS가 6 · 25 특집으로 6월 30일 저녁에 3시간짜리의 프로로 시작되었는데 뜻밖에 이렇게 큰 행사가 된 것이다. 이날 저녁의 이 캠페인은 가수 패티 김의 '누가 이 사람 아시나요' 라는 제목의 애절한 노래로 시작되었다. 그런데 전국에서 많은 이산가족이 이 생방송을 시청하다가 저마다 찾고 있는 가족의 사진과 사연을 적은 대자보를 들고 KBS 광장에 몰려들어 결국 4개월 반 동안이나 계속된 것이다. 연일 생방송으로 진행된 이 캠페인에서 감격스러운 상봉이 이루질 때마다 기쁨의 함성이 KBS광장에 울려 퍼졌다 주인공 덕수도 이 자리에서 미국 LA에 살고 있는 여동생을 찾았다.

영화 국제시장에 대해 한국사회 일각에서 정치적 이념으로 비판하지만 이 영화는 분명 잊혀졌던 소중한 역사의 현장을 되찾아준 귀중한 예술 작품임에 틀림없다.

(2015년 2월호)

자충수를 두는 일본 군국주의

전범국(戰犯國) 일본의 아베 정부가 오늘날 지향하고 있는 군국주의는 그들이 지난날 누리던 이른바 대동아 공영권(大東亞共榮圈)의 영광을 되찾고자 하는 망상 때문이라고 본다. 아베 정부의 이러한 망상은 장차 그들의 후손에게 축복이 아닌 심각한 재앙이 될 것으로 나는 확신한다. 이렇게 확신을 가지고 일본의 미래를 단정하는 근거는 같은 전범국인 독일의 경우에서 얻어진 것이다.

일본의 군국주의는 1868년에 시작한 명치유신(明治維新)에서부터 싹터서 거의 100년 동안 계속되었다. 이 기간에 일본은 주변국을 무력으로 침공해 천인 공로할 온갖 만행을 저질렀다. 그러한 일본이 오늘날 그들이 저지른 범죄를 반성하기는커녕 오히려 정당화할 뿐만 아니라 왜곡된 역사를 2세들에게 물려주고 있다. 이것도 모자라 그들은 현재 자위권이라는 이름으로 재무장을 서두르면서 군국주의로 회귀하고 있다. 이로 인해 지난날 그들로부터 침략당한 주변국들이 거세게 반발하고 있으니 일본은 오늘날 스스로 왕따를 자초하고 있다.

일본은 이렇게 100년이라는 침략 역사를 가진 반면에 독일의 경우는 제1차 세계대전까지 합해서 30년이라고 하지만 실제 범죄 기간은 히틀러가 제2차 세계대전에서 유태인을 학살한 7년간에 불과하다. 그럼에도 불구하고 독일은 일본과는 달리 진심으로 반성하고 보상까지 깨끗하게 했다. 독일은 제2차 대전에서 항복한 1945년의 5월 8일을 현재 해마다 반성의 날로 지정해 놓고 자성하는 동시 유태인 희생자 전원에게 890억 달러로 보상을 마무리했다.

뿐만 아니라 빌리 브란트 총리가 1970년 12월 7일에 폴란드의 바르샤바에 찾아가 그곳 유태인 희생자 위령비 앞에서 무릎을 꿇고 사과했고, 메르켈 총리도 아우슈비츠 해방 70주년이 되는 지난 1월 27일에 홀로코스트 현장에 찾아가 헌화했다. 이렇게 진정성 있는 사과를 하고 있기 때문에 독일은 오늘날 피해 당사국으로부터 오히려 칭송을 받으면서 EU(유럽 연합)를 선도하는 모범국이 되었다. 이렇게 되고 보니 독일은 일본과는 달리 주변국과 손잡고 공동번영을 계속하고 있는 것이다.

그런데 일본의 아베 정부는 군국주의로 되돌아가기 위해 여론을 오도하면서 현재의 평화 헌법까지 개정하고자 서둘고 있다. 평화 헌법은 일본이 태평양 전쟁에서 패망하자 다시는 군국주의로 회귀 못하도록 연합국에 의해 제정된 것이다. 이렇게 제정된 평화 헌법을 파기하고 재무장하려는 일본의 군국주의는 그 뿌리가 도쿠가와 바쿠후(德川幕府) 시대로 거슬러 올라간다.

일본의 도쿠가와 시대는 1603년부터 1868년까지 265년 동안 이어졌는데 이 시대의 특징은 문보다 무를 숭상하는 이른바 사무라이(武士) 정신이었다. 사무라이 정신의 유래를 분석해 보면 당시 일본은 중앙집권제가 아니고 지방마다 다이묘(大名)라고 하는 영주(領主)가 할거해 제각기 세력을 유지하려고 힘겨루기를 했으니 숭무

사조(崇武思潮)가 거세진 것이다. 이 승무사조는 도쿠가와 시대가 1868년에 명치유신(明治維新) 시대로 바뀌면서 군국주의로 심화된 것이다.

일본의 군국주의는 명치유신을 계기로 개화에 착수해 국력이 신장되면서 노골화되었다. 그들은 대륙 진출의 야욕에 불타 군비 증강에 주력해 청일전쟁(1894~1895)을 일으켜 청국을 물리치고, 러일전쟁(1904~1905)을 일으켜 러시아를 꺾고서는 대한제국을 삼켜 버렸다.

1931년에는 만주사변을 고의로 일으켜 만주를 점령했고, 1937년에는 중일전쟁을 유발해 중국 대륙을 침공했다. 이렇게 침략전쟁을 거듭하면서 강해진 일본은 아시아 전체를 손아귀에 넣으려고 동양평화(東洋平和)니 대동아 공영권을 부르짖으면서 동남아시아는 물론, 태평양까지 손아귀에 넣으려고 했던 것이다.

일본은 태평양 진출에 방해가 되는 미국을 꺾으려고 1941년 12월 7일 새벽에 하와이 진주만을 기습 공격해 미국의 태평양 함대를 치명적으로 강타했다. 이러한 일본의 군국주의는 미국의 즉각적인 반격 앞에 1945년 8월 15일에 무조건 항복함으로써 패망한 것이다.

이렇게 군국주의로 망한 나라가 또다시 군국주의로 회귀하려고 하니 그들의 앞날에는 재앙만 기다리고 있는 것이다.

글로벌 시대를 지향하는 오늘의 국제질서는 동맹관계가 보편화되고, 지역별 집단안보를 통해 평화를 유지하려는 추세에 있다. 이러한 시대조류에 역행하고 있는 일본의 군국주의는 분명 후세에 재앙을 물려주는 자충수임에 틀림없다.

〔2015년 3월호〕

한국 근대사와 현대사의 차이

한국의 5천 년 역사에서 가장 심한 격동기는 우리의 근대사와 현대사라는 주장이 지배적이다. 또한 우리의 근대사는 악순환을 거듭한 불운의 역사인 반면에 현대사는 선순환으로 발전을 계속하는 행운의 역사라는 점에 있어서도 거의 의견의 일치를 보이고 있다.

1876년에 일본과 체결한 강화도조약(江華島條約)을 시발점으로 해서 일제가 패망한 1945년까지의 근대사는 사사건건 뒤틀리는 불운의 역사였다. 이에 반해 1945년의 8 · 15 광복을 기점으로 해서 오늘에 이르는 현대사는 온갖 시련을 겪으면서도 그 시련이 오히려 발전의 원동력이 되는 행운의 역사라고 하겠다. 심지어 우리 민족에게는 영원히 잊을 수 없는 6 · 25 전쟁마저 오늘에 와서 되돌아보면 전란으로 인한 국토의 초토화가 오히려 봉건적 요소를 제거시켜 우리나라 민주화의 토대를 제공했다는 사실이 선순환의 대표적 사례라고 하겠다.

한국의 근대사를 한마디로 요약하면 밀림에서 맹수들이 노려보는 앞에서 힘겨루기 싸움을 하는 들소와도 같았던 것이다. 그때 당시 대한제국은 여러 파벌이 제각각 청국(淸國), 일본, 러시아 등 주변 강국의 힘을 등에 업고 세력다툼을 계속하다가 결국 나라를 빼앗기고 말았다.

1864년에 고종황제가 12세의 어린 나이에 즉위하자 대원군이 1874년까지 10년 동안 섭정하면서 극단적으로 쇄국정책을 고수했다. 우리가 이렇게 빗장을 굳게 잠그고 있을 때 일본은 개화에 착수해 국력을 키웠다. 일본은 1868년에 도쿠가와 바쿠후(德川幕府)를 허물고 명치유신(明治維新)을 단행하면서 서구 문물을 과감하게 도입하였다.

이렇게 개화에 성공한 일본은 1876년에 군함 운양호(運楊號)로 강화도를 포격하면서 개항을 요구해 우리는 어쩔 수 없이 강화조약을 체결하고, 부산과 제물포항(인천항) 등을 개항했다.

이렇게 모처럼 개화에 착수하고 보니 이번에는 개화파가 새로 나타나 종래 수구파끼리만 다투던 파벌싸움이 더 복잡해지고 격렬하게 되었다. 그 대표적 싸움이 1884년의 갑신정변이다. 갑신정변은 개화를 반대하는 수구파를 제거하기 위해 일으킨 개화파의 반란이다. 이 정변에서 큰 피해를 당한 수구파는 재빨리 청국의 지원을 얻어 3일 만에 평정해 갑신정변은 이른바 3일 천하가 되고 말았다. 이때의 개화파 중심에는 김옥균(金玉均), 박영효(朴泳孝), 김윤식(金允植), 서광범(徐光範) 등이 있었다.

그 후에도 계속해서 수구파는 청국을, 개화파는 일본을 끌어들이다 보니 조선 땅에서 청국과 일본은 항상 위급한 긴장관계에 있었다. 그러던 중에 1894년에 동학란(東學亂)이 발생해 두 나라는 각기 자국의 이권을 보호한다는 명분으로 조선에 파병해 결국 청일전쟁(1894~1895)으로 번졌다. 이 전쟁에서 일본이 승리함으로써 일본이 독점하게 되었다. 이에 후원세력을 잃은 수구파는 러시아를 불러들여 이번에는 러일전쟁(1904~1905)이 발발했다. 이 전쟁에서도 일본이 승리함으로써 조선은 일본의 독무대가 되어 결국 1910년에 대한제국을 식민지로 만들어 1945년까지 36년 동안 착취했던 것이다. 이와 같이 근대사는 불운의 연속인 반면에 8 · 15 광복으로 시작된 현대사는 아슬아슬한 고비를 넘길 때마다 오히려 선순환을 하면서 오늘에 이르고 있다.

광복된 조국은 바로 38선을 경계로 남북으로 갈라져 북쪽에서는 해방된 그해의 9월에 소련군의 비호로 사실상의 정부를 세우고 33세의 소련군 대위 출신의 김일성을 위원장으로 추대하고 공산 독재를 시작했다. 이에 반해 남쪽에서는 남로당이 정판사 위조지폐 사건에 이어 대구 폭동과 제주 4 · 3 사건, 그리고 여순반란사건을 일으켜 혼란이 계속되었다.

이 어지러운 시기에 외교에 능한 훌륭한 지도자가 나타나 UN의 승인으로 1948년에 공화 체제의 나라를 세웠고, 6 · 25 전쟁의 위기도 UN군의 지원으로 극복하고 한국의 안보를 세계 최강국인 미국에 책임 지운 것이다.

이렇게 나라를 세우고, 그 나라의 안보까지 튼튼하게 마련했으니 다음 단계는 빈곤의 해결이 급선무였다. 이때에 마침 확고한 철학과 소신을 가진 지도자가 나타나 5천 년 내려오던 보릿고개를 허물고 쌀독을 채웠다. 그 쌀독이 채워지자 다음 단계인 민주화를 서둘러야 할 때인 80년대의 중반에 '6월항쟁' 을 통해 민주화의 싹이 텄고, 그 싹이 1987년의 '6 · 29 선언' 으로 뿌리를 내리기 시작하였다.

민주화 다음 단계라고 할 국제화도 1988년의 서울 올림픽을 계기로 시작되었고, 90년대에는 한류가 지구촌에 확산되면서 문화의 세계화도 이루어지고 있으며, 이제 민족의 염원인 '통일 대박' 도 그 실체가 보이기 시작한다.

이리하여 한국의 현대사는 학계가 주장하는 '국가 발전단계의 정석(定石)' 을 그대로 밟으면서 앞으로도 기적 같은 발전을 거듭할 것이 예견된다.

〔2015년 4월호〕

잊지 못할 다도해의 봄

태평양 건너 고국의 남쪽 바다를 감싸고 있는 그리운 다도해. 그 다도해에 올해에도 봄은 어김없이 찾아왔을 것이다.

거제도에서 통영을 지나 여수를 거쳐 목포에 이르는 잔잔한 바다에 크고 작은 섬들이 옹기종기 모여 있는 신비스러운 다도해, 뱃길을 가로막는 듯한 섬 사이를 빠져나가면 또 다른 섬들이 이쪽저쪽에서 나타나는 환상적인 다도해, 우거진 숲 속에 보이는 섬마을이 정겹기만 한 다도해, 물안개가 조용히 피어오르는 섬 사이를 고깃배들이 한가롭게 떠다니는 그림 같은 다도해, 다도해의 저 아름다운 풍광은 한민족의 정서가 아니고서는 감상할 수 없는 한 폭의 동양화와도 같다.

섬 너머에서 은은하게 들려오는 여객선의 뱃고동 소리는 이곳을 찾는 나그네의 가슴을 유난히 흔든다. 긴 여운을 남기는 저 뱃고동 소리에는 이별의 아쉬움이 스며 있기에 떠나간 옛 친구를 다시 생각나게 한다. 설악산이나 지리산 정상에는 아직도 잔설(殘雪)이 깔려있을 때에 다도해에는 이미 봄기운이 완연하게 나타난다.

아지랑이가 조용히 깔린 산자락에는 동백꽃과 진달래가 입술을 내밀고, 마을 앞 들을 노랗게 물들인 유채꽃과 저 허공에서 들리는 종달새의 지저귀는 소리가 다도해의 봄을 더욱 정겹게 한다.

겨우내 밭에서 잠자던 마늘과 시금치도 봄볕을 받아 어느새 파랗게 자라 수확하는 일손을 바쁘게 한다. 밭에서 일하는 식구들의 점심을 광주리에 담아 머리에 이고 한쪽 손에는 물주전자를 든 아낙네와 그 뒤를 따라가는 꼬마와 강아지의 모습이 내 어린 시절을 보낸 고향의 봄을 회상시킨다. 저 평화스러운 섬마을에는 도시에서 나타나는 힘겨운 경쟁이나 얼굴 붉히는 다툼은 보이지 않고 오직 따뜻하고도 너그러운 농심(農心)만이 감돌고 있다.

저 섬마을에서 풍기는 농심이란 어떤 것일까. 그 농심은 조용한 섬마을에서 오직 대자연을 상대로 밭을 갈아 씨 뿌리고 가꾸는 과정에서 터득한 그들의 값진 생활철학이다. 저 농심은 거짓이 없는 자연만 상대하기 때문에 정직하고 순수하다.

농심은 씨를 뿌린 만큼 거두려고 하니 분에 넘치는 욕심이 있을 수 없기 때문에 범사에 감사하며 소박하게 살아간다.

농심은 대자연에 의존하기 때문에 이웃과 경쟁할 일도 없으니 이 섬마을에는 언제나 따뜻한 인정이 감돌고 있다.

이러한 연유에서 저 섬마을은 도시에 비해 비록 부유한 생활은 못해도 마음은 늘 편하고 넉넉해서 행복감을 느낀다. 저 섬마을 사람들은 행복의 참뜻이 무엇인지 농사지으면서 터득했다.

행복은 천하를 호령하는 권력이나 백만장자의 호화로운 생활에 있는 것이 아니고 마음가짐 하나로서 만들어 간다는 사실을 체험했다. 따라서 섬사람들은 교통이 불편해 비록 도시의 문화생활은 누리지 못할 망정 이 섬마을이 그들에게는 마음 편히 살 수 있는 낙원인 것이다.

이렇게 아늑한 다도해를 나는 지난날 고국을 방문한 기회에 찾아갔던 것이다. 그때 현지에서 직접 본 다도해의 환상적인 봄 풍경은 수 10년이 지난 오늘에도 눈앞에 선하다 그때의 그 풍경을 다시 그려보고 있노라면 나는 어느새 개구쟁이 시절에 뛰놀던 고향의 봄이 생각난다. 그 고향 땅을 지금은 갈래야 갈 수 없기 때문에 더욱 그리워진다. 그래서인지 내가 가장 좋아하는 노래가 '고향의 봄' 이다. 그래서 나는 어떤 모임에서도 노래할 기회가 주어지면 이 노래를 부른다. 노래에 별 소질이 없으면서도 나는 마이크를 잡으면 이 노래 2절까지 불러야 직성이 풀린다. 이원수 작사에 홍난파 작곡의 이 노래가 그렇게도 좋아 그 가사를 여기에 옮겨본다.

나의 살던 고향은 꽃피는 산골
복숭아꽃 살구꽃 아기 진달래
울긋불긋 꽃 대궐 차리인 동네
그 속에서 놀던 때가 그립습니다.

꽃 동네 새 동네 나의 옛 고향
파란 들 남쪽에서 바람이 불면
냇가의 수양버들 춤추는 동네
그 속에서 놀던 때가 그립습니다.

부르면 부를수록 옛 고향을 생각나게 하는 우리의 노래다. 이 노래를 부르면 의례히 다도해의 그 봄날이 눈앞에 나타나 다시 찾고 싶은 생각이 간절하다.

〔2015년 5월호〕

반기문 총장 방북 무산을 보고

남북의 화해협력은 왜 이다지도 어려운지 탄식이 저절로 나온다. 그동안 꽁꽁 얼어붙었던 남북관계가 반기문 UN사무총장의 개성공단 방문을 계기로 풀릴 것을 기대했는데 그 방문이 갑자기 무산되었다. 북한은 반기문 총장의 방북을 하루 앞두고 아무런 이유도 밝히지 않고 일방적으로 취소했으니 세상에 이러한 기상천외한 일이 어디 또 있을까.

반기문 UN사무총장은 비록 국적은 남한이지만 현재 세계 질서를 관리하는 지구촌의 대통령이다. 이러한 인사를 초청했다가 하루밤 사이에 오지 말라고 거절했으니 이는 국제사회에 대한 모독이다. 이 어처구니없는 사건을 지켜보면서 우리가 이제까지 부르짖고 있는 남북의 화해협력은 과연 실현 가능한 것인지 이 기회에 진단해 보고자 한다.

한국사회의 일각에서는 남북의 화해협력에 문제가 발생할 때마다 그 원인이 남한에 있다고 주장한다. 이러한 주장이 과연 타당한지 객관적으로 분석하기 위해 햇볕정책에서 그 정답을 찾아보기로 한다. 그 까닭은 햇볕정책 10년 간이 한반도의 분단 70년 역사에서 남북관계가 가장 밀접한 시기였기 때문이다.

김대중 대통령이 취임한 1998년부터 노무현 대통령이 퇴임한 2007년까지 10년 동안 이어진 햇볕정책 기간에 북한은 무슨 일을 했는가. 이 기간에 북한은 남한이 제공한 화해협력의 돈으로 핵을 개발했다. 그 증거가 바로 그동안 개발한 핵을 노무현 정부 당시인 2006년에 처음으로 실험했고, 연이어 2009년의 제2차, 2013년의 제3차 실험인 것이다.

핵 개발은 하루아침에 이루어지는 것이 아니다. 북한의 핵 개발은 70년대부터 본격적으로 시작해 1992년에는 IAEA(국제 원자력기구)에 도전하는 이른바 NPT(핵 확산금지조약) 탈퇴까지 할 정도로 진전했다. 그런데 90년대 중반에 들어서 수백만 명이 굶어 죽을 정도로 심각한 경제난에 봉착하자 핵개발을 중단하지 않을 수 없게 되었다. 그러다가 1998년부터 햇볕정책이 시작되어 돈줄이 풀리자 바로 개발을 재개해 이렇게 연속적으로 실험한 것이다.

북한은 햇볕정책 기간에 핵개발뿐만 아니라 도발도 멈추지 않았으니 그 대표적 도발이 1999년과 2002년의 연평도 해전이고 2008년의 금강산 관광객 사살 사건이다.

햇볕정책 기간에도 북한은 이렇게 도발을 계속하는 까닭이 무엇일까. 그것은 한마디로 북한의 독특한 1인 독재체제 때문이다. 우리가 이미 알고 있는 사실이지만 북한에는 민주국가에서 보편적으로 적용하는 입법, 사법, 행정이라는 3권은 없고 오직 위대하신 수령님의 1인 독재만 있을 뿐이다. 따라서 김정은 한 사람이 법을 만들고 재판하며 나라 일을 단독으로 결정하는 것이다.

김정은의 이러한 1인 독재가 고모부 장성택을 처형했고, 최근에는 인민무력부장이 고분고분하지 않는다고 당장 총살한 것이다. 이렇게 김정은의 말이 바로 법이 되고 판결이 되는 것이다.

김정은의 이러한 1인 독재가 계속되는 한 개방은 있을 수 없다. 그 까닭은 개방이 곧 김정은의 독재 권력을 무너뜨리기 때문이다. 따라서 김정은에게 가장 무서운 것은 개방인 것이다. 그러기 때문에 우리가 화해협력을 통해 개방을 유도할수록 김정일은 도발하면서 내부 단속을 강화하는 것이다.

이러한 연유에서 박근혜 대통령이 남북의 화해협력을 위해 제의한 남북 신뢰 프로세스, 그리고 드레스덴 선언에 대해 북한은 이를 수용하기는커녕 오히려 신경질적으로 반발하는 것이다.

이러한 현실에서 남북의 화해협력은 이제 정치적으로는 가망이 없으므로 민간차원에서 추진해야 할 것이다.

민간 구호단체를 동원해 북한에 대한 인도적 지원을 대폭 강화하는 동시 현재 한국에 거주하고 있는 2만 7천의 탈북동포와 15만에 이르는 조선족에 대해 보다 따뜻한 사랑과 아낌없는 지원을 해야 한다. 탈북동포와 조선족은 북한 주민에게 남한의 따뜻한 동포애를 전달하는 가장 좋은 통로가 되기 때문이다.

이러한 과제를 효과적으로 추진하기 위해서는 무엇보다 먼저 국론의 통일이 이루어져야 한다.

반기문 UN 사무총장의 방북이 무산된 이 쓰라린 경험을 살려 이제 소모적인 이념 분쟁을 지양하고 대승적 견지에서 통일조국의 백년대계에 국력을 집중시켜야 하겠다.

(2015년 6월호)

6 · 29 선언의 역사적 의미

지난 6월 29일은 6 · 29 선언 28주년 되는 날이었다. 한국이 1987년에 이끌어낸 6 · 29 선언은 1960년에 일어난 4 · 19 의거와 더불어 5천 년의 역사에서 처음으로 성취한 민권의 승리인 것이다. 4 · 19 의거를 민주발전의 씨앗이라고 한다면 6 · 29 선언은 민주주의 옥토라고 하겠다.

오늘날 세계가 한국이 단시일에 성취한 민주주의를 기적이라고 하지만 이 세상에 원인 없는 기적은 없다. 한국이 민주주의를 순조롭게 정착시킨 요인은 정부 수립과 함께 단행한 농지개혁과 연이어 일어난 6 · 25 전쟁의 폐허가 봉건적 요소를 제거했고, 한글 공부를 통해 문맹률을 낮추었기 때문이라고 분석된다. 이러한 토양에서 민주주의 꽃이 피었던 것이다.

한국은 일찍이 문맹퇴치 운동의 일환으로 호롱불 밑에 모여 한글을 배웠고, 정부 수립 후에는 어려운 여건에서도 의무교육을 단행해 국민의 독해 능력을 높였다. 여기에 곁들어 농지개혁과 6 · 25 전쟁으로 말미암아 지주와 소작인, 양반과 상민이라는 봉건적 신분제도가 허물어졌으니 민주주의가 성장할 환경이 조성된 것이다.

한국이 1948년에 공화 체제의 정부를 세우고 최우선 과제로 단행한 농지개혁은 짧은 시일에 평화적으로 완수했다는 점에서 세계적 기록을 세웠다. 이 농지개혁은 지주의 농토를 몰수하는 살벌한 혁명이었는데 이 힘겨운 과업을 불과 1년 반만인 6 · 25 전쟁 직전에 평화적으로 끝냈으니 진실로 믿기 어려운 기적이다.

당시 농지개혁 법안을 넘겨받은 국회는 지주가 주류를 이룬 한민당(韓民黨)이 장악하고 있었는데도 그들은 국가의 100년 대계를 위해 기꺼이 자기 농토를 내놓았던 것이다. 그 당시의 국회의원들이 보여준 이러한 통찰력은 오늘의 여의도 정치판에 일고 있는 근시안적 포퓰리즘과 뚜렷한 대조를 이룬다. 이렇게 민주발전의 토대가 마련되자 다음 단계는 쌀독을 채우는 일이었다. "민주주의는 쌀독에서 싹튼다."는 속담대로 그 쌀독을 우리는 60, 70년대에 산업화를 통해 채웠던 것이다. 그 쌀독을 채우는 과정에서 전개한 새마을 운동을 오늘에 와서 되돌아보면 진실로 가슴이 벅차오른다.

새마을 운동은 70년대 초에 초가집을 개량하고, 마을 안길을 넓히는 사소한 일로 시작되어 삽시간에 전국으로 확산되었다. 근면과 자조, 협동이라는 깃발 아래 "우리도 할 수 있다."는 자신감으로 전국민이 한데 뭉친 새마을 운동은 하나의 거대한 민족적 의식개혁 운동이었다. 이리하여 새마을 운동은 오랜 세월 한민족의 DNA 속에 잠재해 있던 신바람을 분출시켜 오늘의 한류를 만들어 냈다.

이렇게 채워진 쌀독에서 민주주의가 싹트는 과정에서 피를 흘리는 6월 항쟁이 발생했다. "민주주의는 피를 먹고 성장한다."는 학설이 바로 6월 항쟁에서 입증된 것이다. 이렇게 일어난 6월 항쟁은 6 · 29 선언을 이끌어 냄으로써 민주주의가 성장할 옥토를 만들었다.

6 · 29 선언을 20여 년이 지난 오늘에 와서 되돌아보면 그 뜻이 더욱 돋보인다. 6월 항쟁 당시 서로 맞서 싸우던 군부세력과 재야세력은 6 · 29 선언을 이끌어 내자 바로 손을 맞잡았다는 사실이 특히 주목된다. 이들 두 정치세력은 서로 합심해서 그다음 해인 1988년에 개최한 서울 올림픽을 한치의 오차도 없이 성대하게 마무리 지어 한국을 세계화에도 성공시킨 걸작품을 만들어 냈다.

그러나 아쉽게도 이 6월 항쟁에 주체사상이 침투해 오늘에 이르기까지 사회갈등을 일으키고 있다. 주체사상이 침투한 것은 1979년에 친북 성향의 민중사관(民衆史觀) 학자가 발간한 해방 전후사 인식이라는 책이 대학가에 나돌았기 때문이다. 다행히 이 주체사상은 1989년에 출간된 해방 전후사 재인식이라는 중립적 역사 서적이 출간되어 가라앉았으나 잔존 세력이 오늘에 이르기까지 이념 분쟁을 조성하면서 민주주의를 왜곡시키고 있다.

특히 주사파 국회의원들이 민의의 전당에서 쇠망치와 톱으로 문짝을 부수고, 최루가스로 의장석을 더럽히기도 했다. 이들은 중요 이슈가 생기면 협상을 회피하고 시민들을 선동해서 가로에 뛰쳐나가 죽창으로 공권력을 공격하는 민주주의를 만들었다. 이리하여 한국의 민주주의는 사사건건 이기적 투쟁만 하는 수단으로 변질되어 세월호 참사에서 드러난 흙탕물 싸움으로 이어지고 있는 것이다. 이러한 그릇된 민주주의가 지속되는 한 한국은 GDP 4만불 시대를 열어도 후진국의 늪에서 헤어나지 못할 것이다. 따라서 한국사회가 이제 주력해야 할 당면 과제는 오직 국가기강의 확립뿐이다.

〔2015년 7월호〕

효를 상징하는 추석의 성묘 행렬

태평양 건너의 저 고국에서는 이번 추석에도 성묘 행렬이 이어졌고, 묘소마다 온 가족이 모여 경건하게 제사를 올리는 뉴스를 이곳에서 바라보고 있노라니 어린 시절의 추억이 되살아나 짙은 향수를 느꼈다. 한국에서만 볼 수 있는 추석의 성묘 행렬은 효(孝)를 상징하며, 효는 유교문화의 핵심을 이룬다.

이러한 추석의 성묘 행렬이 아이러니하게도 유교의 발상지인 중국에서는 볼 수 없고, 같은 유교문화권에 속하고 있는 일본에서도 볼 수 없는데 유독 우리 한국에서만 이렇게 미풍양속으로 전래되고 있으니 이는 분명 우리 민족의 자랑이 아닐 수 없다.

그래서 성묘 행렬에 함축된 효의 가치가 무엇인지 여기서 음미해 보고자 한다. 효는 인간사회가 추구하는 온갖 덕성의 최고 가치이며 정신문화를 대표한다. 그런데 안타깝게도 정신문화가 오늘의 물질만능에 밀려나 우리 인간은 어느새 기계의 부속품으로 전락해 풍요를 구가하면서도 행복을 느끼지 못하고 오히려 자살까지 하는 추세이다.

이러한 현상을 지켜보면서 우리는 일상생활에서 느끼는 고통의 형태가 시대에 따라 변천하고 있다는 사실을 발견하게 된다. 가난하게 살던 농경사회에서는 단순히 "배고파 못살겠다."고 했는데 산업사회에서는 "힘들어 못살겠다." 했고, 정보화 사회에서는 "바빠서 못살겠다."고 했다.

그런데 지난날과는 비교도 안될 정도로 잘 먹고 잘 사는 오늘의 지식사회에서 웬일인지 "외로워 못살겠다."며 우울증이나 자살이 늘어나 심각한 사회문제가 되고 있으니 그 까닭이 무엇일까. 그것은 오늘날 컴퓨터를 비롯한 문명의 이기가 우리의 일상생활을 지배하다 보니 정신문화가 날로 황폐해졌기 때문이다.

이러한 현실에서 이제까지 서양의 물질문명에 가리어져 빛을 보지 못하던 동양의 정신문화가 비로소 주목받게 되었고 따라서 정신문화의 핵심을 이루는 우리의 효가 그 가치를 발휘하게 되었다. 그 사례를 여기에 소개하고자 한다.

고려대학교 총장을 역임하고 현재 효 문화를 깊이 연구하고 있는 홍일식(洪一植) 박사가 핀란드에 거주하는 딸의 초청으로 그곳에 가서 TV를 보는데 그곳 노인들이 데모하는 장면이 나타나 딸에게 그 까닭을 물어보았다. 딸의 대답이 "정부의 노인에 대한 복지정책이 너무도 완벽해서 자식들이 정부만 믿고 찾아오지 않아 외로워 못살겠다는 데모."라고 했다.

핀란드 노인들의 이 절규는 효(孝)의 가치를 선명하게 부각시켜준 것이다. 이러한 연유에서 오늘날 국가가 사회보장 정책의 일환으로 시행하는 노인복지는 조화(造花)인 반면에 자식들의 효행으로 이루지는 노인복지는 생화(生花)에 비유된다.

홍일식 박사가 전한 또 하나의 사례도 효의 가치를 더욱 확실히 설명해 준다. 이 사례는 오스트레일리아(호주) 총각과 결혼해서 그곳에 살고 있는 홍일식 박사 친구의 딸 이야기다. 그곳 가정의 셋째 며느리로 시집간 딸이 양로원에 오랫동안 맡겨졌던 반신불수의 시어머니를 당장 자기 집에 모셔다 놓고 한국의 전통대로 극진하게 공양했다. 이러한 대접을 난생처음 받아본 시어머니는 너무도 고마워 임종을 앞두고 자기가 소유하고 있던 재산 200만 달러를 모두 이 한국 며느리에게 물려준 것이다. 뜻밖에 거액의 유산을 받은 딸이 아버지에게도 효도하려고 아버지의 친구인 홍일식 박사까지 초청한 것이다.

이러한 우리만의 효가 장차 한국을 대표하는 문화상품으로 각광을 받을 것으로 확신하게 된다. 이러한 확신은 세계적 석학으로 널리 알려진 아널드 토인비(1889~1975) 박사가 입증해 주었다. 토인비 박사는 한국 사람들이 부모뿐만 아니라 먼 조상까지도 극진하게 모시는 전통에 감동되어 "한국의 효가 장차 인류문화에 크게 기여할 것으로 기대된다."고 술회한 바 있다.

우리 민족의 효 문화는 장차 유태인들의 탈무드와 같은 기능을 할 것으로 예견된다. 유대민족이 몇 천년 동안 나라를 잃고 세계 곳곳에 흩어져 살다 보니 말도 통하지 않으면서도 민족혼을 잃지 않고 결속을 유지한 원동력이 바로 탈무드라는 그들의 정신적 경전이 있었기 때문이다. 우리의 효 문화도 장차 세계로 뻗어가는 우리 민족에게 정체성을 다지는 동시 공동체 의식을 공고히 하는 접착제 역할을 할 것으로 믿어진다. 이러한 견지에서 우리의 추석 성묘 행렬이 더욱 소중하게 여겨진다.

〔2015년 10월호〕

북한 노동당 창건 70주년의 역사적 진실

북한은 지난 10월 10일에 노동당 창건 70주년 기념행사를 전례 없이 크게 치렀다. 낮에는 온갖 무기를 동반한 대규모 군사 퍼레이드를 열었고, 밤에는 10만 군중을 동원해 대대적인 촛불축제를 열었다. 이번 행사에서 특히 주목된 대목은 10월 10일이 70주년이라는 사실이다. 70년 전 10월 10일이면 그때가 해방된 지 두 달도 안되는 1945년의 10월 10일이니 해방되자 바로 노동당을 창당했다는 사실이 밝혀졌다.

여기서 북한 노동당의 실체가 무엇인지 살펴보기로 한다. 북한의 노동당은 민주국가의 정당과 전혀 다르다. 민주국가의 정당은 서로 더 좋은 국가 정책을 다루고자 경쟁하는 반면에 북한의 노동당은 공산당과 마찬가지로 입법, 사법, 행정이라는 3권을 장악하는 사실상의 정부인 것이다. 따라서 노동당의 창건이 곧 정부 수립인 것이다. 이러한 노동당을 창건하고서도 그들은 정부 수립을 1948년 9월 9일에 했다고 주장하는 까닭은 남조선이 먼저 단독정부를 세웠다고 비난하기 위한 선전용인 것이다.

북한은 물론 종북 세력이 오늘에 이르기까지 남조선보다 뒤늦게 정부를 세웠다고 주장한다. 그들은 남조선이 1948년 8월 15일에 단독정부를 먼저 세웠기 때문에 할 수 없이 뒤따라 9월 9일에 수립했다는 것이다. 이러한 주장이 과연 맞는지 검증하기 위해서 내가 현재 보유하고 있는 자료(도서 출판사 기파랑이 2008년에 발간한 한국 근 · 현대사)와 그 당시 내가 직접 목격한 현장을 참고로 여기에 입증해 보고자 한다.

해방 당시 나는 이북에서 고등학교 졸업반이었고, 2년 뒤인 47년에 38선을 넘어 월남했으니 나는 해방 당시의 북조선과 남조선 정세를 모두 목격했던 셈이다.

1945년 태평양 전쟁 말기에 소련은 일본과 체결한 '불가침 조약'을 파기하고 일본이 항복하기 1주일 전인 8월 9일에 공격을 개시해 만주와 북조선을 무혈 점령했다. 북조선에 진주하자 스탈린은 북조선을 위성국가로 만들고자 주둔군 사령관 스티코프 장군을 통해 33세의 김일성을 앞세워 구체적인 공작을 착착 진행시켰던 것이다.

그 첫 단계로 각급 인민위원회를 구성하고 그 해 10월 10일에 북조선의 5개 도 위원장과 열성 분자를 평양에 불러놓고 노동당 창건을 선언했다 이리하여 10월 10일이 노동당 창건일이 된 것이다. 그리고 4일 뒤인 10월 14일에 김일성을 임시 위원장으로 추대하고 북조선 전역에 김일성과 스탈린의 초상화를 걸어놓고 찬양하기 시작했다.

내 고향 북청읍에도 요소마다 두 사람의 대형 사진을 나란히 걸어놓고 그 밑에 각각 '스탈린 대원수 만세' 와 '김일성 장군 만세' 라는 구호를 붙이고, 대형 건물에는 '우리 조국 소비에트 동맹 만세' 라는 현수막을 내걸었다. 내가 다니던 북청농업학교에도 이러한 현수막이 걸렸기에 우리는 "일본 식민지에서 해방되자 이번에는 소련을 조국이라니 웬 말이냐?"고 항의하며 동맹휴학을 일으켰다. 이 동맹휴학에 나도 주동자로 몰려 정학 처분을 받아 졸업식에도 참석 못했다.

노동당은 바로 이남으로 연결된 철도, 도로, 우편, 전화를 차단함으로써 일찍이 분단 조치를 취하고, 조선민주당 당수로 있던 조만식 선생을 감금하는 동시 기독교인과 자본가를 탄압하기 시작했다. 이로 인해 해방 직후부터 이남으로 탈출하는 피난민이 줄을 이었던 것이다.

1946년 3월 5일에는 토지개혁법을 공포하고 농지를 무상 몰수해 국유화하고서 농민들에게는 경작권만 부여했다. 이 토지개혁에서 우리 집은 지주 반동분자로 몰리자 부모님의 용단으로 10대였던 나는 두 조카를 데리고 1947년 3월 22일 새벽에 집을 떠나 일주일 만인 28일 서울에 도착했다.

서울에 도착해 보니 38선을 넘어온 피난민과 해외에서 돌아온 귀환 동포들로 만원을 이루어 식량난이 극심했다. 이 어려운 때에 미국이 원조한 잉여 농산물(PL480 미국 공법 제480호)이 없었더라면 큰 참사가 일어났을 것이다. 게다가 길거리에서는 좌익과 우익의 충돌뿐 아니라 대구 폭동, 제주 4·3 사건 등 혼란이 가중되었다.

이에 반해 북조선에는 노동당을 중심으로 모든 시책을 차질 없이 착착 추진했고, 남조선을 공격할 전쟁준비까지 했다. 이러한 역사적 진실이 이번에 치른 노동당 창건 70주년 행사를 통해 새삼 확인된 것이다.

〔2015년 11월호〕

역사 교과서 국정화 논쟁의 본질

한국 사회는 요즘 역사 교과서의 국정화 논쟁으로 또다시 시끄럽다. 이 논쟁의 본질은 이번에도 정치적 이념 갈등이라고 하겠다. 그 쟁점은 현재 검인정으로 발간된 역사 교과서가 지나치게 좌편향되었기 때문에 이를 국정으로 만들어 바로잡자는 정부 방침에 대해 좌파 세력이 한사코 반대하는 것이다.

문재인 새정치민주연합 당대표를 위시한 야권에서는 "현행 검인정 역사 교과서를 국정으로 발간하게 되면 획일화된다."는 이유로 반대하며 국회를 뛰쳐나가 농성까지 했다. 좌파의 이 주장이 과연 타당한지 객관적으로 분석하기 위해 우선 현재 중고등학교에서 사용되고 있는 역사교과서의 문제 된 부분을 살펴봐야 하겠다.

현재 중고등학교에서 배우는 역사교과서는 공적(公的) 기관인 역사편찬위원회가 발행한 국정이 아니고, 여러 민간 출판사가 사적(私的)으로 발행한 검인정인 것이다. 따라서 현재의 교과서는 공론(公論)이 아닌 개인의 이념적 역사관이 기술되었다. 현 역사교과서는 거의 좌편향의 학자들이 집필했으니 대한민국의 현대사는 긍정적 측면은 가려지고 부정적 측면이 부각되었기 때문에 부끄러운 역사가 되고 말았다.

그 실례를 든다면 이승만(이하 모든 존칭을 생략)이 이루어낸 대한민국의 건국, 농지개혁, 한미상호방위조약 등의 업적은 축소하고, 3 · 15 부정선거나 4 · 19 학생의거 등 과오는 부각시켰으며, 박정희가 성취한 산업화도 간략하게 기술하고, 5 · 16 군사쿠데타와 10월 유신을 부각시킨 반면에 김대중, 노무현의 대북정책은 크게 다루었다. 이들 교과서는 또한 대한민국의 탄생은 정부 수립으로 표기하고, 북한의 조선민주주의 인민공화국은 건국이라고 기술함으로써 대한민국의 정통성에 흠집을 내고 있다. 뿐만 아니라 북한은 해방된 지 불과 2개월도 안된 1945년 10월 10일에 3권을 장악한 사실상의 정부라고 할 노동당을 창건한 사실은 묻어두고 남한이 1948년 8월 15일에 단독정부를 먼저 세웠기 때문에 북한은 할 수 없이 그 해 9월 9일에 뒤따라 정부를 세웠다는 식으로 기술하고 있다.

또한 북한이 일으킨 6 · 25 전쟁의 원인도 38선에서 그 이전부터 발생한 여러 분쟁 때문이었다는 여운을 남겼고, 이제까지 북한이 도발한 사건들은 언급을 하지 않았다. 그리고 남한이 성취한 오늘의 산업화에 대해서도 긍정적인 면보다 부정적인 측면을 크게 다루었다. 남한의 산업화는 노동자의 저임금으로 이루어졌고, 이로 인해 빈부의 격차를 심화시켰으며, 특히 노사 분쟁을 부각시켜 전태일의 분신자살을 크게 기술했다.

이렇게 좌편향된 검인정 교과서를 전교조 교사들이 단합해 전국 2,300개 중고등학교의 99.9%에서 가르치고 있으니 학생들은 자기 나라에 대해 자긍심보다는 수치심이 생기는 것이다. 그럼에도 불구하고 좌파 진영에서는 한사코 국정을 반대하며 검인정을 고집하니 도저히 이해할 수 없다.

사실 오늘의 현대사는 우리 5천 년 역사에서 일찍이 유례없는 영광스러운 역사로서 세계가 주목하고 있는 기적의 연속이다. 아프리카의 가난한 나라 에티오피아의 원조까지 받아야 했던 나라가 반세기 만에 산업화를 성취하고 민주화도 성공시켜 이제 선진국 문턱에 올라 남을 원조하는 나라가 되었다. 이 자랑스러운 역사를 부끄러운 역사로 만들어 자라나는 새싹들에게 가르치고 있으니 이는 심각한 문제가 아닐 수 없다.

오늘의 중고등학교 학생들은 장차 한반도를 통일시켜 세계 속의 위대한 대한민국을 건설할 역군들이다. 이들에게 필수적인 것은 오직 불타는 애국심과 확고한 정체성이다. 그럼에도 불구하고 이들에게 왜곡된 역사를 가르쳐서 나라에 대한 적개심만 조장하려고 하니 그 의도가 무엇인지 의심스럽다.

우리 대한민국은 이렇게 옹졸한 이념 분쟁을 계속하다 보니 위대한 선각자가 나타나면 그의 업적은 묻어두고 과오만 부각시켜 죄인으로 만들고 있다. 그래서 5천 년 역사를 자랑하는 나라에 아직도 위인을 기리는 기념관이 제대로 없다. 서울 상암동에 박정희 대통령 기념관 겸 도서관, 서울 마포에 김대중 대통령 기념도서관 등이 있을 뿐이다. 그래서 광화문 광장의 세종대왕과 이순신 장군의 동상이 외롭고 쓸쓸해 보인다.

건국한 지 불과 250년밖에 안되는 미국은 공(功) 7, 과(過) 3의 원칙에 따라 위인을 발굴해서 수도 워싱턴 DC 한복판에 웅장한 여러 기념관을 세우고 국민들에게 자긍심을 고취시키고 있으니 우리에게는 부럽기만 하다.

〔2015년 12월호〕

北青소식

2014.3~2013.12

요동치는 한반도 주변 정세

근년에 중국과 일본에서 최고 지도자가 한꺼번에 바뀌더니 한동안 조용하던 한반도 주변에 또 다른 패권주의가 되살아나고 있다.

중국에서는 시진핑(習近平) 주석이 나타나 지난날 일본으로부터 당한 치욕적인 역사, 즉 1894년의 청일전쟁(중국에서는 甲午戰爭이라고 함)에서 잃어버린 옛 중화(中華)의 영광을 되찾고자 일어섰다.

시진핑은 경제대국의 기틀이 마련된 이 기회에 군사대국을 향해 군비를 대대적으로 증강하는 동시 최근에는 방공식별구역도 일방적으로 확장하면서 미국과 일본에 맞서고 있다.

일본에서 새로 나타난 아베 신조 총리는 현재의 평화헌법을 폐지하려는 속셈으로 집단자위권을 내세우면서 옛날의 군사대국으로 회귀하고자 분주히 날뛰고 있다. 아베 총리는 국민여론을 군국주의로 유도하기 위해 야스구니 신사까지도 서슴없이 참배했다. 뿐만 아니라 침략전쟁에서 저지른 온갖 범죄까지도 정당화하는 동시, 한국과 중국에 대해 영토분쟁까지 일으키고 있다.

여기에 곁들어 미국도 세계경영의 중심추를 종래의 유럽에서 아시아로 옮기고, 중국의 팽창을 견제하기 위해 일본과 손잡고 있으니 한반도의 주변 정세는 더욱 요동치고 있다.

한반도를 둘러싼 오늘의 이러한 국제정세는 구한말과 비슷해 보인다. 그러나 자세히 분석해 보면 오늘의 정세는 구한말과는 크게 다르다는 사실을 발견하게 된다.

구한말의 정세는 우리나라에 비참한 결과를 초래한 반면, 오늘의 정세는 우리가 어떻게 대처하느냐에 따라 오히려 기회가 될 수 있다는 점이 특색이다.

구한말에는 강화조약(江華條約, 1876)을 계기로 개화파가 새로 나타나 수구파와 세력다툼을 일으키면서 각기 외세를 등에 업으려 했다. 수구파는 청국과 러시아, 개화파는 일본에 기대며 때로는 그들에게 출병까지 요청해 위급한 사태가 발생하기도 했다. 이렇게 파벌싸움만 거듭하다 보니 나라는 극도로 어지러워졌다. 이 어지러운 나라를 서로 먹자고 다툰 싸움이 바로 청일전쟁 (1894～1895)이고, 러일전쟁(1904～1905)인 것이다. 중국은 청일전쟁에서 일본에게 패배하자 이제까지 누리던 대한제국에 대한 종주권을 박탈당했을 뿐만 아니라 요동반도와 만주의 지배권까지 빼앗긴 수모를 겪었다. 중국이 지향하는 오늘의 패권주의는 이러한 수모를 씻고 옛 중화의 영광을 되찾고자 나타난 현상이다.

한편 일본은 1868년에 일찍이 명치유신에 성공해서 아시아 지역에서는 가장 먼저 서구의 앞서가는 문물을 받아들여 군사대국이 되어 결국 대한제국을 식민지로 만들고, 연이어 독일, 이탈리아와 함께 3대 중추국의 대열에 합류해 강대국의 영광을 누렸다. 그러던 일본이 태평양 전쟁에서 패망해 참담한 패전국 신세가 되었다. 일본이 현재 나타내는 군국주의도 지난날의 영광을 다시 누리려는 야욕이라고 하겠다.

한반도 주변에서 일고 있는 오늘의 패권주의는 중국이나 일본이 이렇게 잃어버린 지난날의 영광을 되찾고자 하는 몸부림이라고 하겠다. 그리고 그들에게는 아직도 한국에 대해 과거의 종주권이나 식민지 지배를 했다는 우월감이 남아 있을지도 모른다. 만일에 그렇다면 그것은 터무니없는 망상일 뿐이다. 오늘의 한국은 구한말과는 비교도 되지 않을 정도로 강대한 나라가 되었고, 국제적 위상도 크게 높아졌기 때문이다. 따라서 오늘의 이 요동치는 주변 정세도 우리 국민이 단합된 힘으로 현명하게 대처한다면 오히려 좋은 기회가 될 것으로 기대된다. 이러한 시기에 특히 주목되는 것은 박근혜 대통령의 뛰어난 위기 관리능력이다. 그 위기관리 능력이 오늘의 한반도 주변 정세를 남북통일의 기회로 만들 것이라는 기대를 안겨준다. 그것은 박근혜 대통령이 천명한 한반도 신뢰 프로세스의 효과가 이제 현실로 나타나기 때문이다.

북한이 최근에 갑작스럽게 남북 고위급 회담을 제의했고, 이에 따라 이산가족 상봉도 잘 이루어졌으니 앞으로 놀라운 협력관계가 이루어질 것으로 전망된다. 이러한 오늘의 주변 정세를 면밀히 분석해 보면 박근혜 대통령 재임 기간에 통일의 실마리가 풀려 한반도를 중심으로 하는 동북아 지역에 새로운 개발붐이 일어날 것으로 기대된다. 이리하여 오늘의 요동치는 한반도의 주변 정세가 우리에게 오히려 대박을 안겨주는 기회가 될지도 모른다.

〔2014년 3월호〕

우남 이승만 박사의 발자취

지난 3월 26일은 우리의 건국 대통령 이승만(李承晩) 박사(이하 존칭을 생략)가 태어난 지 139주년 되는 날이었다. 이승만에게는 3·15 부정선거와 4·19 학생의거라는 실정이 있음에도 불구하고, 세월이 흘러갈수록 그분에 대한 평가는 새로워진다. 그분이 1875년에 태어나 1965년에 서거하기까지의 90년은 우리나라 역사에서 가장 불행했던 근대사(近代史)에서 시작해 8·15 광복을 기점으로 하는 현대사(現代史)에 이르는 파란만장의 역사였다. 흔히 "역사가 위인을 낳고 위인이 역사를 만든다."고 하는데 이승만이야말로 험난한 역사가 만들어낸 위인인 동시에 새로운 역사를 창조한 인물인 것이다. 이승만의 발자취를 더듬어 보면 그분만의 뚜렷한 특징이 발견된다. 그 특징은 남다른 재능과 100년 앞을 내다보는 통찰력, 그리고 그분의 청렴한 인품으로 요약된다.

그분의 뛰어난 재능은 배재학당 시절과 미국 유학 시절에 여실히 나타났다. 그분은 어린 시절 과거에 급제하려고 한문을 열심히 공부하고 있었는데 1894년의 갑오경장 때에 과거제도가 폐지되자 뒤늦게 배재학당에 편입했다.

배재학당에 들어가자 그는 미국 선교사를 찾아다니면서 영어를 배워 6개월 만에 영어 조교가 되었고, 편입한 지 2년 반 만에 졸업했다. 졸업식에서 이승만은 졸업생을 대표해 유창한 영어로 조선의 자주독립이라는 주제로 연설까지 했다. 이승만은 졸업하자 약관 20대 초반에 우리나라 최초의 한글판 신문인 매일신보(每日申報)의 편집을 맡아 배재학당 시절에 서재필(徐載弼) 박사로부터 배운 미국의 민주제도를 널리 알리면서 언론인으로서의 역할을 다했다. 이렇게 활동하는 과정에서 미국의 민주제도에 심취된 이승만은 윤치호(尹致昊) 등과 함께 독립협회를 결성하고, 우리나라의 군주(君主) 체제를 공화(共和) 체제로 바꿔야 한다고 주장하다가 1899년 1월에 국사범으로 체포되어 무기형을 선고받고 옥고를 치렀다.

그러다가 민영환(閔泳煥)의 도움으로 1904년 8월에 특별사면을 받고 5년 7개월 만에 출옥하자 바로 미국 대통령에게 보내는 고종황제의 밀서를 가지고 미국으로 건너갔다. 당시 미국은 기울어 가던 대한제국을 포기하고 근대화에 성공한 일본과 이미 손을 맞잡았으니 이승만이 가지고 간 고종황제의 밀서는 효력을 잃었다. 이에 이승만은 바로 조지워싱턴대학에 편입해 2년 만에 졸업하고, 연이어 하버드 대학에서 석사학위, 프린스턴 대학에서 박사학위까지 취득함으로써 그는 유학 5년 만에 모든 학위 과정을 마쳤으니 이는 분명 천재가 아닐 수 없다. 다음 이승만의 원대한 통찰력을 살펴보고자 한다. 그 사례를 든다면 이승만은 일찍이 공산당의 미래를 예견하고 그들과는 상종하지 않았다는 사실이다.

8 · 15 해방 직후 김구, 김규식은 물론 미군 사령관 하지 중장까지 공산당이 주장한 좌우합작에 적극적으로 동조했으나 이승만은 끝까지 이를 물리치고 UN의 협조로 대한민국 정부를 탄생시켰던 것

이다. 정부 수립과 동시에 이승만은 가장 먼저 좌익계 인사인 조봉암을 농림부 장관으로 임명하고 바로 농지개혁부터 서둘러 6 · 25 전쟁이 일어나기 두 달 전인 1950년 4월에 분배까지 말끔히 끝냈다. 만일 농지개혁이 늦었더라면 6 · 25 전쟁에서 인민군이 38선을 넘자 바로 농민 봉기가 일어나 남한은 당장 무너졌을 것이다. 또한 미국이 그렇게도 기피하던 한미 상호방위조약도 이승만의 통찰력이 이를 성공시켜 한국의 안보를 세계 최강국에 책임지워 한국을 오늘의 경제 대국으로 만든 것이다. 이승만의 이러한 통찰력은 오늘날 한국의 정치판이 100년은커녕 1년 앞도 보지 못하고 포퓰리즘에 사로잡히고 있는 현실과 뚜렷한 대조를 이룬다.

이승만이 우리를 가장 감동시키는 것은 그분의 청렴한 인품이다. 그분은 비록 10여 년 동안 독재를 했다고 하지만 축재했다는 소문은 아직 듣지 못했다. 그분의 청렴한 흔적을 나는 그분이 기거하던 이화장에 전시된 유품에서 확인했다. 그 유품 중에서도 특히 그가 평소에 즐겨 쓰고 다니던 파나마모자가 주목되었다. 그 모자를 가까이에서 보니 테두리가 마모되어 꿰맨 자국이 그대로 남아 있었다. 그 모자를 보는 순간 나는 가슴이 뭉클해지면서 머리가 저절로 수그러졌다.

우남 이승만 박사가 남긴 위대한 발자취는 시일이 갈수록 더욱 돋보인다.

〔2014년 4월호〕

통일 대박의 실체가 보인다

박근혜 대통령이 올해의 연두 기자회견에서 통일 대박론을 발표했을 때 우리는 크게 반기면서도 과연 그대로 이루어질 것인지 믿어지지 않았다. 그것은 통일이 우리에게는 멀기만 느껴졌기 때문이다. 이렇게 믿어지지 않던 통일 대박론이 지난 3월 박근혜 대통령의 독일 국빈방문을 계기로 그 실체가 보이기 시작한다. 그 통일 대박은 우리 한반도뿐만 아니라 동북아 전역에 엄청난 경제개발을 일으킬 것이라는 확신을 준다. 박근혜 대통령이 천명한 통일 대박론은 아무 근거가 없는 즉흥적 발상이 아니라는 사실을 알게 되었다. 대박론에는 구체적 실행지침이 마련되어 있다. 그 실행지침이 바로 남북 신뢰 프로세스이며, 이 지침을 구현하기 위한 컨트럴 타워 역할을 곧 구성될 통일 준비위원회가 맡아 수행할 것으로 보인다.

이러한 박근혜 대통령의 통일 대박론은 현실적으로, 그 실효성이 지난번의 독일 방문에서 검증되었을 뿐만 아니라 그 방문에서 우리는 독일이 통일을 이루는 과정에서 얻은 생생한 체험까지 전수받게 되었다. 독일에서 얻은 이러한 학습효과는 장차 우리의 통일을 독일보다 더 능률적으로 이루게 할 것이다

박근혜 대통령은 독일 방문의 마무리를 3월 28일에 옛 동독 땅에

있는 드레스덴에서 장식했다. 드레스덴은 2차 세계대전의 격전지로 폐허가 되었으나 통일 후에 화려하게 복구되어 오늘날에는 독일의 실리콘 밸리라는 과학도시가 되었다. 따라서 드레스덴은 독일이 성취한 '통일 대박'을 상징하는 명소이기도 하다. 이 뜻깊은 곳에서 박근혜 대통령은 명예 법학박사 학위를 받고, 연이어 한반도 통일에 대해 중대한 발표를 했다. 그것이 이른바 드레스덴 선언인 것이다.

드레스덴 선언은 크게 세 가지로 분류된다.

첫째, 인도적 문제부터 해결하자는 것이다. 이를 위해 이산가족 상봉을 정례화하는 동시에 북한의 영유아와 임산부 등 취약계층에 대한 인도적 지원을 우선적으로 추진하는 것이다.

둘째, 남북의 공동번영을 위해 인프라 구축을 지원하는 것이다. 이러한 지원은 일시적 미봉책이 아니고 항구적으로 지속 발전하도록 하는 것이다. 그러기 위해 시범농장을 설치해서 새로운 농사기술을 보급하고 황폐된 산림도 복원하며 그 규모를 장차 남북 경제 공동체 프로젝트로 발전시킬 계획이라고 한다.

셋째, 남북한 주민의 동질성 회복을 촉진하는 일이다. 동질성을 회복하기 위해서는 민간 교류가 활발히 이루어지도록 적극 지원할 것이라고 한다. 독일은 우리처럼 분단의 고통을 겪었기 때문에 박근혜 대통령의 이번 방문을 동병상련(同病相憐)의 온정으로 환대하면서 한반도 통일을 적극 지원하겠다는 의지를 분명히 밝혔다. 독일이 이렇게 적극적으로 나서는 배경에는 두 나라 정상의 개인적 친분도 크게 영향을 미친 것으로 분석된다.

박근혜 대통령과 메르켈 총리는 각각 62세, 60세라는 비슷한 연령의 여성 지도자로서 많은 공통점이 있다. 박근혜 대통령은 1997년 정치에 입문하자 소속 정당이 위기에 몰릴 때마다 비상대책 위원장을 맡아 지도력을 발휘해 위기관리의 달인이라는 명성을 얻고 있다. 메르켈 총리도 분단 시절 동독에서 정치에 입문하였고, 통일 후에 지도력을 발휘해 오늘날에는 독일을 유럽연합(EU)의 중심국가로 만든 지도자가 되었다. 이렇게 유사한 두 정상은 2000년에 서로 야당 지도자로 처음 만난 뒤에 오늘에 이르기까지 14년 동안 다섯 차례나 만나 친교를 다졌다. 이러한 두 지도자가 의기투합해서 앞으로 한반도 통일에 힘쓴다면 우리의 통일 대박은 더욱 빨라질 것이다.

그러나 안타깝게도 북한은 박근혜 대통령이 천명한 이 드레스덴 선언에 대해 욕설로 반발하면서 무력시위까지 자행하고 있다. 그들은 이 드레스덴 선언을 흡수통일로 겁내면서 오히려 문단속을 강화하는 동시 인민들에게 긴장을 고조시키고자 당분간 무력도발을 계속할 것으로 전망된다.

북한이 이럴수록 우리는 통일 의지를 더욱 확고히 다지는 동시에 그들이 오판하지 않도록 국론을 결집해야 할 것이다.

〔2014년 5월호〕

세월호 참사의 본질과 해법

지난 4월 16일에 일어난 세월호 참사는 우리 어른들의 잘못으로 애꿎은 학생들이 희생당한 가슴 아픈 사건이다. 이 사건에서 희생자가 늘어난 직접적 원인은 선박회사의 탐욕으로 인한 무리한 운행과 승객의 안전을 책임진 선장과 선원들의 이기적 탈출, 여기에 해경의 늑장 대응과 정부의 부실한 수습이 겹쳤기 때문이라고 하겠다. 진실로 안타까운 일이다. 게다가 사태 수습을 서둘러야 할 다급한 시기에 정치권에서는 정략적으로 내각 총사퇴를 외쳤고, 일부 시민단체는 선동적 촛불시위와 함께 대통령의 하야를 요구하면서 청와대로 향했다. 이리하여 우리 사회는 삽시간에 분노와 증오심으로 뒤덮였고 욕설을 퍼붓는 이전투구 현상을 나타내고 있다.

이곳 미국에서도 NYT에 막대한 광고료를 내면서 자기 나라의 대통령을 폄하했고, 시애틀에서는 5 · 18 기념일에 일부 동포들이 가로에서 시위를 벌여 우리의 후진성이 노출되었다.

한국 사회를 이 지경으로 만든 주요 원인은 언론에 있다고 여겨진다. 일부 언론은 제자를 구출하느라 자신을 희생시킨 교사나 깊은 바다에서 목숨 걸고 희생자를 수색하는 잠수부, 그리고 생업을 뒤로하고 사고 현장에서 연일 수고하는 자원봉사자의 아름다운 이야기는 덮어버리고 오직 부정적인 측면만 부각시키고 있다. 특히 J 방송의 S앵커가 진행하는 뉴스는 연일 세월호 참사를 집중적으로 다루면서 의도적으로 분노를 유발시킨다. 심지어 박근혜 대통령이 대국민 사과를 할 때에 흘린 눈물이 과연 진정성이 있는지 의문을 제기했고, 교육부 장관이 사고 현장을 돌아다니다가 지쳐서 의자에 걸터앉아 라면으로 요기를 한 것까지 비판하는 등 선동적인 보도만 하고 있다.

그 결과 그렇지 않아도 신경이 예민해진 유가족을 분노시키고 특권의식을 고취시켜 그들을 더욱 거칠게 하고 있다. 이로 인해 이제까지 그들에게 따뜻한 위로와 온정을 보내던 시민들마저 등을 돌리게 했다. 이러한 우리의 보도 관행은 미국에서 발생한 지난 2001년의 9.11 테러나 2007년의 버지니아 공대 참사 당시의 미국 언론과 대조를 이루어 우리를 개탄스럽게 한다. 사실 세월호 참사의 근본 원인은 한국사회가 지난 반세기 동안 압축 성장하는 과정에서 누적된 부조리 때문이다. 우리는 이제까지 성급하게 성과를 올리고자 '빨리 빨리' 서둘렀고, 원칙보다 '대충 대충' 하는 것이 관행이었으며 안전은 뒷전으로 밀려났다. 또한 끼리끼리의 인맥(人脈)으로 나라를 이끌었으니 부정부패가 만연될 수밖에 없었다. 이렇게 쌓인 우리의 안전 불감증과 부정 심리가 여러 대형사고를 유발시켰다.

그 대표적 사고가 바로 와우 아파트, 삼풍 백화점, 그리고 성수대교에서 발생했다. 이번에 발생한 세월호 참사도 역시 예고된 사고였다. 이러한 논리에서 이번 참사도 그 책임이 정부에만 있는 것이 아니고 우리 모두에게도 있다는 사실을 부인할 수 없게 되었다. 그럼에도 불구하고 현재와 같이 서로 네 탓으로 돌리면서 계속 싸운다면 우리 공동체는 미래가 없을 것이다. 마치 지난날 공산당이 노동자의 빈곤을 부르주아 계급의 탓으로 돌리면서 증오와 계급투쟁을 일으켜 결국 저절로 멸망한 반면, 70년대의 우리 새마을 운동은 농촌의 가난을 자신들의 탓으로 돌렸기 때문에 분노가 아닌 자립정신으로 크게 성공했던 것과 같은 이치다.

여기서 한국 사람들의 공격적인 성격을 나타낸 일화를 소개하고자 한다. 몇 년 전 관광여행 도중에 버스가 고장을 일으켜 길가에서 한 시간이나 수리해서 시동이 다시 걸렸다. 이때 한국 관광객은 운전자에게 삿대질 하면서 "어떻게 정비했길래 이 귀중한 시간을 길바닥에서 이렇게 허비했느냐?"고 욕설을 퍼부었다. 이때 동승한 미국 사람들은 "얼마나 수고했느냐?"며 위로해 우리와 뚜렷한 대조를 이루었다.

우리는 이제 분노를 진정시키고 너그러운 시민의식으로 이번 참사를 전화위복의 기회로 만들어야 하겠다. 그렇게 하는 것이 결국은 꽃다운 희생자들의 넋을 오래오래 기리고 나라도 살리는 길이 될 것이다.

우리는 오늘에 이르기까지 위기를 기회로 만들면서 기적을 이루어 세계를 놀라게 했다. 우리 모두 냉철한 이성으로 손을 맞잡는다면 이 난국도 오히려 기회가 될 것으로 믿는 바이다.

〔2014년 6월호〕

저 부끄러운 호박엿 세례

지난 6월 30일 새벽, 인천 국제공항에 우리의 월드컵 선수들이 나타나자 기다리고 있던 축구팬 일부가 "근조, 우리 축구는 죽었다."고 쓴 현수막을 들고 호박엿을 선수들의 얼굴에 마구 던졌다. 이 어처구니없는 장면을 TV에서 보고 한국 사회가 어쩌다 이 지경에 이르렀는지 탄식이 저절로 나왔다. 당초 8강을 목표로 한다던 우리 선수들이 8강은커녕 16강에도 들지 못하고 참패했으니 열렬히 응원하던 팬들의 안타까운 심정은 이해되지만 이렇게까지 한다는 것은 상상조차 할 수 없는 만행이다.

운동경기란 본시 승패를 가르는 싸움이다. 따라서 아무리 우수한 실력을 갖추어도 패자가 있기 마련이다. 그러기 때문에 운동경기에서는 승리보다 스포츠맨십을 강조하는 것이다. 이러한 논리에서 우리의 태극전사들도 국가의 명예를 걸고 사력을 다해 끝까지 잘 싸웠다. 그러면서도 그들은 죄인이라는 심정에서 고개를 숙이고 공항에 들어섰다. 이 고개 숙인 우리의 젊은 용사들에게 다시 기운을 내라는 격려의 박수가 아닌 호박엿 세례를 퍼부었으니 이는 분명 야만적인 행위이다. 인천 공항에서의 이 수치스러운 장면이 이번에 발생한 세월호 참사와 오버랩되어 우리 사회의 옹졸한 작태가 더욱 개탄스럽다.

우리 한국 사람들은 본시 어떤 사건이 터지면 이성적 균형감각을 잃고 감성적 쏠림현상을 일으켜 부화뇌동하는 습성이 있다는 사실을 이미 알고 있었지만 이 지경인 줄은 미처 몰랐다. 진실로 부끄러운 일이다.

이번 세월호 참사에서도 유사한 모양새가 나타났다. 당장 원인규명과 수습대책을 마련할 겨를도 주지 않고 정부를 규탄하는 서명운동과 촛불시위부터 벌였다. 사실 따지고 보면 이번 참사의 근본원인도 우리 모두에게 있는데 정부의 탓으로만 돌리니 우리 사회는 삽시간에 분노와 삿대질 뿐이었다.

솔직히 우리는 이제까지 압축 성장하느라 빨리빨리 서둘렀고 대충대충 하다 보니 안전 불감증과 부정 심리가 생활화되어 수없이 많은 사고가 이미 발생했다. 그 대표적 사고가 와우 아파트, 삼풍백화점, 성수대교에서 발생한 것이다. 이번의 세월호 참사도 그중의 하나다. 따라서 우리 모두가 공범이라고 서로 반성할 때에 비로소 원만한 해결방안이 도출될 것이다. 그런데 언론과 정치권이 사태를 오히려 꼬이게 했다. 언론은 객관적 사실 보도가 아닌 흥미위주의 편파보도만 했고, 정치판은 사건을 정략적으로 이용했으니 나라 전체가 분노에 휩싸였다.

분노한 유족들은 전문기술이 요하는 수중 작업에 간섭하다가 국회 청문회장에서도 거칠게 행동했고, 불교, 천주교, 개신교 등 종교계에 가서도 정부를 규탄했다. 이들을 맞아들인 종교계 지도자들 역시 분노와 증오심으로 심리적 갈등에 시달리고 있는 유족들을 영적으로 달래기보다 오히려 부추긴 듯한 느낌마저 주었다. 이렇게 되고 보니 이 나라에는 종교계에도 원로가 보이지 않아 암담하기만 하다.

한국 사람들의 이러한 습성은 2013년 박근혜 정부의 초창기에도 나타났다. 박근혜 대통령은 취임하자 경제 분야의 재도약을 위해 1997년의 IMF 여파로 시들어가던 성장 동력을 살리고자 미래창조과학부를 설치했다. 그리고 이 미래창조과학부의 장관 후보로 미국에서 명성을 떨치는 재미교포 김종훈 박사가 적격이라는 판단에서 삼고초려의 공을 들여 그를 힘겹게 초빙해 국회 청문회에 세웠다. 이 자리에서 일부 국회의원들이 정책 질의가 아닌 사생활에 대해 저질적 질문만 던져 자존심이 상한 김종훈 후보는 자리를 박차고 미국으로 돌아갔다.

중국이 오늘날 핵 보유국이 된 것은 미국에서 이 분야의 권위자로 알려진 화교 과학자를 데려다가 이루어낸 성과라는 사실을 생각할 때 김종훈 박사를 놓친 것이 못내 아쉽기만 하다. 모택동은 1949년에 중국을 평정하자 국가의 먼 앞날을 설계하면서 미국에서 우주과학자로 활약하던 화교 첸쉐썬 박사를 데려오고자 백방으로 교섭했으나 미국이 불응했다. 그래서 모택동은 최후수단으로 당시 한국전쟁에서 포로로 억류하고 있던 미군 조종사들과 교환해서 그를 국립과학원장으로 발탁해 오늘날 중국을 핵 보유국으로 만들었고 우주정거장까지 보유한 나라로 만든 것이다. 김종훈 박사를 몰아낸 옹졸한 국회 청문회가 원망스럽다.

우리 사회가 이대로는 도저히 문화 후진국에서 헤어나지 못한다. 이제 보다 넓은 시야에서 서로를 관용하는 성숙한 민주시민이 되고자 우리 모두 각성할 때에 밝은 미래가 보장될 것이다.

(2014년 8월호)

저녁노을에서 얻은 삶의 지혜

맑게 개인 가을철의 저녁노을은 유난히 아름답습니다. 저 노을은 아침에 동쪽에서 뜬 해가 하루의 행로를 모두 마치고 이제 서산 너머로 사라지면서 남기고 가는 아름다운 발자취입니다.

우리네 인생도 어떻게 하면 저 노을처럼 아름답게 생을 마감할 수 있을까 하는 간절한 소망에서 나는 시간 가는 줄도 모르고 저 노을을 바라봅니다. 저 노을은 황혼기에 들어선 이 부족한 사람에게 소중한 삶의 지혜를 암시해 줍니다. 저 노을은 앞으로 남은 생애를 어떻게 하면 품위를 잃지 않고 자그마한 보람이라도 느끼면서 살 수 있을까 생각하게 합니다.

무엇보다 먼저 지난 세월의 권위와 자존심은 내려놓고 낮은 자세로 마음을 깨끗이 비우라고 합니다. 마음을 비우면 욕심이 사라진다고 합니다. 사람은 본시 늙을수록 모든 기능이 쇠퇴하는데 유독 욕심만은 오히려 심해진다고 해서 이 욕심을 노욕이라 하고, 노욕이 심해지면 추해진다고 해서 이를 노추(老醜)라고 저 노을은 경고합니다. 욕심을 버리면 사리판단을 정확하게 할 수 있어 노인들이 자주 당하는 사기도 피하게 된다고 저 노을은 알려줍니다.

욕심을 버리면 또한 마음이 맑아지고 따라서 표정도 명랑해져서 남에게 좋은 인상을 풍긴다고 합니다. 저 노을은 해가 서산으로 기울어질수록 더욱 아름답게 비치면서 계속해서 주옥같은 교훈을 알려줍니다. 마음을 비우면 겸손해지고, 겸손해지면 설치지 않고 남의 말을 경청하게 되며, 자기 자랑보다 남을 칭찬하고, 무리하게 이기려 하지 않고 때로는 일부러 져주는 아량이 생긴다고 합니다. 마음이 겸손하면 사회생활에 있어서도 운신(運身)의 폭이 넓어져서 어디 가서도 잘 적응하고 어울릴 수 있다고 합니다.

마음을 비우면 매사가 긍정적으로 여겨지고, 모든 사물이 낙관적으로 보이기 때문에 짜증 낼 일도 없어져 언제나 온유하고 너그러워진다고 합니다. 마음을 비우면 매사에 감사하는 마음이 저절로 우러나 기쁜 마음에서 아무리 늙어도 활력이 솟아나고 보람 있는 여생을 누리게 된다고 저 노을이 속삭입니다.

이렇게 명상에 잠기는 동안 해는 어느덧 서산으로 사라지고, 노을은 이제 신비한 여광으로 바뀌면서 더욱 오묘한 삶의 지혜를 가르쳐 줍니다. 저 노을은 탐욕을 버리고 마음을 비우면 열악한 생활환경도 그곳이 낙원으로 보인다고 합니다. 그래서 아무리 초라한 오막살이라도 그곳이 나만의 안식처가 되고, 조용히 사색하는 나만의 서재가 되며, 행복에 겨워 감사의 기도를 올리는 나만의 교회로도 섬기고, 사랑과 평화가 감도는 나만의 천국을 건설하면서 스스로 행복을 만들게 된다고 저 노을은 암시해 줍니다.

저 노을은 또한 행복의 참뜻이 무엇인지도 알려줍니다. 행복은 돈이나 권력으로 생기는 것이 아니고, 오직 마음가짐 하나에 달렸다고 알려줍니다. 같은 일을 당해도 행복하다고 생각하면 행복해지고, 불행하다고 여기면 불행해진다고 합니다. 따라서 행복은 값비

싼 보석이나 명품에 있는 것이 아니고, 천하를 호령하는 권력에서 생기는 것도 아니며, 오직 마음가짐 여하에 따라 우리 주변의 곳곳에서 얻어진다고 저 노을은 확실히 전해줍니다. 행복은 두메산골 오막살이 화롯가에도 있고, 초가집 울타리에 매달린 호박에도 있으며, 눈물 젖은 빵 한 조각에도 있다고 저 노을은 전해줍니다. 행복은 또한 가난한 이웃을 챙기는 온정에 있고, 약자를 도우려는 의협심에도 있으며, 재난의 현장에서 자원봉사하는 손길에도 있고, 고통받는 친구를 위해 간절하게 드리는 기도에도 있다고 알려줍니다. 어두움이 짙어지자 저 노을도 점차 화려한 빛을 잃으면서도 오히려 더 절실한 메시지를 전해 줍니다.

희미해지는 저 노을에는 내가 살아온 지난 세월이 나타납니다. 내가 살아온 20세기는 인류 역사에서 무서운 전란이 끊이지 않은 잔인한 시기였습니다. 그 전란은 주로 지정학적 요충지인 우리 한반도 주변에서 일어났으니 애꿎은 우리 겨레가 모진 고난을 겪었습니다. 그 소용돌이 속에서 살아남겠다고 허우적거리던 내 모습이 저 노을 속에 그대로 나타납니다. 지난날의 그 견디기 어려웠던 가지가지 사연들이 이날 저녁의 노을 속에서는 아름다운 천연색 풍경화가 되어 오히려 그리운 추억으로 나타나고, 앞이 캄캄한 고비마다 죽지 않으려고 아슬아슬하게 줄타기하던 그때의 내 모습도 정교한 예술작품으로 비칩니다. 그리하여 이날 저녁의 저 노을은 늙어가는 이 사람에게 소중한 삶의 지혜를 암시해 주었고, 어려웠던 삶의 현장을 오히려 아름다운 추억으로 만들어 주었으니 대자연의 오묘한 조화 앞에 머리가 저절로 수그러집니다.

〔2014년 10월호〕

UN 총회에 상정된 북한의 인권 문제

독재를 대물림하는 북한의 인권상황은 말로 표현하기 어려울 정도로 심각한데 이 문제를 앞장서서 챙겨야 할 대한민국이 이제까지 정치적 이념 대립에 휘말려 손도 대지 못하고 있으니 주권 국가로서의 체면이 말이 아니다. 이러한 현실에서 미국이 오히려 적극적으로 나섰고, 이번에는 UN 총회에서 들고일어났으니 반가운 일이 아닐 수 없다.

UN은 놀랍게도 북한 인권 문제에 대한 결의안을 현재 열리고 있는 제69차 총회의 제3위원회에서 지난 11월 18일에 111대 19라는 압도적 찬성으로 통과시켰다. 특히 이 찬성 111표 중에는 종래 북한을 지지하던 비동맹국들이 대거 동참했다니 뜻밖의 일이다. 이 결의안의 핵심은 "북한의 인권상황을 국제 형사재판소(ICC)에 제소하는 동시 최고 책임자를 처벌하도록 권고한다."는 것이다.

이 결의안이 UN 총회 본회의에서는 무난히 통과될 것이 확실시되지만 안보리에서는 중국과 러시아가 거부권을 행사할 것이 예견된다. 그래서 이 결의안은 비록 법적 구속력은 약할 것이지만 UN이 역사상 처음으로 특정 국가의 최고 책임자를 국제 형사재판소에 제소할 것을 결의했다는 자체가 크게 주목된다. 이에 대해 북한은 미국을 원색적으로 비난하면서 제4차 핵실험을 시사하고 있으니 이는 최후 발악으로 보인다.

차제에 북한 인권문제가 그동안 어떻게 다루어졌는지 살펴보고자 한다. 북한에서 모진 탄압을 견디다 못해 구사일생으로 그곳을 빠져나온 탈북자들에 대해 미국이 가장 먼저 구호의 손길을 내밀었다. 미국은 이 처참한 탈북난민을 보다 못해 2003년에 북한난민지원법(North Korean Freedom Act)을 제정했고, 2004년에는 북한인권법(North Korean Human Right Act)을 마련했는데, 이 두 법안은 상하 양원에서 만장일치로 통과되었다. 그런데 당시 노무현 정권의 여당이었던 열린우리당 소속 국회의원들이 미국을 향해 이 법안을 철회하라고 요구한 웃지 못할 일도 있었다.

그러던 중 2005년 8월에 당시 야당이었던 한나라당의 김문수(전 경기도 지사) 의원이 처음으로 북한인권법안을 발의했으나 일부 의원들이 "김정일 위원장을 자극해서는 안 된다."며 한사코 반대해 이 법안은 결국 자동 폐기되었다. 그러다가 이 법안을 한나라당이 2008년 12월에 다시 발의했는데 좌파 의원들의 필사적인 반대로 오늘에 이르기까지 법사위에서 계속 낮잠만 자고 있다. 민주당 원내대표로 있던 박지원 의원이 2011년 5월에 그 자리를 물러나면서 기자들에게 "내가 원내대표 재임 기간에 이 북한인권법을 상정조차 못하게 한 것을 자랑으로 여긴다."고 공언한 사실이 이를 입증하고 있다.

좌파그룹이 거리에서 데모할 때에 주먹을 휘두르면서 그렇게도 부르짖던 '인권'과 그들이 현재 외면하고 있는 북한 동포들의 인권은 어떻게 다른지 그들에게 묻고 싶다. 대한민국의 인권이 이렇게 갈팡질팡할 때 미국에서는 정부뿐만 아니라 민간 차원에서 오히려 더 활발하게 북한의 인권을 찾아주려고 애써왔다. 탈북자들의 대모로 알려진 수잔 숄터 여사가 이끄는 북한 인권 포럼을 중심으로 여러 NGO들이 2005년부터 해마다 '북한 인권주간' 을 설정하고, 그 기간에 대대적인 활동을 전개하고 있다. 이곳 서북미 지역에서는 윤요한 목사가 이끄는 고향 선교회가 중국에서 살길을 찾아 헤매는 탈북동포를 계속해서 필사적으로 구출하고 있다.

자유민주 국가의 최고 가치는 인간의 존엄과 자유를 보장하는 '인권' 인 것이다. 인권은 인간에게 주어진 가장 고귀한 보편적 가치이기 때문에 인권은 종교나 정치나 사상적 이념을 뛰어넘어 어떠한 일이 있더라도 반드시 보호받아야 한다. 이러한 논리에서 대한민국은 공산 귀족들에게 인질로 잡혀 무자비하게 짓밟히고 있는 같은 핏줄의 인권을 챙기는 것이 주권국가로서의 당연한 의무인 것이다.

이러한 현실에서 현재 남남갈등을 빚고 있는 대북전단 살포는 중요한 인권운동이라고 하겠다. 우리 모두가 이미 알고 있는 사실이지만 북한에서는 독재체제를 유지하기 위해 인민들의 입과 귀를 막아야 하기 때문에 외부세계와의 접촉을 차단하고 있다. 이러한 북한 주민에게 자유 세계의 새로운 소식을 전하고자 전단을 보내는 것도 하나의 인권운동이다. 따라서 이 전단이 김정은 위원장을 자극한다는 이유로 반대한다면 이는 사리에 어긋나는 것이다. 다만 지난날 밤중에 조용히 보내던 전단을 최근에 일부 단체가 공개적으로 하는 것은 삼가야 할 것이다. 중국도 진정 G2 국가로 부상하고자 한다면 국제의무를 다한다는 차원에서 북한을 더 이상 감싸지 말고 UN의 결의를 존중해야 할 것이다.

〔2014년 12월호〕

새 아침에 돋보이는 조국의 기적들

2013년의 새 아침에 北靑소식 애독자 여러분에게 새해의 인사부터 정중하게 올립니다.

새해에도 더욱 건강하셔서 곧 올 것으로 예견되는 통일의 환희도 함께 나눌 수 있기를 기원합니다.

이 새 아침에 바라본 태평양 건너의 저 조국은 유달리 찬란합니다. 그것은 저 조국이 지난 연말의 대선에서 아시아 지역에서는 처음으로 여성 대통령까지 탄생시켜 또 하나의 새로운 기적을 만들었기 때문입니다.

저 조국이 만들어낸 기적은 우선 우리의 한글입니다. 세종대왕께서 1446년에 제정한 한글은 500여 년이 지난 오늘의 정보통신(IT) 시대를 예견하고 만들어진 기적의 글자입니다. 한글은 컴퓨터 자판기의 왼쪽에 배치된 14개의 자음과 오른쪽 10개의 모음을 두 손으로 동시에 입력할 수 있어 중국의 한자나 일본의 가나보다 7배나 빨라 한글이 우리나라를 IT 강국으로 만들고 있으니 신기합니다.

기적의 대부분이 우리 현대사에서 연속적으로 나타나고 있습니다.

우리나라가 광복되자 38선을 경계로 남북으로 갈라져 북쪽을 장악한 김일성은 1946년 11월 3일에 대의원 선거부터 실시해 각급 인민위원회를 구성하고, 그다음 해인 1947년 2월 17일에 북조선 임시인민위원회라는 사실상의 정부를 수립하자 바로 공산독재 체제를 본격적으로 다지기 시작했습니다.

이와 반대로 남쪽은 남노당의 책동으로 대구 폭동이 일어났고, 연이어 제주도에서 4·3 사건이 터져 혼미를 거듭했습니다. 이러한 시기에 좌우합작을 주장하던 김구(金九), 김규식(金奎植) 선생은 UN 감시 하에 실시하게 될 5·10 선거를 불과 한 달 앞둔 1948년 4월에 평양으로 넘어가 김일성이 주도한 4·30 선언에 동참했던 것입니다. 4·30 선언을 요약하면 5·10 선거의 반대와 미군의 철수, 그리고 공동 정부의 수립이었습니다.

이렇게 앞이 캄캄한 시기에 공산당의 생리를 이미 속속들이 파악하고 있던 이승만 박사라는 인물이 나타나 1948년 8월 15일에 공화체제의 정부를 역사상 처음으로 창건했으니 이것이야 말로 큰 기적이 아닐 수 없습니다.

이승만 대통령이 정부 수립과 동시에 최우선 과제로 단행한 농지개혁이 6·25 전쟁 발발과 함께 일어날 농민 봉기를 사전에 막았다는 사실도 큰 기적입니다. 소련제 T-34 탱크를 앞세운 막강한 인민군에 맞선 승산 없는 전쟁을 이승만 대통령이 그의 탁월한 외교솜씨로 극복했고, 한미 상호방위조약까지 이끌어내 한국의 안보를 오늘날까지 세계의 최강국에게 책임지었다는 사실이 또한 기적입니다.

6·25 전쟁은 나라를 초토화시켰지만 그 초토화가 역설적으로 우리나라 민주주의 토대를 구축했다는 사실도 기적인 것입니다. 6·25 전쟁이 만든 초토화가 민족의 대이동을 유발시켜 민주발전을 저해하는 전통적 봉건 요소와 계급적 인습을 무너뜨렸으니 민주주의 기틀이 저절로 다져진 것입니다.

이승만 박사가 첫 단계로 나라를 창건하고 다음 단계인 국가 안보까지도 다져놓고서 다음 단계인 경제 건설을 서둘러야 할 시점에 마침 박정희 장군이라는 독재자가 나타났으니 이것 또한 불가사의한 기적입니다. 그 독재자는 소위 40대 기수라고 하는 정치세력의 끈질긴 반대를 무릅쓰고 "내 무덤에 침을 뱉어라."는 비장한 신념으로 조국 근대화의 기초를 다졌습니다.

박정희 대통령은 산업화에 필수적인 외화를 확보하기 위해 광부와 간호사를 서독에 파송했고, 월남전에 뛰어든 모험까지 결행하는 동시 중동 건설에도 참여했던 것입니다. 그렇게 해서 벌어들인 외화로 자동차도 없는 나라에 고속도로부터 건설했고, 철광석도 나지 않는 나라에 제철소를 만들어 산업화의 기틀을 다졌으니 이것 역시 큰 기적입니다.

지금에 와서 되돌아보면 진실로 감격스러운 기적의 연속이었습니다.

동서냉전에 휘말려 민족끼리 싸우다 보니 잿더미가 되어 아프리카의 최빈국 에티오피아의 원조까지 받아야 했던 나라가 2010년에는 G-20 정상회의를 주재한데 이어 2012년에는 UN 다음으로 규모가 큰 핵 안보 정상회의까지 주관했으니 진실로 믿어지지 않는 기적들입니다.

한국에서 나타난 이러한 기적들을 미리 예견했는지 인도의 세계적 시인 타고르는 일찍이 한국을 '동방의 등불' 이 될 것이라고 읊었던 것입니다.

그 읊은 시기가 일제 치하의 3·1 운동으로 검거선풍이 일어나 우리는 빈사상태에 빠져있던 시기인 1920년이었으니 타고르는 무엇을 보고 한국의 미래를 이렇게 예견했는지 신기하기만 합니다.

또한 미래 예측으로 유명한 미국 뉴욕의 증권회사 〈골드만삭스〉도 한국이 2050년에는 세계에서 둘째 가는 경제 대국이 된다고 예측했으니 이 예측대로라면 한국의 기적은 앞으로 더 크게 일어날 것입니다.

한국이 근년에 계속해서 나타내는 기적의 원동력은 한민족 특유의 신바람에서 솟아나는 것입니다.

그 신바람은 이제 정치적·경제적 기적뿐만 아니라 한류라는 문화적 기적으로 나타나고 있으니 이 새 아침에 바라보는 조국의 미래는 더욱더 찬란합니다.

〔2013년 1월호〕

장준하 선생의 정확한 역사인식

나는 최근에 고려대학교 총장을 역임한 홍일식 박사의 옛 논설을 우연히 입수해 감명 깊게 읽었다. 홍일식 박사가 2005년에 장준하와 최남선이라는 제목으로 쓴 이 논설은 역사 인식에 혼선을 빚고 있는 오늘에 매우 귀중한 자료라고 여겨져 그 내용을 요약해 여기에 옮겨 본다.

홍일식 박사에 의하면 요즘 좌파 진영에서 비겁한 친일분자라고 매도하는 최남선 선생을 장준하 선생은 오히려 높이 평가했다는 것이다. 1957년 10월 10일, 최남선 선생이 향년 68세로 작고하자 당시 사상계의 발행인이었던 장준하 선생은 최남선 선생을 애도하는 기념 특집을 펴면서 다음과 같이 헌정사(獻呈辭)를 모두에 실었다고 한다.

"사상계의 편집 위원회는 뜻을 민족의 명운에 두고 있는 모든 인사들과 더불어 고 육당 최남선 선생을 애도하고, 그 출중한 인격과 생전에 남기신 업적을 명감(銘感)하여 이를 영세에 전하고자 선생이 서거하신 이 1957년의 송년호를 육당 기념호로 삼아 재천(在天)의 영전에 드리나이다. 단기 4290년(1957) 12월 1일 사상계 편집 위원회 드림."

장준하 선생은 이어서 발행인의 이름으로 다음과 같은 권두언도 게재하였다고 홍일식 박사는 밝혔다.

"… 육당 선생은 이 민족이 가장 암담한 시기에도 항상 우리와 더불어 있었고, 우리의 가장 친근한 벗이요 경애하는 스승이었다. 그로 인하여 민족의 생명은 싹을 부지(扶支)하였고, 겨레는 위안을 받았으며, 희망을 잃지 않고 광복에 이른 것은 만인이 다 아는 사실이다. 한때 선생의 지조에 대한 세간의 오해도 없지 않았으나 선생의 본의가 어디까지나 이 민족의 운명과 문화발전에 있었음은 오늘날 이미 사실로 밝혀진 바 있다. 사람을 사(赦)하는 법이 없고, 인재를 아낄 줄 모르고, 사물을 널리 생각하지 못하는 풍조 때문에 우리는 해방된 후에도 선생에게 영광을 돌리지 못했을 뿐 아니라 도리어 욕된 일이 적지 아니하였다. 이것은 실로 우리 민족의 이름으로 부끄러워해야 할 일이다. …"

홍일식 박사가 밝힌 장준하 선생의 이 권두언은 한국 사회가 역사인식을 개인의 편견과 정략적으로 판단하는 오늘날에 천금 같은 지표를 우리에게 제시해 주는 것이다. 사상계를 발행하면서 독재를 맹렬히 규탄한 장준하 선생은 좌파 진영에서 가장 존경받는 언론인인데 그 장준하 선생이 이러한 평가를 내렸다는 사실이 우리의 관심을 집중시킨다. 특히 이 권두언 중에서도 말미 부분이 더욱 주목받을 대목이다.

우리 사회가 역사 바로 세우기니 과거사 청산이라는 명목으로 자신의 이해득실에 따라 역사 해석을 자행하고 있으니 옥석을 제대로 가려내지 못하고 있다. 그래서 역사적 인물마다 그의 업적은 묻어두고 흠집만 찾아내 하루아침에 죄인으로 만든 것이다. 그 대표적 피해자가 바로 최남선 선생과 장지연 선생인 것이다. 최남선 선생은 장준하 선생의 말대로 기미년(1919년)의 독립 선언서를 기초했을 뿐만 아니라 평생을 우리 역사문화 연구와 그 보급 계몽에 헌신했는데 좌파는 그를 친일분자로 매도하고 있다.

장지연 선생은 구한말에 매일신보의 주필로 1905년 을사늑약에 분개한 나머지 이 신문에 "오늘에 이르러 목 놓아 통곡하노라(시일야방성대곡; 是日也放聲大哭)"는 제목의 유명한 사설을 쓴 우리의 역사적 언론인이다. 그래서 국가가 1962년에 건국 공로훈장을 수여했는데 근년에 그를 친일분자로 매도하고 이미 수여한 그 훈장을 박탈했다.

이 두 분은 식민지 시대에 일제의 관헌이 조선 사람들을 너무도 혹독하게 탄압하자 그 탄압을 다소라도 완화시키기 위해 그들을 회유하느라 본의 아닌 호의를 베풀었을지도 모른다. 미국의 링컨 대통령은 남북전쟁이 불가피하게 되자 자기에게 비판적인 정치인이나 언론을 탄압했는데도 그의 노예해방 업적을 기리며 영웅으로 숭앙하고 있다.

중국에서도 모택동이 일으킨 10년 동안의 문화혁명에서 등소평은 모진 박해를 받았고 그의 아들까지 불구가 되었는데도 1978년에 집권하자 바로 모택동을 중국 공산당의 아버지로 모셨다. 우리에게는 왜 이러한 아량이 없을까.

다행히 이제까지 표류하던 해방 전후사를 최근에 옳게 정립하려는 움직임이 나타나고 있을 뿐만 아니라 유신 독재가 성취한 산업화도 제대로 평가하려는 풍조가 나타나고 있다. 그 증거가 바로 유신 독재 시절에 최루탄에 맞서 저항하던 세대가 지난 연말의 대선에서 그 유신독재의 딸을 대통령으로 만들었다는 사실이다.

우리는 사상계를 통해 나타난 장준하 선생의 냉철하고도 정확한 역사인식과 그분의 고매한 인품에 감동을 받는 동시, 한국 사회도 이제 성숙한 균형감각을 가지고 국가의 미래를 헤쳐나가기를 간절히 바라는 바이다.

〔2013년 2월호〕

북행한 황소 행렬이 남긴 메시지

1998년 6월 16일은 남북한의 우리 동포 모두에게 막연하나마 통일의 가능성을 보여준 감동의 날이었다. 반세기가 넘는 기나긴 세월, 국토 분단의 비극을 상징하던 판문점의 굳게 닫힌 문을 이날에는 쌍방의 경비원들이 다정한 미소를 교환하면서 함께 활짝 열었다. 이 열린 문을 통해 분단의 역사에서 처음으로 민간인이 육로로 방북한 것이다. 이날의 이 방북은 현대그룹의 서산 목장에서 기른 황소 1,000 마리를 100대의 현대 트럭에 싣고 이 문을 통해 북쪽으로 떠났던 것이다. 길게 뻗은 이 장엄한 행렬의 선두에는 현대 자동차가 제작한 검은색의 고급 승용차 다이너스티가 달리고 있었다. 그 차에는 이 역사적인 행렬을 만들어낸 현대 그룹의 정주영 명예회장이 타고 있었다.

정주영 회장은 젊은 시절에 웅지를 품고 아버지의 소 판돈 70원을 가지고 집을 떠나 온갖 역경을 이겨내고 드디어 대 재벌의 총수가 되어 오늘의 이 행렬을 이끌고 달리는 것이다. 따라서 이 행렬은 정주영 회장이 그 옛날 빚진 소 한 마리를 1,000 마리로 갚기 위해 지금 금의환향하는 것이다.

정주영 회장의 이 소떼 행렬이 평양에 도착한 이틀 뒤에 또다시 놀라운 일이 벌어졌다. 그것은 정주영 회장과 김정일 북한 국방위원장이 손을 맞잡고 카메라 앞에 포즈를 취했기 때문이다. 이제까지 좀처럼 대중 앞에 그 자태를 나타내지 않던 김정일 위원장이 그들에게는 타도의 대상인 남조선의 부르주아 반동분자를 만나 뵙기 위해 그가 유숙하고 있는 호텔까지 제 발로 와서 정주영 회장의 손을 꼭 잡고 다정하게 선 모습을 보고 우리는 마치 통일이 당장 이루어질 듯한 희망에 부풀었던 것이다. 그러나 안타깝게도 김정일 위원장은 황소 1,000마리와 대형 트럭 100대를 삼켜버린 뒤에는 언제 그런 일이 있었느냐는 식으로 숨어버렸다.

그로부터 2년 뒤인 2000년 6월 13일에 또다시 감격적인 사진을 접하게 되어 통일을 염원하던 우리를 들뜨게 만들었다. 그것이 김대중 대통령과 김정일 위원장이 평양의 순안 비행장에서 뜨겁게 포옹하는 장면이었다. 그 며칠 뒤에는 평양의 어느 야외 광장에서 김정일을 가운데 두고 오른쪽에는 김대중 대통령이, 왼쪽에는 이희호 여사가 나란히 서로 손을 맞잡고 통일의 노래를 부르며 행진하는 사진도 나타났다. 그래서 우리는 당장 통일이 이루어질 듯한 기쁨을 느꼈다. 그러나 이때도 김정일 위원장은 6억 불이라는 막대한 돈만 챙기고 뒤에서는 무력도발을 자행하였다.

그 무력도발이 1999년 6월 14일의 제1차 연평도 해전이며, 2002년 6월 29일의 제2차 연평도 해전인 것이다. 특히 제2차 연평도 해전을 일으킨 2002년 6월 29일은 서울에서 우리 축구팀이 월드컵 4강전을 벌인 감격스러운 날이었다.

북한은 본시 평화 무드가 나타나면 자칫 자신들이 현재 누리고 있는 체제가 흔들릴까 겁나서 내부 단속을 하느라 이렇게 무력 도발을 감행해서 긴장을 고조시킨다.

김정일은 무력도발뿐 아니라 핵 개발에도 여념이 없었다. 그들은 핵 개발을 추진하다가 1994년에 김일성이 사망하고 나서 100만이나 되는 아사자가 나타날 정도로 경제가 파탄나 핵 개발을 중단하지 않을 수 없게 되었다.

그때 당시 북한은 붕괴될 조짐까지 나타나 황장엽 선생은 이에 대한 수습책을 강구하고자 사랑하는 가족을 남겨둔 채 1997년에 황급히 남한으로 달려왔던 것이다. 그런데 불행하게도 바로 다음 해인 1998년부터 햇볕정책이 시작되어 죽어가던 김정일 위원장을 되살려 핵 개발도 다시 계속하게 했던 것이다. 그리하여 북한은 2006년 10월에 제1차 핵 실험을 했고, 2009년 5월에 제2차 실험을 했으며, 제3차 실험을 지난 2월 12일에 강행했다.

이와 같이 북한의 권력 실세들은 교묘하게 실속만 챙기고서는 바로 문단속을 강화한다는 사실을 우리는 눈여겨봐야 하겠다. 그들에게 개방은 죽음을 뜻하는 것이다. 김정일이 지난 2001년 1월에 중국으로 가서 상해의 포동지구 전망대에서 휘황찬란한 발전 모습을 바라보고 경탄한 나머지 "상전벽해를 이루었다."고 표현해 세계의 여론은 그가 중국을 본 따서 곧 개방할 것으로 점쳤다. 그런데 김정일은 귀국하자 개방은커녕 오히려 내부 단속을 강화했다.

위에서 언급한 사실들을 감안할 때 우리 사회의 일각에서 주장하는 감상적 통일론이 얼마나 비현실적이라는 결론에 도달하게 된다. 북한을 따뜻하게 감싸주면서 통일로 유도하겠다는 그 논리가 바로 햇볕 정책인 것이다.

그 햇볕 정책을 지난 10년 동안 실시해 본 결과 우리가 베푼 온정은 핵무기가 되었고, 우리는 정신적 무장해제를 당했다. 우리는 이제 독일의 통일에서 어떠한 해답을 찾아야 하겠다. 독일의 통일은 브란트 총리의 동방 정책이 이루어낸 것이 아니고 아데나우어 총리가 주장한 힘의 우위가 만들어 냈다는 것이 전문가들의 지배적인 결론이다. 우리 한반도의 통일도 역시 힘의 우위 이외에는 대안이 없다고 나는 믿는다.

〔2013년 3월호〕

부녀 대통령에게서 느껴지는 어떤 예감

우리 조국 대한민국의 현대사는 격랑의 연속이었다. 그 격란의 역사는 아슬아슬한 고비마다 신기하게도 기적을 일으켜 위기를 기회로 만들었다. 이러한 기적들이 있었기에 재기의 가망조차 없던 나라가 반세기 만에 경제 대국이 되어 오늘날에는 국제사회의 중심 국가로 당당하게 자리매김하고, 이번에 또 하나의 새로운 기적을 창출해 냈다. 그것이 바로 세계 역사에서 좀처럼 보기 드문 부녀 대통령의 탄생인 것이다.

이러한 연유에서 박근혜 대통령에 대해 좀 더 상세하게 알고자 나는 여기저기서 자료를 수집해 분석하는 과정에서 문득 어떤 예감을 느꼈던 것이다. 그 예감이 박근혜 대통령의 임기 5년 동안 한반도에 통일의 서광이 비칠 것이라는 느낌인 것이다. 나는 이들 자료에서 박근혜 대통령만의 특성을 발견했다. 그 특성은 뛰어난 위기 관리 능력과 매우 강한 책임 의식, 그리고 훌륭한 덕성으로 요약된다.

박근혜 씨가 1979년 10월 26일에 아버지를 잃고 청와대를 떠나 18년 동안 조용히 은둔 생활하다가 정치에 처음으로 뛰어든 것이 1997년에 IMF 위기로 나라 경제가 휘청거릴 때였다. 그녀는 이 어려운 시기에 나 혼자 이렇게 편안하게 산다면 죽어서 부모님을 떳떳하게 대할 수 없을 것이라는 절박한 심정에서 그 해 12월 19일의 대선을 불과 9일 앞둔 12월 10일에 한나라당의 이회창 후보에 대한 지지를 선언하면서 정계에 입문했던 것이다.

연이어 1998년 4월 2일의 15대 국회의원 보궐 선거에서 아버지가 그 옛날 교편생활을 하던 문경에서 한나라당 후보로 출마하려고 했으나 한나라당 지도부의 권유를 받아들여 열세에 몰린 달성에서 출마해 당선됨으로써 정치 전면에 등장하고, 그 뒤에 그녀의 뛰어난 위기관리 능력이 나타나기 시작했다.

그녀가 속해 있던 한나라당이 2002년 대선에서 패배하고서는 바로 차떼기 사건이 터졌고, 연이어 노무현 대통령 탄핵의 역풍까지 겹쳐 2004년 4월의 총선에서는 전멸될 수밖에 없는 위기에 몰렸다. 그래서 총선을 불과 한 달 앞둔 3월 23일에 열린 전당대회에서 그녀는 당 대표로 선출되어 구원 투수가 되었다. 당 대표로 뽑힌 그녀는 쓰러져 가는 당의 면모를 일신하고자 여의도 중소기업 전시장 부지에 천막을 치고 당사를 이곳으로 옮기고서 과거를 반성하는 동시 모든 기득권을 내려놓고 새로 출발하겠다는 각오를 국민에게 다짐했다. 그리고 연이어 치러진 4 · 15의 총선에서 전국을 누비면서 지지를 호소했다. 그 결과 열린우리당이 싹쓸이할 것이라는 예상을 뒤집고 한나라당은 121석을 얻는 기적을 나타냄으로써 그녀의 위기관리 능력은 여실히 나타나 일찍이 대권주자로 부상했다. 그녀는 2007년의 대선에 처음으로 도전했다가 당내 경선에서 이명박 후보에게 패배하자 이에 깨끗이 승복하고 바로 이명박 후보를 위한 선거 유세에 몰두했다.

2011년 10월의 보궐 선거에서 실패하고 한나라당은 또다시 큰 위기에 몰리자 당에서는 그녀를 비상대책위원장으로 뽑아 재차 구원투수로 앞장 세웠던 것이다. 그녀는 당명을 새누리당으로 바꾸고 강력한 지도력을 발휘해서 2012년 4월의 총선에서 뜻밖에 과반수가 넘는 152석을 차지해 또다시 위기관리 능력을 유감없이 발휘했다.

다음, 그녀의 남다른 책임의식을 살펴보고자 한다. 그 책임의식은 아버지가 불의에 돌아가신 1979년 10월 26일의 새벽에 나타났다. 이날 새벽 김계원 비서실장이 황급히 아버지의 비보를 알리자 그녀는 비탄하기에 앞서 첫마디가 "전방에 이상이 없습니까?"라고 안보부터 챙겼다는 일화는 이미 널리 알려져 있다. 그녀는 2006년의 지방 선거에서 서울시장에 출마한 한나라당의 오세훈 후보를 위한 유세 도중 신촌 로터리에서 괴한의 커터칼 테러를 당해 입원해 있을 때에도 병상에서 선거전을 챙겨 이때에도 예상을 뛰어넘는 성과를 거두었다.

그녀의 훌륭한 덕성은 문세광의 흉탄에 돌아가신 어머니를 대신해서 퍼스트레이디로서의 역할을 할 때에 나타났다. 그녀는 22세 때에 어머니를 잃고 아버지가 비운에 돌아가실 때까지 5년 동안 권력의 유혹에 말려들지 않고 어린 나이에 퍼스트레이디로서의 역할을 훌륭하게 수행해 세간의 칭송을 받기도 했다.

박근혜 대통령이 지니고 있는 이러한 여러 가지 특성은 그의 아버지인 박정희 대통령과 흡사한 점이 많아 매우 흥미롭다. 박정희 대통령은 조국 근대화라는 목표를 향해 유신 독재라는 혹독한 비난도 후세의 사가에게 맡기고 민주주의도 잠시 정지시켰다. 그가 만일 유신독재라는 비난을 두려워했더라면 오늘의 경제대국이 탄생했을까 되새겨 본다.

이러한 아버지의 기질을 어느 정도 닮은 박근혜 대통령의 지난 2월 25일의 취임식 녹화를 자세히 보면서 나는 그분의 임기 5년 동안 한반도에 새로운 기적이 일어날 듯한 예감을 느꼈던 것이다.

〔2013년 4월호〕

고국방문의 비행기에서

이번의 고국 방문 길은 유달리 경쾌하기만 했다. 그것은 지난날 해마다 거의 한 두 번씩 찾던 고국을 이번에는 2년 만에 간다는 설레임 때문이다. 이 모처럼의 즐거운 여행길에 기왕이면 알래스카의 맥킨리 산도 내려다보고 싶어 나는 항공기의 우측 창가에 자리 잡았다. 그러나 안타깝게도 구름이 계속 시야를 가려서 볼 수가 없었다. 다행히 캄차카 반도 상공에서부터 구름이 걷혀서 지구의 저 북쪽에 끝없이 펼쳐진 광대한 설원을 바라볼 수 있었다.

나는 이때 기내 좌석 앞에 설치된 내비게이션에 나타나는 우리 비행기의 항로와 창문에서 아득히 내려다보이는 지상의 현상을 대조해 보면서 인간이 발명한 과학의 신비를 새삼 실감했다.

이번 여행에서 이렇게 내비게이션에 나타나는 항로를 주의 깊게 관찰하다 보니 우리 비행기의 항로가 지난날 공산당이 지배하던 소련 시절의 항로와는 많이 달라졌다는 사실을 발견했다. 공산 소련 시절에는 이곳이 우리에게 무서운 곳이었다. 이곳은 1980년 9월 1일 새벽에 우리의 대한 항공기를 소련 영공에 너무 가까이 접근했다는 이유로 소련 전투기가 공격해 승객과 승무원 269명이 한꺼번에 수장당한 무서운 곳이었다. 그 소련이 무너지고 러시아로 바뀐 오늘날에는 그 공포의 영공을 유유히 항진하고 있으니 격세지감을 느낀다. 내비게이션에 나타나는 항로는 사할린을 지나자 바로 기수를 돌려 일본 열도의 태평양 연안을 따라 남하하다가 동경 인근에서 일본 본토를 가로질러 동해 상공으로 빠져나갔다.

이때 창밖을 내다보니 시야는 온통 푸른 바다뿐이었다. 연이어 내비게이션에 삼척 부근이 나타나 나는 바로 창밖을 내려다보니 과연 푸른 바다는 사라지고 험준한 산들이 나타났다. 저 산들이 백두대간이니 우리는 드디어 조국의 상공을 날아가고 있는 것이다.

1만 미터 상공에서 내려다보는 조국의 산하는 보기만 해도 어머니의 품속처럼 포근한 느낌을 준다. 저곳은 내 땅이며 내 조상들이 묻힌 곳이다. 저 땅에서 지난날 우리 어머니들은 삼복더위에서도 베틀에 앉아 실오리를 다듬었고, 우리 아버지들은 밭을 갈아 씨를 뿌리고, 익어 가는 벼 포기를 만지면서 풍년을 염원했던 것이다.

그러기에 저 땅에는 우리 백성들의 애환이 서려있고, 우리만의 정서가 담겨 있다. 비행기에서 내려다보이는 저 조국에는 내 어린 시절의 아름다운 추억들이 그대로 남아있다. 아지랑이 피어오르는 화창한 봄날, 학교에서 돌아오는 길에 뻐꾹새와 종달새의 지저귀는 소리가 들리는 산자락에서 또래들과 함께 책보자기를 허리에 둘러차고 진달래를 따먹기도 하고 냇가에서 뛰놀며 버들강아지의 부드러운 촉감을 느껴보기도 했다. 창 밖에는 때때로 뭉게구름이 솜뭉치처럼 떠있다. 그 구름은 내 어린 시절에 쳐다보던 뭉게구름이었다. 나는 어린 시절 학교에서 돌아오는 길에 뭉게구름이 나타나면 그 구름이 그렇게도 반가웠다. 그 구름 속에서 선녀들이 춤추는 듯했고, 그 구름 속에는 갓 시집간 누님의 그리운 얼굴이 나타났기에 나는 늙어가는 오늘에도 뭉게구름이 그렇게 반가울 수가 없다.

비행기 창가에 기대앉아 조국의 산하를 이렇게 내려다보고 있는 사이 비행기는 어느덧 백두대간을 지나 시원하게 뻗은 도로망과 잘 정리된 농경지, 그리고 도시의 하얀 건물들이 선명하게 보이는 내륙 위를 날고 있었다. 우리 비행기는 수원 상공에서부터 서서히 기수를 낮추기 시작한다.

저녁노을에 물든 인천 국제공항이 가까워지면서 우리 비행기는 공항 배후도시 위를 미끄러지더니 드디어 공항 활주로에 사뿐히 내려앉았다. 나는 이때 창문에서 여러 갈래로 뻗은 공항의 활주로를 유심히 살펴봤다.

우리의 인천공항은 규모 면에서 미국의 케네디 공항이나 시카고 공항에 비해 손색이 없다는 사실을 목격했다. 이 인천공항은 현재 일본의 나리타공항이나 대만의 중정공항을 제치고 동북아시아의 허브 공항으로 자리매김하고 있다는 평가가 과장이 아니라는 사실도 확인했다. 이곳을 이용하는 승객의 대부분이 중국이나 동남아시아로 갈아타는 환승객이 차지하고 있다는 사실에서도 이 공항의 높은 위상을 실감 나게 했다. 공항에 내려 입국 수속도 소문대로 매우 신속하게 처리되어 금방 출구로 나왔다.

인천공항은 승객들의 출입국 수속은 물론 화물 처리에 있어서도 해마다 세계 1위의 자리를 지키고 있다는 것이다. 공항 내부도 널찍하고 곳곳에 조성된 실내 녹지대가 이곳을 이용하는 여행객들을 즐겁게 해 준다. 나는 흐뭇한 마음으로 입국 수속을 마치고 공항을 빠져나와 시내로 향하면서 한강 변의 휘황찬란한 야경에 매료되었다.

(2013년 6월호)

6 · 25 전쟁의 역사적 진실

우리 민족에게는 잊으래야 잊을 수 없는 6 · 25 전쟁도 60여 년이라는 세월 속에 점차 희미해지고 있다. 그러면서도 6 · 25 전쟁에 대한 역사적 인식은 정치적 이념에 따라 상반된 견해가 나타나 아직도 혼선을 빚고 있는 실정이다. 역사학자뿐만 아니라 최근에 공개된 구소련이나 중공의 비밀문서에서도 6 · 25 전쟁은 분명 북한이 도발한 남침인데도 불구하고 우리 사회의 일부 급진좌파는 6 · 25 전쟁을 남한에서 먼저 일으켰다는 소위 북침설을 주장하는가 하면 6 · 25 전쟁을 통일전쟁이라고 미화하기도 한다.

6 · 25 전쟁에 대한 인식이 아직도 이렇게 엇갈리고 있는 이 때에 나는 내가 확보하고 있는 자료와 지난날 내가 겪은 현장을 참고로 해서 여기에 내 의견을 밝히고자 한다. 내가 참고한 자료 중에는 보수와 진보 성향의 역사학자들이 공동 집필해서 지난 2008년에 도서출판사 기파랑에서 발간한 대안 교과서 한국 근현대사라는 책도 들어있다

이 자료에 의하면 6 · 25 전쟁의 근원은 한반도를 두 동강 낸 38선에 있다는 사실이 밝혀졌다.

38선은 우리가 만든 것이 아니고 제2차 세계대전의 전후처리를

위해 열린 얄타 협정에서 스탈린이 제기해 만들어진 것이다. 1945년 2월 4일부터 11일까지 8일 동안 영국의 처칠 수상, 미국의 루스벨트 대통령, 그리고 소련의 스탈린 서기장이 함께한 이 얄타 협정에서 스탈린의 제안으로 한반도를 38선으로 분단하고 이남에는 미군이, 이북에는 소련군이 진주하기로 결정했다. 이것이 바로 우리 민족을 울린 이른바 얄타 비밀 협정인 것이다.

이렇게 결정된 38선이 그 뒤에 열린 포츠담 회담에서 구체화하였다. 1945년 7월 17일부터 8월 2일까지 장장 17일 동안이나 열린 포츠담 회담은 완전히 스탈린의 독무대가 되었다. 그것은 포츠담 회담을 앞두고 미국의 루스벨트 대통령이 갑자기 뇌일혈로 사망해 트루먼 대통령이 대신해서 처음 나왔고, 영국의 처칠 수상도 회담 도중 새로 선출된 노동당의 아틀리 수상에게 자리를 물려주고 떠났기 때문이다.

이렇게 종래 일련의 회담을 주도하던 처칠과 루스벨트 대신에 애틀리와 트루만이 처음 나왔으니 스탈린이 주도적 역할을 했다. 스탈린은 세계 지도를 걸어 놓고 이 지도에 자기가 앞으로 손아귀에 넣을 위성국가를 마음 내키는 대로 색칠하면서 북조선까지도 이에 포함시켰던 것이다.

그 후속 조치로 스탈린은 8월 9일 일본에 선전 포고하고 바로 만주와 북조선을 침공했다. 침공 당시 일본은 이미 두 번이나 원자탄 공격을 받고 빈사 상태에 빠졌으니 스탈린은 공짜로 이 지역을 무혈점령한 것이다.

스탈린에게 북조선은 매우 중요한 곳이다. 소련은 본시 제정 러시아 때부터 겨울에도 얼지 않는 항구 부동항을 얻으려고 남진 정책을 폈던 것이다. 그래서 북조선을 이번 기회에 위성국가로 만들고자 점령군 사령관 치스차코프 장군에게 지령을 내려 치밀한 정략을 세웠다. 이에 따라 해방 직후인 10월 8일부터 10일에 평양에서 5도 인민위원회 대표자 회의를 열고 33세의 김일성을 위원장으로 하는 사실상의 단독정부를 세웠다. 김일성은 남북한에 연결된 철도, 도로, 우편, 전화선과 전력까지 차단하는 등 일찍이 분단 조치부터 취했다. 이와 동시에 대형 건물에는 스탈린 대원수의 초상화와 '우리 조국 소비에트 동맹 만세' 라는 현수막을 내걸었다.

당시 북청읍에 있는 농업학교의 졸업반에 다니던 우리가 이 현수막을 찢어버리고 동맹휴학을 선동해 나를 포함한 3명이 무기정학 처분을 받고 결국 졸업식에도 참석 못했다. 다행히 제적은 면했다. 해방 직후였으니 이 정도의 가벼운 처벌로 끝났지만 이것이 만약 그 뒤였다면 나는 요덕수용소에 갇혔을 것이다.

소련군은 압록강 수풍댐의 발전기와 각지의 공장 시설을 뜯어가고, 식량까지 현물세라는 명분으로 약탈해 본국으로 실어갔다. 이 때문에 식량난까지 겹쳐 1945년 11월 23일에 신의주 학생 사건이 터졌고, 다음 해 3월 13일에는 함흥에서도 학생 사건이 일어났다. 이들 학생 사건은 모두 소련군에 의해 살상 진압당했다.

점령군 사령관 치스차코프 장군의 비호를 받고 실권을 장악한 김일성은 인민군을 창설하고, 1949년 3월에 스탈린을 찾아가 남침 계획을 설명하면서 지원을 요청했다.

이때 스탈린은 미군이 현재 남한에 주둔하고 있기 때문에 안 된다며 거부했다. 그런데 미국이 바로 남한에서 군사고문단(KMAG)만 남겨놓고 철군하는 동시에 한국을 극동 방위선인 애치슨라인에서 제외하자 이에 고무된 김일성은 1950년 3월에 박헌영을 대동하고 다시 스탈린을 찾아갔다. 이때 스탈린도 이 기회를 놓칠세라 승낙하고 바로 탱크까지 본격적으로 지원했다.

스탈린의 승낙을 받은 김일성은 본격적으로 전쟁준비를 서둘면서도 겉으로는 평화공세를 폈다. 김일성은 남한에 붙잡힌 거물 간첩 이주하와 김삼룡을 자기들이 억류하고 있는 조만식 선생과 교환하자며 유화적 제스처를 보였다. 김일성의 이러한 평화공세에 말려들었는지 남한에서는 북한의 군사적 동향을 전연 눈치채지 못하고 있었다.

그 대표적 사례가 6 · 25 전쟁이 일어나기 바로 전날 저녁에 나타났다. 토요일인 이날 저녁 서울 용산의 육군 장교 구락부에서 낙성식 파티가 열려 전방부대의 지휘관까지 포함한 한미 두 나라의 장성들이 밤새 춤추며 놀았다. 이들이 술에 취해 비틀거리며 집으로 향하던 새벽 4시에 38선 전역에서 포성과 함께 소련제 T-34 탱크를 앞세운 인민군이 노도(怒濤)와 같이 38선을 넘어 일제히 공격해 왔다. 이 인민군 가운데는 모택동이 지원한 2개 사단의 조선족 출신 군대도 끼어 있었다.

이때 스탈린이 미처 예상치 못한 뜻밖의 상황이 벌어졌다. 그것은 한국에서 이미 완전히 손을 뗀 것으로 여겼던 스탈린의 예상과는 달리 트루먼 미국 대통령의 즉각적인 미군 파병 명령과 동시에 UN 안보리의 소집 요구였다. 그런데 트루먼의 요구에 따라 열린 이 UN 안보리에 소련 대표 말리크가 웬일인지 나타나지 않아 UN의 파병 결의안이 순조롭게 가결되었다. 만일 말리크가 그 자리를 지켰더라면 거부권을 행사해서 UN 결의안은 무산됐을 것이다. 그런데 말리크는 이 중대한 안보리에서 자리를 이탈했으니 그는 당연히 대표직을 박탈당하고 본국으로 소환되어야 마땅한데 계속 그 자리에 앉아 6 · 25 전쟁의 휴전 협상까지 주도했으니 이는 분명 수수께끼가 아닐 수 없다.

이 수수께끼가 최근에 풀린 비밀문서에서 밝혀졌다. 스탈린은 이 예상치 못한 미군의 참전에 대응하고자 6 · 25 전쟁에 UN군을 끌어들여 국제전으로 확대시키는 것이 차라리 유리하다고 판단한 것이다. 스탈린의 입장에서는 극동문제에서 앞으로 이해관계가 상충될 중공군을 6 · 25 전쟁에 개입시켜 전력을 약화시키려고 했던 것이다. 그래서 스탈린은 UN 결의안이 가결되도록 말리크를 고의로 불참시켰던 것이다.

진실로 스탈린의 가공할 음모인 것이다. 이렇게 무서운 스탈린은 6 · 25 전쟁이 한창이던 1953년 3월에 사망했다.

이와 같이 모든 사실이 객관적으로 밝혀졌으니 6 · 25 전쟁을 이제 더 이상 북침이니 통일전쟁이라고 주장할 수 없을 것으로 믿는다. 그런데 우리 사회에서는 대북 문제를 아직도 정치적 이념이나 개인적 이해득실에 따라 자의적으로 해석하기 때문에 계속 갈등을 빚고 있으니 안타까운 일이다.

한반도가 분단된 초기에 북한은 정치적으로나 경제적으로 남한보다 월등히 유리한 위치에 있었다. 북한은 해방된 그해(1945)에 이미 김일성을 위원장으로 하는 국가 형태를 갖추고 모든 시책을 일사불란하게 밀고 나갔다. 이에 반해 남한은 남로당이나 좌우 합작 문제로 시끄러웠고 게다가 대구 폭동과 제주 4 · 3 사건, 그리고 여순 반란사건이 터져 혼미를 거듭했다.

경제적 측면에서도 60년대까지 북한은 지하자원과 수력발전을 이용한 공업으로 남한을 훨씬 앞섰다. 이렇게 앞서가던 북한의 경제가 남한에 뒤쳐지기 시작한 것은 70년대 초부터이다. 북한은 그 뒤에도 계속 어려움을 겪고 있으니 그 까닭은 무엇일까. 그것은 사회주의 체제에서는 어쩔 수 없는 보편적인 현상이다. 본시 개인의 창의와 경쟁이 배제되고 오직 중앙 통제로 이끌어가는 사회주의 경제체제이기 때문이다.

그 좋은 예가 바로 체코, 헝가리, 폴란드 등 동유럽의 그 잘 살던 나라들이 소련의 위성국이 된 뒤에 나타난 비참한 현상인 것이다.

이제 북한이 살 수 있는 길은 중국처럼 정치는 비록 공산체제를 유지하더라도 경제는 자유 시장 체제로 개방하는 것뿐이다. 그러나 그 개방도 이제 시기를 놓치고 말았다. 북한이 인제 와서 개방한다면 체제가 당장 무너진다. 따라서 어쩔 수 없이 핵으로 버티고 있지만 그 핵으로 인해 현재 국제적 고립을 자초하였으니 북한은 진퇴양난에 빠지고 있다. 게다가 이제까지 그들을 감싸주던 중국마저 이번에 박근혜 대통령의 방문을 계기로 우리와의 관계가 돈독해졌으니 통일의 서광까지 보이는 듯하다.

이렇게 오늘의 현실을 차분히 분석해 보면 6 · 25 전쟁의 역사적 진실이 뚜렷하게 보인다. 우리는 이제 6 · 25 전쟁에 대한 소모적인 논쟁을 지양하고 통일 준비에 힘을 모아야 할 것이다.

〔2013년 7, 8월호〕

두 침략국, 일본과 독일의 차이

일본은 주변국을 침략하면서 천인공노할 범죄를 저지르고도 반성은커녕 최근에는 그 침략을 오히려 정당화하고 있는 반면에 같은 침략국인 독일은 일찍이 사과를 하고 배상까지 끝냈다. 뿐만 아니라 같은 침략이라도 일본의 침략과 독일의 침략은 그 양상이 매우 대조적이다. 일본의 침략은 100년이라는 긴 세월에 걸쳐 계획적으로 저질렀는데 반해 독일의 침략은 1933년에 집권한 히틀러가 이끄는 나치스 집단이 1945년까지 12년 동안 저지른 범죄인 것이다.

일본의 침략은 1592년부터 7년이라는 긴 세월에 우리를 괴롭힌 임진왜란을 들 수 있으나 근세사에 기록된 침략은 1868년에 시작한 명치유신을 계기로 자행되었다. 그 당시 일본은 대한제국을 지배하기 위해 경쟁관계에 있던 청국과 러시아를 물리치려고 군비를 증강해 1894년에 청일전쟁을, 1904년에는 러일전쟁을 일으켜 두 나라를 패망시키고 대한제국을 독차지해 식민지로 삼았던 것이다.

대한제국을 삼킨 일본은 다음 침략 목표를 중국 대륙으로 정하고, 1931년에 만주사변을 고의로 일으켜 만주를 독립시키고 괴뢰정권을 세워 이 땅을 지배했다. 연이어 중국 본토를 침략하기 위해 1937년에 중일전쟁을 일으켰고, 동남아시아와 태평양까지 지배하기 위해 1941년에 하와이의 진주만을 기습 공격해 태평양전쟁을 일으켰다.

일본은 이렇게 침략전쟁을 계속하는 과정에서 끔찍한 범죄를 곳곳에서 저질렀다. 일본은 식민지였던 우리 조선에서 처녀들을 붙잡아 위안부로 끌고갔고, 청년들을 징용이라는 이름으로 강제동원해서 광산이나 군수공장에서 힘든 일만 시켰으며, 전쟁 말기에는 우리 청년들을 전쟁터에 몰아넣었던 것이다. 일본은 중국 대륙을 침공하는 과정에서 남경의 시민 10만 명을 무참히 살육한 이른바 난징 대학살도 저질렀다.

일본은 이렇게 잔인한 범죄를 저지르고도 오늘에 이르기까지 이에 대한 배상은커녕 사과 한 마디 안 하고 심지어 위안부를 창녀로 표현하기도 하고, 이곳 미국에서는 현재 우리 동포사회가 전개하고 있는 위안부 기념비 설립을 방해하고 있는 실정이다.

그런데 독일은 일본과 전혀 다른 양상을 보였다. 독일은 1933년에 히틀러가 권좌에 오르면서 "신성한 국가를 건설한다."는 명목으로 유태인과 폴란드인, 그리고 동성애자를 청소해야 한다며 곳곳에 수용소를 만들고 이들을 색출해서는 이곳에 강제 연행했다.

나치는 1939년에 제2차 세계대전을 일으키면서 폴란드를 침공했을 때 이곳에 아우슈비츠 수용소를 설치하고 유태인과 폴란드 정치범을 이곳에 끌고 와서는 강제 노동을 시켰다.

독일은 전쟁이 끝나자 나치가 저지른 범죄에 대해 깊은 사과와 함께 배상까지 깨끗이 끝냈다.

특히 빌리 브란트 독일 총리는 1970년 12월 7일의 비 오는 날에 폴란드의 바르샤바에 세워진 유태인 희생자 위령비에 찾아가 헌화하고서는 갑자기 빗물에 젖은 땅에 털썩 무릎을 꿇고 엎드려 사죄했다. 지난 8월 20일에는 메르켈 현 독일 총리가 나치 수용소에 찾아가 93세의 나치 피해 유태인이 지켜보는 가운데 헌화하고 고개 숙여 깊이 사죄했다.

브란트 총리가 땅바닥에 엎드려 사과하는 모습이나 휠체어에 의지한 93세 피해자 앞에서 고개를 숙인 메르켈 총리의 모습이야말로 행동으로 보여준 진정한 사과인 것이다. 뿐만 아니라 독일은 자기들이 점유하고 있던 옛 폴란드의 땅인 오데르-나이세강(江)의 동부지역을 자진해서 폴란드에 돌려주기도 했다. 독도를 아직도 자기들 땅이라고 우기는 일본과 대조를 이룬다.

독일은 폴란드를 포함한 유럽지역의 유태인 희생자에게 총 890억 달러에 이르는 배상도 했다. 독일은 또한 제2차 대전에서 항복한 1945년 5월 8일을 반성의 날로 정하고 해마다 이날에는 후세들에게 지난날의 그릇된 역사를 사실대로 알려주고 있다. 독일의 이러한 모습을 볼 때 우리는 일본이 더욱 괘씸하게 여겨진다. 그러나 우리 대한민국은 이제 일본에 대한 이러한 원한에 얽매일 시간적 여유가 없다. 우리에게는 남북통일이라는 민족적 성스러운 과업이 있기 때문이다. 독일이 통일하는 과정에서 보여준 교훈대로 우리도 통일을 성취하기 위해서는 일본을 포함한 주변 국가와의 선린우호 관계를 더욱 돈독히 해야 하겠다. 그러기 위해 우리는 보다 차원 높은 시야에서 넓은 아량으로 새로운 미래를 설계하는 것이 국익에 보탬이 될 것으로 믿는 바이다.

〔2013년 9월호〕

호박꽃 예찬

흔히 '호박꽃도 꽃이냐' 고 하지만 나는 호박꽃을 좋아한다.

꽃 중의 꽃이라고 하는 장미보다 나는 호박꽃을 더 좋아한다.

여름철에 울타리를 타고 탐스럽게 뻗어가는 넝쿨 사이를 뚫고 얼굴을 내민 호박꽃은 그 어떤 꽃보다도 내게는 소중하다. 호박꽃에는 우리의 전통적 농경문화의 온갖 정서가 담겨 있기 때문이다. 장미는 화려한 자태를 뽐내며 매끄러운 도시의 정취를 풍기는 반면, 호박꽃은 어수룩하면서도 후덕하고 넉넉한 농촌의 맛을 내기 때문에 나는 호박꽃이 가장 마음에 든다.

호박은 본시 다른 농작물보다 풍성하고 빨리 자라므로 그 옛날 배고프던 시절에는 구황식품으로 농민의 주린 배를 채워 주기도 했다. 그러기에 호박꽃에는 농민의 애환이 담겨 있고 갖가지 사연들이 스며있기에 호박꽃은 늙어가는 보릿고개 세대에게 더욱 친근감을 느끼게 한다.

이러한 연유에서 호박꽃에 대한 느낌은 세대에 따라 달라지고 장소에 따라서도 달라진다. 호박꽃은 가난하게 살던 늙은 세대에게는 애틋한 추억의 꽃이지만 고생을 모르고 자란 오늘의 젊은 신세대에게는 별다른 느낌을 주지 못한다. 또한 호박꽃은 농촌의 울타리에서 볼 때와 도시의 한복판에서 볼 때의 느낌이 전혀 달라진다. 이와 같이 호박꽃은 보릿고개 세대에게 특히 유서 깊은 추억의 꽃이 되고, 도시가 아닌 시골에서 보아야 제맛을 느낀다. 이러한 호박꽃을 나는 몇 년 전 고국을 방문했을 때에 어느 산촌에서 우연히 만났다. 그 산촌은 모처럼의 기회에 고국의 가을 정취를 좀 더 피부로 느껴 보기 위해 친구와 함께 떠난 느긋한 배낭여행 중에 나타났다. 서울의 아파트 숲을 벗어나 황금물결이 넘실거리는 가을 들판에 들어서니 가슴이 탁 트이고 모든 근심 걱정은 사라지고 오직 평화만이 감도는 천국이었다. 우리는 특별한 목적지도 없이 오직 가을 풍경을 따라 시간에 구애받지 않고 경쾌한 발걸음을 옮겼다.

아름다운 농촌 풍경에 도취되어 걷고 있는데 우연히 코스모스가 줄지어 만발한 길이 나타나 우리를 놀라게 했다. 이 코스모스 길은 지난 70년대 새마을 운동이 한창이던 때 흔히 보던 농촌 길이었기에 얼마나 반가웠는지 모르겠다.

가을바람에 물결치는 이 코스모스 행렬이 마치 지나가는 우리를 반기는 듯해서 더욱 사랑스러웠다. 비탈길을 돌아서니 아늑한 동네가 나타났다. 뜻밖에 나타난 이 아담한 동네를 보자 나는 저 북녘 땅에 두고 온 고향 마을을 보는 듯해서 무의식 중에 탄성이 나왔다. 나라 전체가 아파트로 덮여 이미 사라진 것으로 아쉬워했던 전형적인 농촌 마을이 아직도 이렇게 고스란히 남아 있다는 사실이 얼마나 반가운지 모르겠다.

우리는 이 마을의 아늑한 분위기를 자칫 훼손이라도 하지 않을까 조심하면서 동네 안길에 들어섰다. 마당에는 빨갛게 물든 고추가 멍석에 널려있고, 그 옆에는 어미 소가 비스듬히 누운 채 따뜻한 오후의 햇살을 받으면서 새김질하는 모습이 한가롭기만 하다. 이 전형적 농촌 마을에는 집집마다 호박넝쿨이 울타리를 둘러싸고 있는데 그 넝쿨에는 탐스러운 호박이 주렁주렁 매달려 풍요로운 농촌의 정취를 드높인다. 호박 넝쿨의 새순에 호박꽃이 활짝 피어 있는 것을 발견하고 나는 반가운 김에 빠른 걸음으로 다가가 그 호박꽃을 살며시 만져보았다. 그 호박꽃은 분명 내 어린 시절 고향 집 울타리에 피었던 바로 그 호박꽃이었기에 나는 마치 저 북녘 땅에서 헤어진 가족을 만난 듯해서 가슴이 뭉클했다.

나는 호박꽃에 매료되어 자리를 떠나지 못하고 응시하다 보니 그 꽃에서 새로운 정취를 느꼈다. 그 호박꽃에는 도시의 세련미는 없고 오직 억세고 투박한 시골 냄새뿐이고, 꾸밈새가 없어 내 취향에 꼭 들어맞는다. 그래서인지 그 호박꽃은 부족한 나에게 앞으로 남은 여생을 어떻게 살아야 최소한의 품위라도 유지할 수 있는지 소중한 삶의 지혜를 암시해 주었다. 해가 서산으로 기울어지기 시작하더니 굴뚝에서는 저녁연기가 피어올라 산허리를 조용히 감싸고 있다.

저녁노을이 물들어 가는 이 마을에는 미움도 없고 탐욕도 없고, 오직 평화만이 감돌았다. 이 산촌은 비록 넉넉하지 못해 보이지만 그 어떤 동네보다 행복감이 느껴져 나는 이 마을에서 빈자의 행복이 무엇인지를 터득했다.

어머니의 품처럼 포근하고 따뜻한 느낌을 주는 이 산촌에서 만난 정겨운 호박꽃이 아직도 내 눈앞에 선하다. 잊지 못할 산촌의 호박꽃이다.

〔2013년 10월호〕

남북 화해협력의 허구성

지난 11월 23일은 북한이 연평도 포격 사건을 도발한 지 3주년 되는 날이었다. 2010년의 이날 낮 2시에 북한은 연평도를 삽시간에 불바다로 만들었다. 북한은 이러한 도발을 계속했을 뿐만 아니라 핵까지 개발해 남한을 위협하고 있다. 그런데 우리 사회의 일각에서, 특히 종북 좌파에서는 북한의 이러한 도발을 남한 때문이라고 우기면서 남북 화해협력을 주장한다. 좌파가 주장하는 이 남북 화해협력이 과연 맞는 말인지 객관적으로 검증하기 위해 남북관계가 가장 좋았던 햇볕정책 시기의 상황을 살펴보고자 한다.

이 햇볕정책 기간에 김대중, 노무현 두 분 대통령은 북한으로 가서 김정일을 직접 만나 막대한 돈을 주면서 손을 맞잡고 화해를 다짐했다. 분단의 역사에서 남북 관계가 가장 좋았던 이 햇볕정책 기간에 북한은 계속 도발했고 심지어 핵까지 개발했다. 그 도발이 바로 1999년 6월 15일과 2002년 6월 29일에 일으킨 연평도 해전이고 2007년 7월 12일에 금강산에서 우리 관광객을 사살한 사건이고, 2006년 10월 9일에 강행한 핵 실험인 것이다.

사실 이 햇볕정책은 화해협력을 넘어 죽어가던 북한을 살려준 것이다. 북한은 1994년에 김일성이 사망하고 나서 굶어 죽는 사람까지 속출하자 이른바 고난의 행군을 선포할 정도로 다급했다. 오죽했으면 황장엽 노동당 비서가 대응책을 마련하고자 1997년 봄에 황급히 서울로 넘어올 정도였다. 그러던 북한이 그다음 해인 1998년에 시작된 햇볕정책으로 되살아나 황장엽 비서는 결국 헛걸음을 한 것이다.

북한은 두 분의 대통령이 햇볕정책을 통해 물심양면으로 도와주고 따듯하게 감싸주었는데도 이렇게 도발했으니 남북 화해협력이라는 구호가 얼마나 허망한지 깨닫게 된다. 이러한 현실에서 우리는 통일문제를 새로운 각도에서 생각해 보아야 하겠다.

통일은 남북을 막론하고 우리 민족 모두의 간절한 염원인데도 오늘에 이르기까지 이루지 못하고 있으니 그 까닭은 무엇인가. 그것은 통일 방법이 서로 다르기 때문이다. 남한이 원하는 통일은 자유민주적 방식이고, 북한은 민중 민주적 방식이다. 쌍방은 각기 자기가 주장하는 방식을 고집하며, 그 방식이 관철되지 않으면 차라리 분단 상태를 선호한다. 이러한 상황에서 화해협력은 헛된 구호에 지나지 않는다. 따라서 우리의 통일도 결국 독일처럼 체제경쟁을 통한 힘의 논리 외에는 대안이 없다는 결론에 도달한다.

그런데 안타깝게도 근년에 우리 사회에서 통일의 열기가 점차 식어가는 듯한 느낌을 받는다. 분단의 고통을 직접 겪은 8 · 15 세대는 늙어가고 그 뒤를 이어받는 오늘의 젊은 세대는 통일비용이 두려워 차라리 분단된 현실에 안주하려는 소극적 태도를 보이고 있다. 여기에 곁들어 우리 주변에는 아직도 북한을 감싸는 세력뿐만 아니라 북한을 노골적으로 찬양하는 무리가 있기 때문에 북한은 적화통일의 미련을 버리지 못하고 테러를 계속하고 있는 것이다. 그러나 최근에 우리 주변의 정세는 통일을 향해 매우 긍정적으로 변하고 있다. 모처럼의 이 시기에 우리는 우선 종북 좌파를 척결해 북한의 적화통일 망상을 버리게 하는 동시 북한 주민들에게 우리의 통일 의지와 온정이 스며들게 해야 하겠다. 때마침 북한 주민들은 근년에 휴대전화와 인터넷을 통해 남한을 동경한다는데, 이 기회에 현재 남한에 거주하고 있는 3만 명의 탈북동포와 50만 명에 이르는 조선족을 더욱 따뜻하게 대하면서 이들을 통해서 북한 사람들에게 우리의 민족애를 전하는 것이다.

이에 곁들어 통일비용을 겁내는 젊은 층에게 통일 조국의 원대한 비전을 인식시키는 일이다. 통일이 되면 북한 땅은 부담을 주는 귀찮은 곳이 아니고 우리 남한의 무한한 잠재력을 분출시킬 수 있는 약속의 땅이라는 사실을 널리 알려야 한다. 통일의 그날에 우리의 막대한 유휴자본과 기술이 들어가 그곳에 잠재해 있는 인력과 자원을 결합시켜 동북아 전역에까지 파급될 거대한 개발 붐을 일으킬 것이다.

조국이 통일되면 국토 면적 22만 ㎢에 인구 7천만의 강국이 되는 것이다. 곧 전개될 우리의 미래는 밝기만 하다.

〔2013년 12월호〕

北靑소식

2012.1~2011.11

새 아침에 바라본 조국의 어제와 내일

2012년의 새 아침이 밝았습니다. 이 새 아침에 바라보이는 태평양 건너 저 조국은 유난히 찬란합니다.

그것은 이 새 아침이 우리 실향민에게 살아생전에 고향땅을 밟아 볼 수 있다는 희망을 주기 때문입니다. 지난 60여 년 동안 한반도의 북반부를 손아귀에 넣고, 대를 이어 독재하면서 우리를 괴롭히던 김정일이 사망했으니 통일의 기회가 한발 다가온 듯합니다.

그러면서도 6 · 25 전쟁 당시 우리 국군이 압록강까지 진격해서 통일을 눈앞에 두고도 그 통일을 무산시킨 중국이 이번에는 어떤 짓을 할지 걱정부터 앞섭니다. 뿐만 아니라 한국 내의 종북세력들도 무슨 책동을 저지르지 않을까 하는 염려도 하게 됩니다.

이러한 걱정 때문에 우리 사회에는 자칫 피해의식이 조성되지 않을까 우려되는데 피해의식이 지나치면 피해의식 그 자체가 새로운 피해를 줄 수도 있습니다. 이러한 연유에서 우리는 우리 조국 대한민국이 과연 어떤 나라인지 그 진면목부터 살펴보고자 합니다.

우리에게 가장 어려웠던 역사는 19세기 후반부터 20세기 중반까지라고 여겨집니다.

19세기의 우리 조국은 마치 맹수가 우글거리는 밀림에서 서로 싸우는 들소와도 같았습니다. 주변의 열강들 앞에서 우리는 4색 당파로 갈라져 서로 힘겨루기 싸움만 하였으니 나라는 쇠약할 때로 쇠약했습니다. 이 쇠약한 나라를 서로 먼저 먹으려고 청나라, 러시아, 일본이 다투었습니다.

그것이 바로 청일전쟁이었고, 노일전쟁이었습니다. 이 두 전쟁에서 승리한 일본이 결국 우리 조국을 삼키고 36년간 식민지로 착취했던 것입니다. 이렇게 암담했던 조국이 8 · 15 광복으로 겨우 독립하는 듯했으나 38선을 경계로 두 동강 났고, 연이어 6 · 25 전쟁으로 잿더미가 되었습니다.

그러던 나라에 탁월한 지도자가 나타나 민족중흥이라는 역동적인 구호로 국민을 결집시켜 민족의식을 완전히 개조했습니다. 그 결과 5천 년 동안 민족의 혈관 속에서 잠만 자던 신바람을 불러일으켰고, 그 신바람이 한민족에게 우리도 할 수 있다는 자신감을 심어 주었습니다. 그 자신감이 바로 우리 조국을 오늘의 경제대국으로 만들었고 지구촌을 열광시키고 있는 한류를 일으켰습니다.

진실로 기적 같은 일이 아닐 수 없습니다.

저 조국의 분출하고 있는 오늘의 에너지는 위기에 직면하면 그 위기를 오히려 기회로 만들고 있습니다. 그 대표적 사례가 2002년의 의정부 여학생 치사사건으로 발생한 반미 촛불시위와 2008년에 MBC의 PD수첩이 선동해서 일어난 광우병 촛불시위였습니다. 몇 달 동안 계속해서 전국을 휩쓸던 이들 촛불시위는 나라를 금방 쓰러뜨리는 듯해서 국민을 불안하게 했습니다. 그러나 이들 촛불시위는 결과적으로 국민에게 웬만한 선동에는 이제 끄떡도 하지 않는 내성을 키워줬습니다. 그 증거가 바로 이번 가을에 불거진 한미

FTA 반대 촛불시위였습니다. 종북 반미 좌파들이 이때라고 선동한 이 한미 FTA 반대 촛불시위는 온 국민이 걱정하던 당초의 우려와는 달리 며칠 만에 그냥 사라지고 말았습니다. 이번 김정일 장례를 이용해서 북측이 우리 국내에 치명적인 갈등을 부추기려고 조문단 파견 문제를 대대적으로 떠들었으나 이것 역시 아무런 실효를 얻지 못하고 말았습니다.

이제 우리의 최대 관심사는 김정일 사망 후에 전개될 사태 변화에 우리 국민들이 어떻게 대처하느냐에 달렸다고 하겠습니다. 당장 주목되는 것은 중국의 동태입니다. 근년에 주변국에 대해 안하무인격으로 설치고 있는 중국이 이번에는 조중 군사동맹을 미끼로 김정은 체제를 감싸며 자기들의 영향력을 키워나갈 것이 예상됩니다.

이에 대해 우리 국민은 종래의 이념 분쟁을 뛰어넘어 뭉친 힘으로 미국과 UN의 협조를 얻어 북한을 개방시켜 그들이 스스로 경제개발을 할 수 있도록 유도한다면 통일은 예상외로 빨리 다가올 것입니다. 통일만 성취되면 저 조국은 국토면적 22만 ㎢에 인구 7천만의 나라가 되어 미국의 증권사 골드만삭스가 이미 예언한 대로 2050년 쯤에는 세계 둘째 가는 경제대국이 될 것입니다. 지난날 인도의 시인 타고르가 한국이 동방의 등불이 될 것이라고 예언한 대로 한국 문화가 오늘날 한류라는 이름으로 세계에 흐르고 있는 것처럼 골드만삭스의 예언도 그대로 적중할 것을 믿게 됩니다.

백 년 전에 그렇게도 암담했던 저 조국이 오늘날 이렇게 변모할 것을 누가 알았겠습니까? 미래의 조국도 현재의 예상을 앞질러 발전할 것으로 믿어져 이 새 아침은 더욱 찬란합니다.

(2012년 1월호)

마틴 루터 킹 목사와 미국의 위대성

지난 1월 16일은 마틴 루터 킹 목사의 기념일이다. 미국에서는 해마다 마틴 루터 킹 목사의 생일인 1월의 셋째 월요일을 공휴일로 정하고 이날을 기념한다. 미국에 살고 있는 우리 소수민족이 킹 목사에 대해 특별한 관심을 가지는 까닭은 다름이 아니다. 우리 동포사회를 위시한 유색인종이 이 거대한 미국 사회에서 어떠한 차별도 받지 않고 법적으로 동등한 권리를 누리면서 사는 것은 바로 킹 목사와 같은 흑인 민권운동가의 고귀한 희생이 있었기에 가능한 것이다.

킹 목사는 1929년에 인종차별이 유별나게 심했던 조지아주의 애틀랜타에서 태어난 흑인으로서 보스턴대학과 하버드대학을 졸업하고 목사가 되어 인종차별을 철폐하고자 민권운동에 앞장서서 싸우다가 1968년에 39세라는 아까운 나이에 암살당했다.

미국 사회의 주류를 이루는 백인들의 입장에서 보면 킹 목사는 그들의 기득권을 빼앗은 미운 사람이다. 그러면서도 미국 사회는 이 미운 사람도 그가 남긴 숭고한 희생정신을 공정하게 평가하고, 이를 역사 앞에 오래도록 기리기 위해 워싱턴 DC의 한복판에 그의 기념관을 웅장하게 건립했으니 이것이 바로 미국의 위대성인 것이다.

그런데 우리 한국은 훌륭한 역사적 인물이 나타나도 그의 업적은 묻어두고 오직 허물만 찾아내서 역적으로 몰고 있으니 매우 대조적이다. 킹 목사는 1955년 앨라배마주 몽고메리시에서 운영하던 버스에 흑인은 앞자리에 앉을 수 없다고 규정한 조례에 항거하는 민권운동을 시작으로 인종차별 철폐운동에 앞장섰던 것이다.

이 때문에 킹 목사는 몇 차례 옥고를 치르다가 1963년 8월 28일에 워싱턴 DC에서 저 유명한 20만 민권 행진을 주도했던 것이다. 이 행진에서 킹 목사는 "나에게는 피부 색깔로 인한 차별이 영원히 철폐되리라는 꿈이 있다."고 외쳤다. 이날 킹 목사가 외친 이 절실한 꿈이 45년 만인 2008년에 오바마라는 47세의 흑인 청년을 대통령으로 탄생시켰다. 킹 목사가 이끈 이 20만 민권 행진은 1965년에 케네디 대통령으로 하여금 민권법을 제정케 해서 인종차별을 완화시켰고, 이에 따라 이민법도 개정되어 이민의 문호가 열려 한국을 위시한 아시안의 이민도 본격적으로 늘어갔다. 사실 우리의 미국 이민은 1903년에 시작되었다고 하지만 오늘의 200만 동포사회가 형성된 것은 바로 킹 목사의 희생으로 이루어진 1965년의 이민법 개정 덕택인 것이다. 킹 목사 기념관은 2006년 11월에 착공해서 일반 시민들이 모금한 1억 2천만 달러로 5년 만에 완공되었다.

이 기념관은 워싱턴 기념탑, 링컨 기념관, 제퍼슨 기념관과 나란히 우뚝 서서 미국의 위대함을 전 세계에 알리는 또 하나의 명소가 된 것이다. 이 기념관은 킹 목사가 20만 군중을 이끌고 민권 행진을 벌린 그날부터 48년 뒤인 2011년의 바로 그날인 8월 28일에 그때의 그 자리에서 오바마 대통령이 참석한 가운데 개관했다.

미국은 건국한 지 고작 200여 년 밖에 안 되는데도 이렇게 많은 역사적 인물을 발굴해서 위인으로 만들어 후손들에게 긍지와 애국심을 함양하고 있다. 그러나 5천 년의 역사를 자랑하고 있는 우리 대한민국에서는 모처럼 나타난 훌륭한 인물도 사소한 과오까지 찾아내서 죄인으로 만들고 있으니 수도 서울에는 광화문 네거리에 고작 세종대왕과 충무공 이순신 장군의 자그마한 동상뿐이다.

사실 미국이 위대한 인물로 만든 링컨 대통령도 남북전쟁을 앞둔 긴박한 시기에 자기 정책에 반대하는 언론사를 비롯해서 국회의원이나 법관 등 모든 정적을 가차 없이 탄압했다. 링컨 대통령이 저지른 이러한 과오에도 불구하고 미국 사회는 그가 남북전쟁을 승리로 이끈 공로를 높이 평가하면서 위인으로 만든 것이다.

중국의 등소평은 1966년부터 1976년까지 10년 동안 계속된 문화혁명에서 모택동으로부터 극심한 학대를 받았고 그의 아들까지도 불구가 되었다. 그러나 등소평은 집권하자 중국을 통일시킨 모택동의 업적을 기리고자 천안문 광장에 그의 대형 초상화를 게양했고, 그의 시신을 영구 보존하고 있다. 중국의 현 공산당도 청나라 왕조를 무너뜨린 1911년의 신해혁명을 주도한 손문을 위인으로 만들었고 이 혁명으로 탄생된 중화민국의 정통성을 인정하는 동시 장개석 총통까지도 그가 수행한 항일전을 높이 평가한 방대한 역사편찬을 10여 년에 걸쳐 마무리 짓고, 신해혁명 100주년이 되던 지난 2011년에 이를 공식적으로 선포했다. 마틴 루터 기념일에 즈음하여 우리는 미국의 위대함을 다시 조명해 보는 동시, 중국 공산당의 공정하고 객관적인 역사인식에도 감동받는다.

이와 반대로 우리는 아직도 해방전후사 마저 정리하지 못하는 옹졸하고도 편협한 모습에서 벗어나지 못하고 있으니 개탄할 일이다.

〔2012년 2월호〕

38선이 제작한 현대판 순애보

우리 한반도를 두 동강으로 갈라놓은 3·8 선은 우리 겨레의 가슴을 도려내는 갖가지 비극과 고통을 빚어냈다. 그 고통 가운데서 우리의 가슴을 가장 저리게 하는 것이 가족을 남과 북으로 갈라놓은 이산의 고통이다. 그 고통을 잘 나타낸 곳이 바로 남북 이산가족 상봉의 현장이다.

여기에 그 생생한 현장을 소개하고자 한다. 그 현장은 6·25 전쟁 때에 20대 초반의 신혼부부가 남북으로 헤어진 지 60여 년 만에 할머니 할아버지가 되어 만나는 애절한 자리인 것이다.

상봉의 현장에 나타난 주인공은 80대 초반에 들어선 이귀옥 할머니와 강인태라는 할아버지이다. 이귀옥 할머니는 신혼 초에 의용군으로 잡혀 북으로 끌려간 신랑 강인태를 못 잊어 온갖 고생을 마다않고 오늘까지 수절하면서 신랑을 기다렸다. 그렇게 기다리던 신랑을 상봉의 자리에서 60여 년 만에 만나는 것이다. 안내자의 인도로 상봉장에 들어선 신부 이귀옥 할머니는 꿈에 그리던 옛 신랑을 찾았으나, 그 신랑은 없고 어떤 늙은 할아버지가 앉아 있기에 두리번거렸다.

바로 그때 안내자의 소개로 두 사람은 옛 이름까지도 확인했으나 얼굴은 이미 늙었기에 옛 모습은 아무 데도 없었다. 그래서 믿어지지 않는 표정으로 서로 한참 쳐다보다가 할머니가 먼저 입을 열었다.

"당신이 정말로 강인태 맞는가요?"라며 확인하려 하자 "그렇소. 내가 강인태요."라는 할아버지의 말에 할머니는 그제야 참았던 눈물을 쏟아내며 몸을 가누지 못한 채 무의식 중에 늙은 신랑 쪽으로 비스듬히 쓰러진다. 이에 늙은 신랑이 늙은 신부를 조용히 안아 일으키니 늙은 신부는 흐느끼던 울음을 멈추고 신혼초의 그 아득한 옛 모습을 찾아보려는 듯이 늙은 신랑의 주름진 얼굴을 뚫어지게 쳐다본다. 그리고 두 손으로 늙은 신랑의 팔을 꼭 잡고 한동안 눈을 감는다.

한참 있다가 늙은 신부가 또다시 입을 연다. "의용군으로 끌려가 얼마나 고생했오?"라는 물음에 늙은 신랑은 "전쟁 중에 모진 고생은 했지만 용케 살아 남았오."라고 대답하면서 그제야 늙은 신랑도 눈물을 쏟아낸다. 이에 늙은 신부도 늙은 신랑을 따라 흐느끼다가 잠시 멈추고 눈물에 젖은 늙은 신랑의 얼굴을 만져보며 이번에는 더 애절하게 흐느낀다. 기나긴 세월에 쌓인 그리움과 한이 한꺼번에 몰아친 것이다.

이윽고 늙은 신부는 북쪽에서 이미 다른 여자와 결혼해서 3남매를 두었다는 남편의 말을 듣고 만감이 교차하는 듯 한동안 흐느끼다가 요동치는 감정을 다스리며 다시 입을 열었다. "지금 살고 있는 부인의 마음씨는 어때요?"라는 물음에 남편은 "괜찮아."라고 대답했다. 늙은 신부는 흐뭇한 표정으로 "그럼 다행이오."라고 대답하고서는 더 심하게 흐느낀다.

사실 따지고 보면 이제 와서 옛 남편이 6 · 25 전쟁에 고생했으면 어떻고, 북쪽에 살고 있다는 부인의 마음씨를 알아서 무슨 소용이 있겠는가? 그러면서도 늙은 신부는 수절하며 기다리던 남편이 죽지 않고 살아서 새로 맞이한 부인과도 행복하게 살고 있다는 사실에 질투를 내기는커녕 흡족한 표정을 짓는다. 이 표정에서 신랑에 대한 신부의 사랑이 얼마나 순수하고 지극한지 여실히 나타난다.

늙은 신부는 세파에 시달릴 대로 시달린 갈퀴손으로 늙은 신랑의 주름진 얼굴을 어루만지다가 손을 꼭 잡는다. 그리고 신혼 초에 미쳐 나누지 못한 포옹도 흉내 내 보고 얼굴도 맞대 보며 혼잣말처럼 "여보, 이제 가지 말고 이대로 함께 살아요."하며 여보라는 낱말에 힘을 주어 한마디 하고서는 조용히 남편에게 기대면서 눈을 살며시 감는다.

꿈만 같은 상봉의 시간이 어느덧 끝나고 헤어질 순간이 되었다. 이때 늙은 신부는 남편을 부둥켜안고 "가지마! 당신이 가면 나는 이제 어떻게 해!! 나는 이제 어떻게 하란 말이냐!!!"고 울부짖으면서 떨어지지 않으려고 몸부림친다. 이 애절한 이산가족 상봉의 현장은 3 · 8 선이 만들어낸 영화 현대판 순애보인 것이다. 이 영화는 어디서도 볼 수 없는 명화 중의 명화이다.

이 영화에는 감독의 연출이나 배우가 없다. 오직 그리움과 한이 맺힌 이산의 부부가 한반도의 비극을 압축해서 손수 만들어낸 것이다. 비극의 이산가족이 생긴 것은 8 · 15 광복 직후 북쪽에 공산정권이 들어서서 토지개혁과 함께 지주를 탄압하고 반동분자를 색출하면서 시작되었다. 필자도 이때에 이산가족이 된 것이다.

그 이산가족이 한꺼번에 1,000만으로 늘어난 것은 6 · 25 전쟁이 터진 1950년의 겨울이었다. 이때 우리 국군이 압록강까지 진격해 통일을 눈앞에 둔 시기에 중공군이 불시에 나타나 인해전술로 공격했다. 여기서 이른바 1·4 후퇴가 시작된 것이다. 이때 후퇴하는 UN군을 따라 노약자와 어린것들을 남겨둔 채 미군이 반격할 때까지 잠시 피했다가 곧 돌아오겠다던 3일의 약속이 영원한 생이별이 된 것이다. 이들 이산가족은 이제 망향의 한을 풀지 못한 채 하나둘씩 저 세상으로 떠나고 있다.

"통일이여 어서 오소서!!" "내가 죽기 전에 어서 오소서!!!"

〔2012년 3월호〕

건국대통령 이승만 박사가 없었더라면

지난 3월 26일은 우리의 건국 대통령 이승만 박사가 탄생하신 지 137주년 되는 날이다.

그분에게는 3 · 15 부정선거와 4 · 19 학생의거라는 실정도 있었지만, 세월이 흐를수록 그분이 남긴 위대한 업적은 점차 더 새롭게 부각되고 있다. 그분의 위업 중에서도 특히 주목되는 것은 100년 앞을 내다보는 그분만의 통찰력이다. 이승만 대통령의 그 통찰력은 오늘날 여의도의 정치꾼들이 눈앞의 표심만 바라보는 단기 안목의 포퓰리즘과 비교되어 더욱 우러러 보인다. 그 통찰력이 만들어낸 작품이 바로 농지개혁과 한미상호방위조약이다.

그분이 만일 농지개혁을 단행하지 안 했더라면 6 · 25 전쟁 초기에 농민들이 봉기해서 남한은 순식간에 무혈 점령당했을 것이다.

또한 미국이 그렇게 기피하던 한미상호방위조약도 그분의 끈질긴 투쟁이 없었더라면 성사시키지 못해 결국 소련이나 중공의 위협을 받는 대한민국에 누가 막대한 투자를 해서 오늘의 경제대국을 이룰 수 있었겠는가? 6 · 25 전쟁 초기 인민군은 파죽지세로 우리의 수도 서울을 점령하고서는 3일 동안이나 서울시내에서 허송세월했다.

만일 그때 인민군이 처음의 여세로 그냥 밀고 내려갔더라면 소총에 수류탄밖에 없던 국군은 소련제 T-34 탱크를 앞세운 막강한 인민군에게 속수무책으로 지리멸렬당했을 것이다. 이 3일간이 패주하던 우리 국군에게 대오를 정비할 천금같은 기회를 주었다. 이러한 사실을 모를 까닭이 없는 인민군이 무엇 때문에 3일 동안이나 서울에서 시간을 낭비했을까? 남조선의 농민봉기를 이제나 저제나 기다렸던 것이다.

이승만 박사는 1948년 8월 15일에 대통령으로 취임하자 바로 좌익계 인사인 조봉암을 농림부 장관에 임명하고 농지개혁부터 서둘렀다. 당시 한국 인구의 약 85%가 농민이었고, 농민의 65%가 소작농이었다.

이러한 농촌구조를 개선하지 않고서는 국가의 민주적 발전은 물론 이것이 장차 사회불안의 요인이 된다고 판단한 이승만 대통령은 농지개혁을 국정의 최우선 과제로 삼았다.

그러나 농지개혁은 벽에 부딪쳤다. 당시 한민당을 비롯한 국회의원 대다수가 지주였기 때문에 농지개혁에 대한 저항이 거셌다.

이승만 대통령은 이들의 반발을 물리치면서 조봉암 장관으로 하여금 농지 개혁을 강력하게 밀고 나아가도록 촉구했던 것이다.

그 결과 농지개혁은 6 · 25 전쟁이 일어나기 두 달 전인 1950년 4월에 분배까지 말끔히 끝냈다. 만일 농지개혁이 6 · 25 전쟁 전에 마무리되지 않았더라면 과연 어떻게 되었을까. 여기서 이승만 대통령의 위대한 통찰력이 나타난 것이다.

8 · 15 광복 직후 주한미군 사령관인 하지 중장이 내세운 정치활동 자유에 묵시적 비호를 받고 있던 남로당 당수 박헌영은 1947년

봄에 탄로 된 남로당의 정판사 위조지폐 사건에 연루되어 체포령이 내려지자 평양으로 도망가서 김일성에게 "남조선의 농민들은 인민군이 나타나면 당장 봉기해서 하루아침에 무혈 점령할 수 있다."고 보고했다. 그래서 김일성은 서울을 점령했으니 농민들이 곧 들고 일어날 것을 3일 동안이나 기다렸던 것이다. 그러나 그 기대는 빗나가고 말았다. 이로 인해 박헌영은 거짓말했다는 죄목으로 후일에 처형당했다.

이승만 대통령의 또 다른 위대한 통찰력은 한미상호방위조약에서 나타난다. 이 조약으로 한국의 안보를 세계의 최강국인 미국에게 책임 지웠기 때문에 한국에는 김일성의 도발뿐만 아니라 소련이나 중공의 위협에도 불구하고 막대한 투자가 이루어져 오늘의 경제강국이 된 것이다. 사실 그 당시 미국의 입장에서는 대한민국이라는 나라가 대단하지 않았다. 그래서 미국은 1949년에 극동방위선 애치슨 라인을 설정하면서 한국을 제외했다.

미국은 6 · 25 전쟁이 중공군의 개입으로 장기화하면서 전쟁에 지쳐 결국 소련과 중공의 위협에도 불구하고 한국에서 손을 떼려고 했다.

이에 불안을 느낀 이승만 대통령은 한미상호방위조약 없는 휴전을 결사반대하면서 미국 정부와 외로운 싸움을 계속했으나 미국은 요지부동이었다. 그 사이 휴전협정은 진전을 이루어 포로 교환도 곧 이루어질 단계에 이르렀다. 이에 이승만 대통령은 세계를 놀라게 한 사건을 터뜨렸다. 그것이 휴전을 불과 한 달 앞둔 1953년 6월 18일 야반에 단행한 2만 7천여 명의 반공포로를 석방한 것이다. 이에 미국은 결국 이승만 대통령의 요구를 그대로 받아들이지 않을 수 없었다. 미국은 한미상호방위조약의 체결은 물론 한국군 장비를 현대화하는 동시 10개 사단을 새로 창설할 군비 지원까지 약속했던 것이다.

이렇게 위대한 장기적 안목의 정치지도자를 아직도 제대로 평가하지 못하고 종북세력들에 흔들리는 한국사회가 부끄럽게 여겨진다.

〔2012년 4월호〕

광부, 간호사, 대통령 내외분의 눈물

때는, 독일이 동독과 서독으로 분단되었던 시절인 1964년 12월 10일이었다.

뤼브케 서독 대통령의 초청으로 서독을 방문 중이던 박정희 대통령은 이날 아침 서독의 수도 '본'에서 뤼브케 대통령과 함께 차를 타고 우리 광부들이 일하고 있는 '함보른' 탄광을 향해 출발하였다. 육영수 여사는 뤼브케 대통령 부인과 한차에 타고 뒤 따랐다.

이날 아침 대통령을 영접할 함보른 광산의 현지 회사에서도 귀빈을 맞이할 준비에 여념이 없었다. 이 회사에서는 갱내에서 일하고 있는 우리 광부의 일부를 이날만은 신사복 차림으로 하고, 또한 각지에 흩어져있던 우리 간호사들도 일부 참석시켜 색동옷으로 치장해 대통령을 맞이하게 했다.

오전 10시 40분, 박정희 대통령과 뤼브케 대통령이 탄 차가 탄광회사 본관 앞에 도착했다. 회사에서 마련한 악대가 주악하는 가운데 두 대통령이 차에서 내렸다. 뤼브케 대통령은 박정희 대통령 내외분에게 앞서 가기를 권하고 자신은 한발 뒤에서 천천히 따라갔다.

박정희 대통령은 감개무량한 표정으로 현관 양쪽에 도열한 우리 광부와 간호사들과 일일이 굳은 악수를 시작했는데 악수하는 광부와 간호사들은 한결 같이 상기된 얼굴로 한번 잡은 대통령의 손을 놓으려고 하지 않는다.

영부인 육영수 여사의 악수도 앞에선 박정희 대통령의 악수보다 길어지더니 그 악수는 점차 흐느끼는 소리로 변하고, 어느새 서로 끌어안고 소리 내며 울음을 터뜨리고 있었다. 박정희 대통령과 악수하던 광부들도 뒤따라 눈물을 흘리기 시작하자 박정희 대통령도 끝내 손수건을 꺼내 흐르는 눈물을 닦기 시작했다.

저 뒤에서 애틋한 표정으로 조용히 이 광경을 지켜보던 뤼브케 대통령 내외도 끝내 손수건을 꺼내 눈시울을 훔쳤고 수행원이나 기자들은 물론, 경쾌한 음악을 연주하던 악대도 연주를 제대로 못하고 이 숙연한 분위기에 눈시울을 적시고 있었다. 이 낯선 땅에서 뜻밖에 조국의 대통령을 만났으니 이들은 부모를 만난 듯이 반가워서 그동안 쌓인 한과 눈물이 한꺼번에 쏟아진 것이다. 5분으로 예정했던 현관에서의 영접이 30분이나 지난 뒤에 겨우 식장에 들어섰다. 식장 안에서도 계속하여 여기저기에서 흐느끼는 소리가 들렸다.

이런 와중에 광부들로 구성된 악대가 애국가를 선창하니 장내는 벅찬 감격으로 처음 부분에서는 우렁차게 불렀으나 뒷부분으로 갈수록 흐려지더니 결국 울음바다로 변하고 말았다.

애국가가 끝나고 장내를 겨우 진정시킨 다음, 이 탄광의 영업부장 '호르스트' 씨가 환영사를 읽었다. 그는 환영사에서 "1년 전부터 이곳에서 일하고 있는 대한민국의 광부들이 보여준 그 성실한 근무태도가 이곳에서 함께 일하고 있는 다른 나라 광부들에게 좋은 모범이 되고 있습니다. 이러한 광부들을 보내주신 대한민국의 대통령에게 감사드립니다." 라는 차분한 말에 장내는 비로소 정상을 되찾는 듯했다.

이어서 박정희 대통령이 단상에 오르자 장내는 다시 숙연해졌다.

박정희 대통령의 눈언저리는 아직도 눈물 자국이 남아 있었다. 대통령은 미리 준비한 연설문은 덮어두고 벅찬 감회로 즉석연설을 시작했다.

"광부 여러분, 간호사 여러분. 여러분이 그리운 가족을 남겨두고 머나먼 이국땅에서 이렇게 열심히 일하는 모습을 볼 때……" 이 대목에서 다시 흐느끼는 소리가 들리더니 연이어 울음바다로 변했으며 박정희 대통령도 말을 이어가지 못하고 손수건을 꺼내 계속 흐르는 눈물을 막고자 아예 수건으로 눈을 덮었다.

이날 모처럼의 만남에 반가운 눈물을 흘리던 광부와 간호사를 남겨두고 숙소를 향해 떠난 박정희 대통령은 돌아오는 차 안에서도 혼자 다시 눈물을 흘렸다. 손수건으로 눈을 가린 채 어깨가 흔들리게 울었으며, 뤼브케 대통령도 손수건을 꺼내 눈물을 닦으면서 박정희 대통령에게 앞으로 한국에서 광부와 간호사를 더 많이 초청할 것이며 차관도 더 증액하겠다는 약속을 하며 위로하였다.

훗날 뤼브케 대통령은 이날 차 안에서 박정희 대통령에게 약속한 대로 광부와 간호사 초청을 해마다 그 수를 늘렸고, 차관도 증액하여 우리나라 경제발전에 크게 기여하였다.

서독 광부 파견은 1963년에 처음 500명을 모집했는데 무려 4만 6천여 명이 지원하여 치열한 경쟁이 벌어질 정도로 일자리가 귀했다. 지원자 중에는 대학 졸업자도 적지 않았는데 이들은 학력을 고졸로 낮추고 부드럽고 매끈한 손 때문에 떨어질까 염려되어 스스로 자기 손을 연탄으로 거칠게 만들기도 했으니 참으로 눈물겨운 일이었다.

서독의 함보른 탄광에서 박정희 대통령이 광부와 간호사들과 함께 흘린 눈물은 여느 눈물과는 전혀 다른 눈물이었다. 그 눈물에는 우리 조국의 현대화를 위한 값진 철학과 확고부동한 굳은 신념이 담겨 있었다.

"눈물 젖은 빵조각을 먹어보지 못한 자는 인생을 논하지 말라."고 일찍이 독일의 세계적 문호 괴테가 말한 눈물이 바로 함보른 탄광에서 흘린 대통령의 눈물이었고, 광부들의 눈물이었으며, 간호사들의 눈물임과 동시에 나아가 우리 민족 모두의 뜨거운 눈물이었다.

이러한 값진 눈물을 흘려봤기에 우리는 배고픈 서러움이 얼마나 혹독한 것인지를 깨달았고, 한 톨의 쌀알이 얼마나 귀한 것인지를 터득했으며, 일터의 고마움을 뼈저리게 체험했고, 땀의 가치가 무엇인지 절실하게 느꼈으며, 나라와 민족이 얼마나 소중한지를 삶의 현장에서 몸소 체험했다.

이렇게 흘린 눈물이 우리에게 억센 내성을 키워주었고, 이러한 내성이 있었기에 우리는 수많은 시련을 극복하고 세계를 놀라게 한 오늘의 번영을 이루었다. 이 벅찬 감회를 안고 어려웠던 그 시절을 다시 조명해 보고자 한다.

우리는 북괴의 6 · 25 남침전쟁의 폐허에서 빠져나오려고 몸부림치며 열심히 일하고자 해도 일자리조차 없었다. 그러한 시절에 서독에 일자리가 생겨 그곳으로 떠나가던 광부들과 간호사들은 우리에게 선망의 대상이었고 나라의 희망이었다.

이렇게 시작된 파독 인력은 1963년부터 1977년까지 14년 동안 광부가 총 7만 9천 명에 이르렀고, 간호사는 1만 명이나 되었다.

이들 광부는 지하 1,000m의 탁하고 무더운 갱도에서 일하면서 하루에 한 두 차례 지상으로 올라와 시원한 콜라 한잔 마시는 것이 유일한 즐거움이었는데도 광부들은 돈이 아까워 이것마저 견디어내며 땀과 눈물로 모은 값진 마르크 외화를 고국에 송금했던 것이다.

이렇게 피땀 흘려 벌어서 보낸 돈이 그 당시 외화가 없어 쩔쩔 매던 나라에 요긴한 산업발전 자금이 되었던 것이다. 희망이라고는 아무 데도 보이지 않던 그 시절을 오늘에 와서 되돌아보면 진실로 가슴이 뭉클해진다.

1960년대 초의 우리나라 국민소득은 1인당 76달러였다. 북한은 120달러, 필리핀은 170달러, 태국은 220달러여서 우리는 북한보다 뒤떨어졌고 아시아 지역에서 꼴찌였다. 이렇게 열세에 몰리고 있던 1960년에 4 · 19 학생 혁명으로 윤보선 대통령이 이끄는 민주당 정권이 탄생하였으나 데모가 이어지고 급기야 국회에까지 난입하는 사회적 혼란이 극도에 달하였다. 그 가운데 1961년 5 · 16 군사혁명으로 정권을 장악한 혁명정부는 국가의 재건을 위해 1962년 2월 3일 경상북도 울산시의 태화강변 현지에서 최고회의를 개최하고 우리나라 유사 이래 처음으로 제1차 경제개발 5개년 계획을 수립하였음을 발표하였다. 이 회의에는 주한 사무엘 버거 미국대사와 삼성물산 이병철 사장이 유일한 경제인으로 참석하였다.

이날 결정한 제1차 경제개발 5개년 계획의 주요 개발 분야는 정유, 비료, 제철이었다. 이 야심찬 계획에 따라 공업단지를 선정하고 조성사업을 서둘렀으나 시공에 필요한 외화는 고사하고 국고예산조차 태부족하여 속수무책인 절박한 현실에서 혁명정부는 우선 외화조달을 위해 안간힘을 썼다. 심지어 엿장수가 수집한 부녀자들의 머리카락으로 가발을 만들어 수출했고, 쥐 털로 모피를 만들어 수출했으며, 처녀들을 동원해 만든 조화까지 수출했으나 그 금액이 보잘 것 없었다.

외화 확보에 몸부림치던 그 시절에 서독 광부들과 간호사들이 보내온 외화는 이 나라 경제 건설의 생명수였으며, 곁들어 서독 정부로부터 1억 4천만 마르크라는 거액 차관까지 공여받아 제1차 경제개발 5개년 계획은 비로소 탄력이 붙기 시작했다.

이처럼 애써 벌어들인 외화가 종잣돈이 되어 우리나라 경제개발에 힘찬 시동이 걸렸음을 회상하면 파독 광부와 간호사들의 피눈물 나는 현지 노동 실상은 필설로 다 못하는 극한인고의 연속이었으며, 그 희생적 공헌은 이 시대의 애국자로 상훈 받아야 마땅하다.

세상에는 갖가지 고통과 서러움이 있지만 그 중에서 가장 견디기 어려운 서러움은 배고픈 서러움이다.

"사흘 굶으면 도둑질한다."는 속담대로 배가 고프면 양심이고 인격이고 체면이고 자존심도 있을 수 없으며, "쌀독에서 인심이 나오고 쌀독에서 민주주의가 싹튼다."는 격언대로 배가 불러야 비로소 인정이 생기고 민주주의를 찾게 된다.

따라서 현대사회가 요구하는 민주주의나 인권도 배고픔 앞에서는 한낱 사치스러운 말에 불과하다. 오늘날 우리가 누리고 있는 자유와 인권은 그 원천이 종북 적색 이념 추종자들의 민주화 운동으로 이뤄진 것이 결코 아니며, 그들이 종북을 정당화하기 위한 비난을 받고 있는 박정희 대통령의 눈물이 만들어 낸 위대한 민족중흥이 모체였다.

〔2012년 8월호〕

살벌해지는 현대사회에서 절실한 농심

현대 산업사회를 살고 있는 우리는 지난날의 농경사회와는 비교도 안될 정도로 잘 먹고 잘 살고 있는데도 마음은 오히려 허기지며 살 맛을 느끼지 못하고 있다. 게다가 인심은 점점 메말라 흉악 범죄도 늘어나는 추세이고 최근에는 미성년자를 상대로 잔인한 성범죄까지 잇따라 일어나 더욱 불안하다. 사회가 이렇게 점점 더 살벌해지는 까닭이 무엇일까. 그것은 오늘의 우리 사회가 물질만능에 사로잡혀 정신문화는 오히려 황폐해지고 있기 때문이다.

우리의 전통적 정신문화는 그 핵심이 농심에 있다. 농심이란 글자 그대로 농사짓는 농민의 마음이다. 농심은 대자연을 상대로 밭을 갈아 씨 뿌리고 가꾸는 과정에서 터득한 농민들의 값진 생활철학이며 우리의 고귀한 정신문화인 것이다.

오랜 세월 농경문화에서 축적된 농심이 오늘날 산업화 과정에서 빛을 잃었기 때문에 조용하던 사회가 이렇게 무섭게 변한 것이다.

농심은 대자연을 상대하기 때문에 거짓이 없고 순수하다. 농심은 본시 뿌린 만큼 거두려고 하니 지나친 욕심을 부리지 않는다.

농심은 오로지 자연만을 상대하기 때문에 이웃과 경쟁하거나 남들과 다툴 필요도 없이 묵묵히 자기 일에만 충실하게 된다. 그러기 때문에 농심이 있는 곳에는 항상 평화가 있다.

오랜 세월에 황소와 벗 삼아 농사를 짓다 보니 농심은 황소를 닮아 아무리 힘든 농사일지라도 불평을 하거나 짜증내지도 않고 주어진 일을 조용히 한다. 농심은 손해 보는 한이 있어도 정직하게 살고자 힘쓰고 한번 약속한 일은 반드시 지키며 어려운 농사일도 서로 도와가며 오순도순 살아간다.

농심은 자기 이익보다 남을 배려하며 베풀기를 좋아하고 남에게 폐가 되는 일을 하지 않으려고 조심한다. 이러한 연유에서 농촌에는 항상 인정이 넘치며 포근한 분위기가 감돈다.

농심에는 이러한 덕성이 있기 때문에 오늘의 산업사회가 각박해지고 범죄가 기승을 부릴수록 농심이 절실하게 요구되는 것이다.

농심은 본시 순수한 대자연을 상대하기 때문에 거짓이나 술수나 기만이나 가식이 없다. 농심은 허영을 모르고 분수를 지키며 소박하게 살고자 한다. 농심은 치열한 경쟁을 피하고 이웃과 더불어 살려는 상생의 원칙을 우선하며 자신에게는 엄격하고 남에게는 관대하다. 농심은 두메산골의 열악한 오막살이라도 그곳을 편히 쉬는 나만의 안식처로 삼고 감사의 기도를 드리는 나만의 교회로 섬기며 사랑과 평화가 감도는 나만의 낙원으로 가꾸면서 스스로 행복을 만들어 간다. 이렇게 행복을 만들어가는 농심은 행복의 참뜻이 무엇인지 힘겨운 농사일을 하는 과정에서 깨달았다. 행복은 남이 가져다 주거나 돈으로 살 수 있는 유형의 물체가 아니고 오직 마음가짐 하나로 스스로 만드는 무형의 느낌이라는 사실을 체득했다.

행복은 마음을 비우고 매사를 낮은 자세로 겸허히 받아들이며 긍정적으로 살려는 마음가짐에 있다.

따라서 아무리 부귀를 누릴지라도 우월감이나 탐욕이나 이기심이 앞서면 행복을 느끼지 못한다. 행복은 천하를 호령하는 권세나 억만장자의 화려한 생활에 있는 것이 아니고 낮은 곳에서 티 없이 소박하게 살려는 순수성에 있다. 행복은 불우한 이웃을 챙기는 온정에 있고, 약자를 도우려는 의협심에 있다.

행복은 교만이 아닌 겸손에 있고, 저주 아닌 축복하는 맑은 심성에 있다. 이러한 마음가짐으로 행복을 만들어가는 농심은, 대하면 대할수록 온유하고, 사귀면 사귈수록 따뜻한 인간미를 풍기며, 접하면 접할수록 양파와도 같이 새로운 면모가 나타난다.

농심은 언뜻 연약하게 보이지만 한번 작심하면 황소처럼 뚝심으로 밀어붙이고, 한번 믿으면 우직하게 따른다. 농심의 매력은 반질거리는 도시의 조형미에 있는 것이 아니고 억세고 투박한 자연미에 있다. 농심의 진수는 화려하고도 요란스럽게 자랑하려는 과정에 있는 것이 아니고 촌스럽고 수줍어하며 숨기려는 경향에 있으며 똑똑한 도시 사람보다 어수룩한 시골사람에게서 진하게 느껴진다.

오늘날 우리 사회가 풍요를 구가하면서도 점점 살 맛을 잃어가는 까닭은 이렇게 소중한 농심을 존중하기는커녕 오히려 촌스럽다고 멸시하는 우리 사회의 전도된 가치 의식 때문이다. 우리나라가 진정 문화 선진국을 지향한다면 현재와 같이 경제발전에만 주력할 것이 아니라 오히려 정신문화의 창달에 더욱 힘써야 하며, 농촌을 사랑하고 농민을 존중하며 농심의 가치를 음미하는 사회분위기를 조성해야 한다. 그렇게 될 때 우리 사회는 무서운 범죄가 사라지고 살 맛 나는 진정한 복지사회가 될 것이다.

〔2012년 11월호〕

양극화를 부추기는 가짜 멋쟁이들

근년에 우리 사회는 양극화 현상이 심하여 일종의 사회불안 심리를 부추기고 있다. 사실 이 양극화 현상은 적자생존의 치열한 경쟁에서 어쩔 수 없이 발생하는 자연현상이다.

경쟁은 사회발전의 원동력이기 때문에 선진국일수록 더욱 치열하지만 그들 사회에서는 양극화 현상이 큰 문제가 되지 않는데 우리에게는 심각한 사회문제가 되고 있으니 그 까닭이 무엇일까. 경쟁에서 승자와 패자가 나타나는 것은 당연한 일이므로 승자라고 자랑할 것 없고, 패자라고 부끄러워하지 않는데, 우리는 이와 반대로 승자는 우쭐대고 패자는 수치로 여기기 때문이다.

우리 사회에는 유독 졸부 같은 가짜 멋쟁이가 많다. 그 까닭은 가난했던 나라가 갑자기 경제대국이 되다 보니 돈부터 생기고 사람이 미쳐 뒤따르지 못했기 때문이다. 이들 졸부가 멋쟁이 행세를 하며 가난한 이웃을 주눅 들게 해서 계층 간에 위화감을 조성한다. 여기서 우리는 진짜 멋쟁이와 가짜 멋쟁이를 잘 분별해야 한다.

옷이 날개라는 속담대로 살고 있는 우리 사회에서 자칫 겉치레에 현혹되어 가짜를 진짜로 오인하는 경우가 종종 일어난다. 진짜 멋쟁이와 가짜 멋쟁이를 제대로 구분하자면 우선 이들을 구분할 수 있는 올바른 생활철학과 가치의식을 갖춰야 하고 정확한 판단력이 필수이다.

우리 주변에는 아무리 돈 많고 권력이 있어도 검소하고, 몸을 낮추는 사람이 있는가 하면, 돈 몇 푼 있거나 쥐꼬리만 한 권력이라도 있으면 거들먹거리며 설치는 사람이 있다. 내 동창생 하나는 이름난 회사의 중역으로 있다가 그만두고 창업하여 크게 성공하였다. 그런데 그 친구는 으리으리한 외제차에 운전사를 고용할만한데도 자그마한 차를 손수 몰고 다니며, 고급 주택이 아닌 서민주택에서 살고 있다.

그는 어쩌다 모임에 나와도 평범한 옷차림으로 티를 내지 않는다. 언뜻 보기에는 구두쇠 같은 이 친구가 불우한 가정을 몇 집 선정해 놓고 10여 년 동안 남몰래 경제적 지원을 하고 있다는 사실이 최근에야 알려졌다.

영국의 맨체스터 유나이티드에서 이름을 날린 우리의 박지성 축구선수는 우리 돈으로 연봉 55억 원(1주일에 1억 원 꼴)을 받는데도 그의 사생활은 배고프던 시절과 별로 다를 바 없다고 한다. 박지성 선수는 국가대표로 인기가 절정에 올랐을 때 물러나 후배들에게 길을 터준 뒤에 축적한 재산을 사회에 환원하고자 복지재단을 설립한다니 이러한 사람들이 바로 진짜 멋쟁이인 것이다.

이와 반대로 어떤 졸부가 중국 연변의 친척집에 가서 여러 사람이 보는 앞에서 돈지갑을 꺼내 들고 100달러짜리 뭉치에서 한 장을 빼내 주면서 "이 돈으로 1년 먹고 살라." 면서 거들먹거려 그곳 사람들의 빈축을 샀다는 이야기도 있다.

동네 반상회에서 콩알 같은 다이아 반지를 끼고 화려한 옷차림으로 나타난 부끄러운 졸부도 있었다고 한다. 이런 사람들이 바로 가짜 멋쟁이인 것이다.

우리나라를 품위 있는 문화 선진국으로 만들기 위해서는 우리 모두가 슬기로운 혜안으로 가짜 멋쟁이를 가려내서 이들을 도태시키는 사회적 노력이 확산되어야 하겠다.

〔2011년 3월호〕

국회에서 낮잠 자는 북한 인권법안

독재자는 본시 자신에게 불리한 상황이 닥치면 애꿎은 국민을 못살게 들볶는 습성이 있다.

북한의 김정일도 극심한 경제난에 김정은의 후계문제와 더불어 최근에는 중동에서 독재자들이 잇따라 몰락하자 불안을 느껴 인민을 더욱 무자비하게 단속하고 있다.

이로 인해 북한의 인권상황은 날로 심각하다. 사실 북한의 처참한 인권상황은 어제오늘의 문제가 아니다. 그 대표적 현장이 바로 요덕 수용소인 것이다.

이 심각한 북한의 인권문제를 앞장서서 챙겨야 할 주체는 대한민국이다.

대한민국 헌법 제3조에 명시된 대로 북한지역도 대한민국의 영토이며 따라서 그곳에 거주하고 있는 주민도 대한민국이 보호해야 할 엄연한 대한민국의 국민이다. 그러나 현실적으로 북한에는 우리의 주권이 미치지 못하는 상황에서 최소한 인권법이라도 제정하고, 이 법에 따라 가능한 모든 수단을 동원해서 그곳 동포들의 인권을 챙겨주는 것이 주권국가로서의 마땅한 의무이다.

이와 같은 북한 인권문제의 직접 당사국 대한민국에서는 북한 인권법조차 아직 제정 못하고 국회에서 낮잠 자고 있는 동안 미국이 오히려 적극적으로 나섰던 것이다.

미국은 우선 구사일생으로 북한을 빠져나온 탈북자를 위해 2003년에 북한 난민 구호법을 제정했고, 2004년에는 북한 인권법을 제정했다.

이 법안이 상하 양원에서 만장일치로 통과하자 한국의 소위 좌파 국회의원이라는 사람들이 오히려 미국 국회에 이 법안의 철회를 요구했다.

특히 민주당의 박지원 원내대표가 2011년 5월 10일 그 자리를 물러나는 기자회견에서 "원내대표 재임 중에 북한 인권법을 저지한 것을 자랑스럽게 생각한다."고 말했으니 민주당을 위시한 좌파성향 사람들이 전매특허처럼 외치고 있는 인권은 도대체 무엇인지 앞뒤가 맞지 않는다.

미국이 북한 인권문제를 구체적으로 다루고 있을 때 대한민국 국회는 계속 모른 척하다가 2005년 8월에 당시 야당이었던 한나라당의 김문수(현 경기 도지사) 의원이 북한 인권법안을 발의했으나, 그 당시 여당이었던 열린우리당이 "김정일 위원장을 자극해서는 안 된다."며 반대해서 자동 폐기되었다.

그러던 법안이 2008년 12월에 여당이 된 한나라당 의원들에 의해 재차 발의되어 법사위에 넘겨졌으나 민주당 의원이 위원장으로 있는 법사위에서는 2년 반이 지나도록 아직까지 상정조차 안 하고 팽개치고 있다.

미국에서는 정부뿐만 아니라 민간 차원에서 더욱 활발하게 움직이고 있다. 탈북자의 대모로 알려진 수잔 숄터 여사가 이끄는 북한 인권보호 포럼을 중심으로 NGO들이 2005년부터 해마다 북한 인권 주간을 설정하고 대대적인 활동을 전개하고 있다.

서북미에 있는 고향 선교회의 윤요한 목사도 중국을 오가며 탈북 동포들을 필사적으로 돕고 있다. 뿐만 아니라, 미국의 북한 인권위원회는 지난 5월 11일에 워싱턴 DC의 국회 의사당에서 북한이 저지른 납치범죄에 관한 보고서를 발표했다.

이 행사에는 북한에 납치당한 일본, 말레시아, 태국, 싱가포르, 레바논, 요르단, 프랑스 등 12개국의 워싱턴 주재 대사들도 참석했다. 그런데 대한민국의 국회가 이 모양이니 나라 망신을 국회가 시키고 있는 것이다.

〔2011년 6월호〕

산해진미를 먹는데도 허전한 현대사회

풍요를 구가하는 현대사회에서 우리는 지난날의 가난하던 시절과는 비교도 안될 정도로 잘 먹고 잘 살고 있는데 우리의 마음은 오히려 허전하고 쫓기듯이 초조하기만 하다. 가난하게 살던 보릿고개 시절에는 배는 비록 고프면서도 마음은 항상 편하고 넉넉했는데 산해진미를 먹고 마시는 현대사회에서 배는 부른데 마음은 배고픈 듯이 텅 비는 까닭이 무엇일까? 이 물음에 대해 한국 문단의 원로였던 노산 이은상 선생은 일찍이 다음과 같이 비유한 말이 있다.

"농사짓는 사람은 어려운 농사일을 하면서도 하루 세끼 보리밥에 된장국과 김치만 먹는데도 더 이상 바랄 것 없이 배부르고 만족을 느끼는 반면, 부자 동네의 거지는 이집저집 돌아다니면서 갖가지 좋은 음식을 얻어다 아무리 먹어도 배가 차지 않는 것과 같은 현상이다."며 다음과 같이 부언했다.

"옛날 서당에서는 근엄한 훈장이 가르침으로 고작 동명선습(童蒙先習)이나 명심보감(明心寶鑑) 정도만 배우고서도 마치 득도라도 한 듯이 기쁨과 만족이 충만했는데 현대 학교의 교육에서는 수없이 많은 과목을 여러 선생들로부터 배우면서도 만족을 느끼지 못하는 것과 같은 이치라."고 묘사했다. 그 까닭을 노산 선생은 다음과 같이 풀이했다.

"옛날의 서당 훈장은 제자들을 인격적으로 대하면서 단순한 지식의 전달이 아니고 인간성과 도덕성의 함양에 힘썼는데 오늘의 학교 교육은 상업적으로 단순히 지식과 기술의 전달에 그치고 인성계발은 소홀히 하기 때문이라"고 했다. 즉, 지난날의 서당에서는 가슴을 채워줬는데 반해 오늘의 학교에서는 머리만 채워주니 허전해지는 것이다.

지난날의 농경사회에서는 오묘한 대자연의 섭리에 순응하면서 밭 갈고 씨 뿌려 가꾸면서 소박하게 살았으니 오만하거나 탐욕이 있을 수 없었고, 따라서 넉넉하지 못한 생활에도 만족과 감사와 행복이 충만했던 것이다. 그런데 현대의 산업사회에서 인간은 한없는 탐욕으로 자연의 법칙에 도전하며 스스로 기계의 부속품으로 전락해서 인간성을 상실하고 있다. 뿐만 아니라 너 죽고 나 살자는 치열한 생존경쟁에서 인정은 메말라가며 불안과 스트레스만 쌓이게 된다. 그러기 때문에 현대인은 과학문명의 혜택으로 부유하게 살면 살수록 마음은 오히려 더 허전해지는 것이다. 이러한 연유에서 오늘날 지구촌의 가난한 나라가 부자 나라보다 행복지수가 오히려 높게 나타나는 것이다.

오늘의 현대사회를 좋든 싫든 살 수밖에 없는 우리는 과연 어떻게 해야 만족을 느끼면서 살 수 있을까?

그것은 한마디로 허전해지는 공허감을 채우는 일이다. 이 공허감을 채우는 길은 돈이 아니고 오로지 정신문화에 있다. 사실 현대사회는 물질만능 또는 과학기술 만능만 믿고 인문분야는 소홀히 해왔다. 이 때문에 학계에서 근년에 인문학의 위기라는 비명소리가 들리기도 했다. 그래서 인문분야와 기술분야를 융합하려는 움직임이 활발해져서 한국에서도 과학기술을 선도하고 있는 KAIST 대학에서 최근에 인문학과 기술의 융합센터를 설립하고 저명한 석학들을 모셔놓고 기술분야와 더불어 인문분야도 소홀함이 없도록 노력하고 있다.

오늘의 기계문명사회에서 진정한 복락을 누리기 위해 절실한 정신문화 창달은 문화 예술은 물론 고도의 도덕성과 진실한 종교를 통해서 이루어진다. 특히 황금만능 시대에 돈으로 인간을 평가하는 현실에서 종교와 도덕성이야말로 오늘의 상업사회에서 나타나는 공허감을 채울 수 있는 기본인 것이다.

〔2011년 7월호〕

오늘까지의 햇볕정책을 결산해 본다

한동안 잠잠하던 대북 문제가 다시 불거지고 있는 이 기회에 그동안 논쟁이 오가던 햇볕정책을 점검해 보고자 한다.

우리 대한민국의 당면한 으뜸 과제는 재론할 여지없이 남북통일이다.

그 통일은 국내외의 정세를 감안해서 어쩔 수 없이 햇볕정책이라는 평화적 방법을 채택했던 것이다. 그 햇볕정책은 북한 인민들에게 우리가 장형의 입장에서 꾸준히 온정을 베풀어 변화를 유도하자는 것이었다. 그런데, 그 햇볕정책이 당초의 본질에서 벗어나 특정한 정치적 목적에 이용당했기 때문에 심각한 문제가 파생되어 국민적 저항을 받게 되었다.

햇볕정책의 기본은 김정일의 속셈부터 정확히 파악하는 일이다.

김정일이 노리는 통일은 어디까지나 적화통일이다. 적화통일이 안될 바에는 차라리 분단 상태를 이대로 유지하면서 현재 누리고 있는 절대 권력을 고수하는 것뿐이다. 더욱이 남한을 앞지르던 북한의 경제력이 70년대 초반부터 역전되어 그 격차가 점점 벌어져 현재는 우리와 비교도 안될 정도로 뒤떨어지고 있는 현실에서 김정일은 극도로 피해의식을 느끼고 있다. 그래서 김정일은 남조선에

먹힐까 신경을 곤두세우며 자기들의 경제적 열세를 무력증강으로 보충하고자 핵개발에 안간힘을 기울이고 있는 것이다. 따라서 우리가 김정일에게 아무리 퍼주고 아양을 떨어도 그는 교묘하게 실속만 챙길 뿐 어떠한 경우라도 핵개발만은 포기할 수 없는 절대적 과업인 것이다.

김정일의 속내를 정치에 문외한인 필자까지도 이렇게 추리하고 있는데 하물며 정치 9단인 김대중 전 대통령이 모를 까닭이 있었겠는가?

그럼에도 불구하고 김대중 전 대통령은 김정일에게 천문학적 현금과 물자를 햇볕정책이라는 이름으로 퍼주었다. 김정일은 김대중 전 대통령이 베푼 이 고마움에 보답이라도 하려는 듯이 2000년 6월에 김대중 대통령을 평양으로 초청해서 만나준 덕분에 김대중 대통령은 노벨평화상을 받는 영광을 누렸을 뿐만 아니라 역사상 처음으로 남북 정상회담을 성사시킨 대통령이 된 것이다. 김정일에게 있어서는 돈이 없어 중단했던 핵개발을 김대중 대통령 덕분에 다시 계속할 수 있게 된 것이다.

핵개발은 하루아침에 이뤄지는 것이 아니다. 김정일이 핵실험에 성공한 것이 2006년이었으니 1998년에 햇볕정책을 수립하고 돈을 퍼주자 김정일은 바로 핵개발을 재개한 것이다. 이렇게 되고 보니 김정일은 앞에서는 햇볕정책에 호응하면서 뒤에서는 은밀히 핵개발을 진행한 것이다.

김정일은 전 김대중, 노무현 두 대통령이 추진한 햇볕정책에서 재미를 톡톡히 보면서도 1999년 6월 15일과 2002년 6월 29일에 각각 서해에서 도발했고, 2007년 7월 12일에는 금강산에서 우리 관광객을 무참히 사살했다.

이명박 정부가 들어서서 햇볕정책의 실효성을 재검토하고 김정일에게 더 이상 끌려 다니지 않고 상호주의 원칙으로 나가자 김정일은 갖은 협박을 하다가 급기야 2010년 3월 16일에 천안함을 폭침시켰고, 같은 해 10월 23일에는 연평도 민가를 무차별 포격하였다.

햇볕정책의 대상은 김정일이 아닌 북한 인민들이다. 그들 인민에게 자본주의의 우월성과 우리의 온정이 스며들게 해서 서로 신뢰를 쌓자는 것이다. 그렇게 하자면 햇볕정책이 김정일에게만 햇볕을 쪼였으니 우리가 퍼준 돈으로 핵을 만들어 우리를 위협하고, 우리는 전쟁 없는 평화 무드에 빠져서 정신적 무장해제를 당한 것이다.

〔2011년 9월호〕

쏠림현상과 균형감각

우리 한국 사람은 본시 화끈한 기질이 있기 때문에 자칫 군중심리에 휘말려 쏠림현상을 일으킨다.

쏠림현상의 대표적 사례가 지난 2008년에 일어난 광우병 촛불시위였고, 현재 우리 사회에 역사적 인물을 편협적으로 평가하는 현상이 바로 그것이다. 쏠림현상은 사물을 객관적으로 보는 균형감각을 무디게 한다. 이러한 쏠림현상이 이곳 서북미 지역에서 지난 8 · 15 광복행사와 김대중 전 대통령의 2주기(8월 18일) 행사에서 나타났다.

이승만 대통령을 지지하는 측과 김대중 대통령을 지지하는 측이 서로 상대방의 업적은 묻어두고 과오만 부각시키며 편싸움의 양상을 나타내다가 다행히 바로 진정되었다.

무릇 인간은 신이 아닌 이상 공과 과가 항상 따라다니기 마련이다. 그래서 어떤 인물을 평가할 경우 그의 공과 과를 비교우위 원칙에서 판단해야 한다.

이승만 대통령의 경우 그는 8 · 15 광복 직후의 혼란스러운 국제정세에 슬기롭게 대처하면서 대한민국을 세웠고, 6 · 25 전쟁에서는 탁월한 외교 솜씨로 나라를 구해낸 공이 컸지만 부산 정치파동이나 3 · 15 부정선거와 같은 중대한 과도 있었다는 사실을 있는 그대로 평가해야 한다.

김대중 대통령의 경우도 햇볕정책이라는 말로 김정일에게 천문학적 돈을 퍼준 결과 그 자신은 노벨평화상을 받는 영광을 누렸고, 김정일에게는 핵무장을 시켰으며, 우리를 평화 무드에 젖게 해서 정신적 무장해제를 당하게 한 중대한 과를 저질렀지만 그의 민주화에 이바지한 공은 인정해야 한다.

이렇게 공과 과를 냉철하게 가려내서 평가하는 것이 바로 균형감각이며, 균형감각이야말로 성숙한 민주시민으로서의 자질이며 사물을 객관적으로 정확히 판단하게 한다.

근년에 우리 사회 일각에서 이승만 박사와 안창호 선생, 그리고 이승만 박사와 김구 선생의 관계를 쏠림현상으로 몰고 가는 듯한 느낌을 받는다. 이분들은 일제 강점기에 대한독립이라는 공동 목표를 가지고 각기 고유의 역할을 수행했으니 경합관계가 아닌 보완관계에 있었던 것이다.

당시 미국 땅에서 이승만 박사는 정치 외교 활동을, 안창호 선생은 우리 교민에 대한 교육과 계몽 활동을 전개했으니 두 분은 서로 보완관계였지 경합관계가 아니었다. 혹시 이 두 분이 활동하는 과정에서 본의 아니게 마찰이 있을 수도 있었겠으나 우리 후세들이 이를 침소봉대해서 반목한다면 이는 매우 치졸한 처사라 아니할 수 없다.

이승만 박사와 김구 선생의 경우도 이승만 박사는 위대한 정치가요 김구 선생은 위대한 혁명가였으므로 두 분 역시 보완관계였다.

다만 두 분은 일제 때에는 대한독립을 위한 방법이 달랐고, 광복

후 공산당에 대한 대처방안을 달리했던 것뿐이다.

이승만 박사의 주장은 외교력에 의한 독립이었고, 김구 선생은 무력에 의한 독립이었으며, 광복 직후 공산당에 대해 김구 선생은 좌우 합작을 주장했고, 이승만 박사는 이를 반대했다.

이러한 의견 차이는 어디까지나 정책적 선택이었지 개인적인 감정의 대립이 아니다. 그런데 우리 후세들이 두 분의 정책적 차이를 확대해서 편 가르기로 비약시킨다면 이것 역시 옹졸한 처사이다.

여기서 균형감각의 본보기를 예시코자 한다.

중국의 등소평은 문화혁명 당시 모택동으로부터 모진 고초를 당했고 그의 아들도 불구가 되었다. 그래도 등소평은 모택동이 중국 통일을 실현시킨 공을 기리고자 그의 대형 초상화를 천안문 광장에 걸어놓고 그의 시신까지도 원상으로 보존하고 있다.

미국의 링컨 대통령은 남북전쟁이 불가피하게 되자 자신의 정적은 물론 언론까지 탄압했는데도 미국은 그가 이룬 남북전쟁의 승리와 노예해방을 기리고자 웅장한 기념관을 세웠다.

우리가 본받아야 할 좋은 교훈이라고 여겨진다.

〔2011년 10월호〕

한미 FTA와 한국의 여의도 정치판

이미 알려진 대로 한미 FTA는 노무현 정부가 2003년 8월에 국가 전략사업으로 시작했다. 그러나 미국 측의 열의가 부족하여 지지부진하다가 2007년 4월에야 타결을 보는 듯했다.

그러나 자동차에 대한 관세 문제로 인해 벽에 부딪치기도 하다가 그해 6월 30일에 겨우 타결되었다. 그러나 바로 공화당의 부시 정권이 민주당의 오바마 정권으로 바뀌고 산업부문 간의 이해관계가 엇갈려 연방의회의 비준은 계속 늦어지다가 금년에 들어서 오바마 대통령이 한미 FTA에 깊은 관심을 보이자 의회에서도 긍정적 반응이 나타나는 듯하면서도 여전히 오리무중이었다.

이에 우리 동포사회가 움직이기 시작했다. 지난 8월 15일 KOAM-TV 방송국에서 200여 명의 동포가 모인 가운데 열린 광복절 경축행사가 끝나자 한인상공회의소 임원들이 분주히 움직이고 있었다. 이들은 참석자들을 상대로 미 연방의회 의원들에게 한미 FTA를 조속히 비준하도록 촉구하는 서한에 서명을 받느라고 동분서주했던 것이다. 이날을 기해 이들 임원은 활동을 계속해서 수천 명의 서명을 받아 이곳 출신 연방 의원에게 전달했다. 이러한 움직임은 이곳 서북미 지역뿐만 아니라 LA나 뉴욕, 워싱턴 DC, 시카고 등지에서도 있었다.

동포사회가 이렇게 애쓰는 까닭은 다름 아니라 지난날 한미 간에 비자면제 협정이 발효되자 이곳 재미동포들의 사업이 크게 번성했으니 이번 한미 FTA도 좋은 영향을 미칠 것을 기대하기 때문이다.

동포사회가 이렇게 애쓰고 있을 때에 기상천외의 일이 터졌다. 노무현 정부에서 법무부 장관을 역임하고 현재 민주당 국회의원으로 있는 천정배 의원이 미국의 의회 전문지에 "한미 FTA는 한미 두 나라를 망하게 하니 비준해서는 안된다."는 주장을 기고했다. 한미 FTA의 직접 당사자국의 국회의원이 자기 나라에 유익한 협정을 이렇게 방해한 것이다. 뿐만 아니라 노무현 정부 당시 열린우리당의 의장으로 있으면서 한미 FTA를 적극 추진하던 현 민주당 최고위원 정동영 의원이 현재 국회 비준을 결사반대하고 있으니 기막힌 일이다.

자원이 부족해서 대외무역에 의존하지 않고서는 살 수 없는 한국의 입장에서 FTA는 생명선이다. 특히 한국과 미국 간의 FTA가 성사되면 경제적 효과뿐만 아니라 두 나라의 동맹관계가 한층 더 다져지는 동시에 양국 간의 문화교류까지 활발하게 이뤄져 여러 측면에서 국익에 지대한 효과가 나타날 것이 기대되는데 한국의 국회의원들이 이러한 모습을 보이고 있으니 동포사회는 당황할 뿐이다.

미국 의회는 그동안 정치적으로 또는 부문 간의 이해 상충으로 논쟁을 거듭하면서 미루던 한미 FTA 비준을 이명박 대통령이 국빈 자격으로 도착하기 전날인 지난 10월 12일에 상하 양원에서 의결했다. 이날 하원에서는 찬성 278표, 반대 151표, 상원에서는 찬성 83표, 반대 15표라는 압도적 표차로 통과했고 10월 21일에 오바마 대통령의 서명까지 끝냈으니 미국 측에서는 할 일을 마무리 지은 것이다. 우리 여의도의 정치판과 대조를 이루는 멋진 모습이다.

차제에 FTA의 본질을 살펴보고자 한다. 과학의 발달로 교통과 운송수단이 편리해지면서 세계는 지구촌이라는 낱말이 생길 정도로 가까운 이웃이 되고 있다. 이에 따라 지구촌의 여러 나라는 편리한 운송수단을 이용해서 서로 필요한 물품을 쉽게 거래할 수 있는 자유무역을 선호하게 되었다. 그래서 나타난 것이 우루과이 라운드였다. 우루과이 라운드는 세계의 많은 나라가 동시에 참여하는 하나의 다자간 자유무역협정인데, 많은 나라가 동참하다 보니 국가 간에 이해관계가 엉켜 조정하기가 거의 불가능했기 때문에 결국 실효를 거두지 못하고 말았다.

그래서 다자간 협정 대신에 이해관계 조정이 쉬운 양자 간 협정으로 바뀐 것이 이른바 오늘의 자유무역협정 즉 FTA(Free Trade Agreement)이다.

FTA는 이렇게 서로에게 이익을 주기 때문에 각국은 FTA를 서둘고 있는 것이다. 한국은 이미 한-칠레 FTA, 한-아시안 FTA, 한-인도 FTA, 한-EU FTA를 체결했다. 이제 한미 FTA까지 체결되면 한국은 FTA로 얻어지는 경제 영토가 세계에서 가장 넓은 나라가 될 것이다.

그럼에도 한국 국회가 나라의 미래보다 개인의 이해득실이나 출세 이념에 사로잡혀 이번에도 또다시 소란스러울 것이 예견된다. 이렇게 한국의 여의도 정치판은 협상이나 타협은 간데없고 오직 욕설과 몸싸움만 있으니 시민들은 이제 정치에 환멸을 느끼는 것이다.

〔2011년 11월호〕

北靑소식

2010.1~2009.12

새 아침에 비친 우리 조국 대한민국

2010년 새 아침에 북청소식 독자 여러분에게 새해 인사부터 정중하게 드립니다. 새해에도 독자 여러분의 가정에 기쁨과 활력이 늘 넘치시길 기원합니다.

이 새 아침에 비친 내 조국 대한민국은 그 어느 때보다도 찬란합니다. 이 새 아침의 빛이 유별나게 찬란한 까닭은 지금으로부터 꼭 100년 전인 1910년의 암울하던 그때와 대조를 이루고 있기 때문입니다. 100년 전의 조국은 너무나 쇠퇴해서 청나라, 러시아, 일본 등 주변 강국의 좋은 먹잇감이 되어 서로 삼키려고 다투다가 이 싸움에서 이긴 일본에게 결국 먹히고 말았습니다.

이렇게 참담했던 조국이 기적같이 일어나 IT, BT, NT 등 첨단기술을 앞세워 경제 강국을 이루어, 남의 원조를 받던 나라가 이제 남에게 원조하는 선진국이 되었습니다. 특히 올해 11월에는 우리나라가 세계 선진 20개국 정상들이 모여 지구촌의 주요 문제를 토의하는 G20 회의 의장국이 되어 이 회의를 서울에서 열게 되었으니 이는 분명 기적이 아닐 수 없습니다.

그러나 세상에는 기적이 없다고 합니다. 고국에서 일어난 오늘의 기적도 결코 우연이 아닙니다. 그 기적의 바탕에는 '민족중흥'

과 '조국 근대화'를 지표로 삼고 신념과 정열로 국민을 결집시킨 탁월한 지도력이 있었고, 그 지도력에 고무된 국민들이 한데 엉켜 흘린 피와 땀과 눈물이 있었습니다.

그 기적은 100년 앞을 내다보며 조국 선진화의 초석을 하나하나 다지는 과정에서 만들어졌습니다. 예컨대 60년대 자동차도 없던 시기에 고속도로가 웬말이냐는 야당의 필사적인 반대를 뿌리치고 경부, 영동고속도로를 건설했고, 철광석도 없는 나라에서 제철소를 만드는 우를 범한다는 반대를 무릅쓰고 영일만 모래 언덕에 포항제철소를 세웠으며, 석유 한 방울도 나지 않는 나라에서 석유 화학 단지를 건설하기보다는 가난한 민중을 위해 돈을 써야 한다는 비난을 받으면서도 뜻을 굽히지 않고 울산에 석유 화학 공단을 건설했습니다.

개발 독재라는 비난을 받으면서 추진한 이들 중화학 공업이 우리 고국을 오늘의 수출 강국으로 만든 것입니다. 그 개발 독재가 앞장서서 "우리도 할 수 있다."며 전개한 '새마을 운동'이 5000년 동안 잠자던 민족에게 거대한 에너지를 분출시켰고, '근면'과 '자조' '협동'이라는 진취적인 의식으로 탈바꿈시켰으며, 이제 한국 고유의 독특한 문화가 '한류'라는 이름으로 지구촌에 확산되기에 이르렀습니다.

이렇게 번성하는 조국의 국운이 머지않은 장래에 '제2 한강의 기적'을 이루어 통일을 앞당길 것이라는 확신을 안겨 줍니다. 그러기에 2010년의 이 새 아침에 비친 우리 조국은 더욱 찬란합니다.

〔2010년 1월호〕

탄생 136주년에 비춰본 이승만 대통령

오는 3월 26일은 이승만 초대 대통령이 탄생한 지 136주년이 되는 날이다. 이날이 돌아오면 우리는 그분의 탁월한 통찰력과 외교 솜씨를 되새겨 보며, 그분이 아니었더라면 대한민국은 어떻게 되었을까 하는 아슬아슬한 생각을 하게 된다.

이승만 박사는 1904년에 약관 29세의 나이에 고종황제의 밀서를 들고 미국 대통령을 만나러 갔다가 뜻을 이루지 못하자 귀국을 미루고 조지 워싱턴대학을 거쳐 하버드대학에서 석사학위를, 프린스턴대학에서 박사학위를 취득했다.

이승만 박사는 미국에서 공부하고, 그곳에서 독립운동을 전개하는 과정에서 미국 사회에 인맥을 구축하는 동시에 국제정세를 환히 알게 되면서 공산당의 생리를 파악하고 그들과는 상종 못한다는 사실을 일찍이 터득했다.

이런 연유에서 그분은 해방 직후 '모스크바 3상회의' 결정에 말려들지 않았고, 대구 폭동이나 제주 4 · 3 사건 등 김일성의 사주를 받은 남로당의 끈질긴 책동을 물리치고 UN의 승인을 얻어 대한민국을 세웠다.

이리하여 이승만 박사는 우리나라가 군주 체제에서 공화 체제로 바뀌고 나서 첫 대통령이 된 것이다.

남조선을 농민봉기로 하루아침에 석권할 작정으로 6 · 25 전쟁을 일으킨 김일성의 야욕도 이승만 대통령의 통찰력이 무너뜨렸다.

이승만 대통령은 취임하자 초대 농림부 장관에 좌경 인물인 조봉암을 임명하고 농지개혁부터 서둘러 6 · 25 직전인 그해(1950년) 4월에 마무리 지었다. 이 농지개혁은 6 · 25 남침과 동시에 곳곳에서 일어났을 농민봉기를 미리 막은 효과뿐만 아니라 지주들에게 토지 보상금으로 발행한 지가증권이 당시의 가난했던 나라의 산업자금으로 활용된 효과도 매우 컸다.

이승만 대통령이 남긴 업적 중에서 가장 돋보이는 것이 그 힘겨웠던 '한 · 미상호방위조약' 을 이끌어낸 일이다. 이 조약이 체결됨으로써 우리의 안보를 세계 최강국인 미국에게 책임 지운 덕분에 우리나라가 오늘의 경제강국이 된 것이다. '한 · 미상호방위조약' 이 체결되기까지의 우여곡절은 말로 다할 수 없다고 한다.

3년여 동안 밀고 밀리는 힘겨운 6 · 25 전쟁에 지친 미국은 휴전을 서둘렀고, 한국이 소련이나 중공의 위협을 받을 것을 알면서도 황급히 철군할 것을 예견한 이승만 대통령은 휴전을 결사반대했지만 미국은 요지부동이었다. 이에 이승만 대통령은 미국을 상대로 세계를 놀라게 한 사건을 일으켰다. 그것이 바로 1953년 6월 18일 야반에 단행한 2만 7천 명의 반공포로 석방인 것이다.

이 기상천외의 결단에 미국은 드디어 한 · 미상호방위조약을 체결하지 않을 수 없게 되었다. 이제 우리는 차분히 이승만 대통령을 다시 한번 생각해본다. 그 가혹한 동서냉전시대에 이승만 대통령이 아니었다면 우리의 운명은 지금 어떻게 되었을까 생각만 해도 소름

끼친다.

흔히 이승만 대통령을 친미(親美) 또는 숭미(崇美) 주의자라고 하지만 오랜 미국 생활에서 미국의 생리를 샅샅이 알고 있던 그분은 미국의 막강한 힘을 마음대로 활용한 용미(用美) 주의자였다. 이승만 대통령은 10여 년간 장기 집권했음에도 티 없이 청렴했다. 이러한 사실은 이화장에 소장된 그분의 유품에서도 잘 나타나 있다. 그 전시실에서 그분이 평상시에 쓰던 파나마모자를 직접 보고 필자는 머리가 수그러졌다. 그분이 살아생전에 쓰던 고급스러워 보이던 그 모자를 가까이서 보니 마모된 모자 둘레를 손수 실로 꿰맨 자국이 선명하게 남아 있었다.

이렇게 위대한 민족지도자를 기릴 기념관이 아직도 없을 뿐만 아니라 지난 10년간 좌파정부에 의해 그분의 업적이 오히려 왜곡되고 있으니 이는 분명 나라의 수치가 아닐 수 없다.

〔2010년 3월호〕

임진강 철조망 너머에 보이는 북녘 땅

한강 하류에서 시작하여 임진강 기슭을 따라 임진각까지 뻗은 자유로(自由路)는 중앙에 널죽한 녹지 분리 공간을 갖춘 8차선의 도로여서 어느 선진국의 고속도로보다 더 시원하게 이어져 있다.

행주대교를 지나 이 도로를 따라 북쪽으로 달리다 보면 좌측의 임진 강변에는 철조망이 겹겹으로 엉켜 있고, 그 철조망 곳곳에는 경비초소가 서 있다. 도로 우측의 야산 숲 나무 사이로 포대의 흔적도 눈에 띄어 전쟁터와 같은 긴장감이 아직도 감돈다. 철조망 너머 임진강 건너편에는 북한 땅이 손으로 잡힐 듯이 빤히 보인다.

그곳은 나무 한 그루 없는 벌거숭이 산들이 이어지고 저 멀리 산기슭에는 전시용으로 짐작되는 아파트가 몇 채 보이는데 망원경으로 아무리 살펴보아도 인기척 없는 죽음의 정막만이 감돌고 있다.

그 음산한 곳에서 금방 포탄이라도 날아와 터질 듯한 공포감이 소름을 끼치게 한다. 이 현장이 바로 지구촌에서 마지막 남은 동서 냉전의 부끄러운 유물인 것이다. 이 길을 따라 북쪽으로 계속해서 달리면 임진각이 나타난다. 임진각 전망대에서 북녘 땅을 멍하니 바라보고 있노라면 고향을 그곳에 두고 온 실향민의 가슴을 저리게 한다.

임진각 바로 앞에는 추석이나 정초에 실향민들이 모여 저 북쪽

고향 땅을 향해 제사를 올리는 망향단이 있고, 그 뒤에는 임진강 철교와 육교가 보인다. 60년 전에 일어난 6 · 25 전쟁이 휴전되고 남북간에 교환된 포로들이 저 육교를 통해 건너가고 건너왔으며, 반공포로의 일부는 멀리 인도나 남미를 선택하고 그곳을 향해 영원히 우리 곁을 떠나간 슬픈 사연도 이곳에 남아있다. 저 철교를 지나면 첫 정거장이 도라산역이고, 거기서 약 3km 더 올라가면 판문점이다. 다시 약 4km 더 올라가면 개성역이 나타날 것이다.

저 멀리 아득하게 보이는 연봉을 따라 북동쪽으로 계속 올라가면 내가 태어나 어린 시절을 보낸 내 고향 북청 땅에 다다를 것이다. 그 고향도 옛날의 우거졌던 숲은 사라지고 민둥산으로 변했을 것이며, 주인을 잃은 조상의 묘소들은 잡초로 덮여졌을 것이다.

저 철조망 사이로 손을 내밀면 금방 닿을 듯한 이 가까운 곳이 지난 반세기 동안 서로 만나기는커녕 편지조차 주고받을 수 없는 가장 먼 곳이 되고 말았다. 오랜 세월 약소민족을 그렇게도 괴롭히던 동서 냉전이 이제 사라졌다고 하지만 우리에게는 안타깝게도 임진강변의 저 철조망이 우리 민족을 계속해서 울리고 있다.

철조망 건너 저 북녘 땅에서 김정일을 비롯한 공산 귀족들의 노예가 되어 오늘도 모진 고통에 시달리고 있는 2천만 우리 핏줄의 울부짖는 신음소리가 바람을 타고 이곳 임진각까지 들려오는 듯하다.

울적한 마음을 안고 북녘 땅을 하염없이 바라보노라면 지난 10년 동안 햇볕정책이라는 이름으로 냉혈동물 같은 김정일의 비위를 맞추느라 무작정 퍼주던 우리의 어리석은 모습이 원망스럽다. 임진강 철조망을 유유히 넘나드는 저 갈매기들이 부럽기만 하다.

〔2010년 4월호〕

천안함 사건에서 본 사회의 호들갑

이번에 천안함 사건이 발생하자 우리 사회의 일각에서 반사적으로 나타난 호들갑은 우리 모두를 부끄럽게 했다. 이 사건이 터지자마자 국회에서는 그 원인도 미처 캐기 전에 관계장관의 해임부터 촉구하는가 하면 사건 당시의 교신내용을 공개하라고 호통 친 해프닝이 벌어졌다.

가장 민감한 군사비밀이라고 할 교신내용을 공개하라고 고함지른 이 국회의원은 김태영 국방장관으로부터 "의원님, 앞뒤를 챙기면서 질문하기 바란다."는 일침을 당하기도 했다.

정부에서는 이 사건에 대한 원인을 경솔하게 예단할 경우의 부작용을 고려해서 신중한 태도를 보이니 이에 대해 야당은 무언가 음폐한다며 "이 사건은 보수진영이 결속하기 위해 조작한 자작극일 가능성이 있어 북한의 개입설은 근거가 없다."고 지레 선수를 쳤다. 그래서 어느 신문에서는 "야당은 북한의 대변자인가?"라는 논설을 싣기도 했다.

일부 언론에서 흥미위주의 추축 보도를 난발하자 인터넷도 터무니없는 댓글을 쏟아내 여론을 호도했다. 이들 언론은 천안함 생존자들을 증언대에 불러내게끔 분위기를 조성했다. 침몰하는 함정에서 필사적으로 탈출하느라 부상당하기도 하고 심리적 충격에서 벗어나지 못한 이들 생존자를 끝내 환자복 차림으로 대중 앞에 세운 것이다. 이 자리에서 눈시울을 적시면서 "실종된 동료를 남겨두고 살아서 돌아와 미안하다."며 고개 숙인 이들은 죄인이 아니다. 이들 생존자는 나라를 지키다 적의 공격을 받은 대한의 당당한 해군이다.

일부 이념적 시민단체도 여론 몰이에 가세하자 실종자 가족들도 웅성거리기 시작했다. 일부 가족은 군인의 숙명적인 전투 리스크라는 군대의 본질을 깜빡했는지 군 당국을 가해자로, 자신들을 피해자로 여긴 듯, 어느 농성장을 방불케 하는 거친 언행이 나타나기 시작했다. 이로 인해 온 국민의 따뜻한 위로를 받으면서 소리 없이 흐느끼는 여타 유족에게 자칫 누를 끼칠까 염려되기도 했다. 이러한 심상치 않은 분위기에 우리는 2008년의 광우병 촛불시위를 연상케 하는 또 하나의 조작된 소요가 터질듯한 불안감에 휩싸였다.

이 아슬아슬한 때에 우리의 UDT 영웅 한준호 준위가 나타났다. 그가 바다 밑에 가라앉은 전우를 필사적으로 구하려다가 순직하자 험악한 분위기가 일시에 가라앉았다. 한준호 준위는 역사에 빛날 살신성인의 위대한 인물일 뿐만 아니라 사회 혼란을 미연에 차단한 공로까지 세운 것이다.

우리 사회가 큰 사고를 당할 때마다 단결은커녕 서로 헐뜯고 선동하는 치졸한 호들갑을 이 기회에 자성해야 하겠다.

미국은 9 · 11 테러를 당하자 여야가 똘똘 뭉쳤다. 한국 학생이 동료 학생 32명을 권총으로 사살한 2007년의 버지니아 공대 사건에서 미국의 언론은 보복을 겁내던 우리 교민에게 "개인이 저지른 사건을 확대 해석 말라."며 우리를 오히려 위로하는 동시 분노한 시민들을 진정시키느라 애썼다. 우리 언론은 2002년에 의정부에서 2명의 여학생이 훈련 중이던 미군 장갑차에 과실치사당하자 촛불시위를 부추겼고 급기야 미군 탱크에 올라가 성조기를 불태우는 사태로 번지게 했다.

지난해 말에 부산에서 일어난 사격 연습장 화재사건에서 일본 관광객이 다수 사망했는데 그들의 유족은 사건 현장을 돌아보며 소리 없이 눈물을 닦다가 오히려 "뒤처리를 잘해 줘서 고맙다."는 인사말만 남기고 조용히 돌아갔다. 미국에서 단체 관광 길에 버스가 고장을 일으켜 운전사가 수리하는 동안 길가에서 한 시간이나 허비한 관광객들이 운전사에게 정비불량을 탓하기는커녕 "수고했다."고 격려하는 것을 목격했다. 우리도 이제 좀 더 너그럽고 성숙한 시민으로 탈바꿈할 것을 다짐하며, 이번 사건이 지난 10년간 우리 끼리라는 감상적인 평화무드로 인해 허물어진 우리의 안보의식을 되찾는 계기가 될 것임을 확신한다.

(2010년 5월호)

불행한 8 · 15 세대에게 주어진 행운

오는 8월 15일은 8 · 15 광복 65주년 되는 날입니다. 이날이 돌아오면 우리 8 · 15 세대는 1945년의 그날 정오에 일본 천황이 떨리는 음성으로 연합군에 무조건 항복을 선언하는 라디오 방송을 듣고 환호하던 그때의 그 감격이 생생하게 되살아 납니다. 그러기 때문인지 이날이 되면 우리 8 · 15 세대는 숙연한 마음에서 그날을 회상하며 험난했던 지난 세월을 되돌아보게 됩니다.

우리 8 · 15 세대는 격동의 20세기에 온갖 전란과 굶주림에 시달린 세대입니다. 그래서 우리 8 · 15 세대를 불행한 세대라고 합니다. 그러나 지금에 와서 생각해 보면 우리 8 · 15 세대처럼 멋들어진 시대를 체험한 세대도 없다고 여겨집니다. 그것은 우리 8 · 15 세대는 몇 백 년 또는 몇 천 년에 한 번 있을까 말까 하는 희귀한 역사의 현장을 직접 겪기도 하고 목격하면서 스릴 넘치는 삶을 살아왔기 때문입니다.

우리 8 · 15 세대는 이제 지구촌에서 영원히 사라질 식민지 지배까지도 받아 봤습니다. 그 당시 초등학교를 다닐 때 우리말을 몰래 하다가 들키면 "나는 부끄러운 조선말을 했다."고 일본어로 쓰인 어깨띠를 두르고 다니게 하는 처벌을 받았습니다. 그들은 천진한 또래들끼리 서로를 감시하며 '우리 말'을 하는 현장을 발각해서 그 어깨띠를 벗어 넘기게 하는 비인도적이고도 야비한 수법을 썼습니다.

이 가혹한 일제 식민 지배에 시달리다가 8 · 15 광복이라는 민족적 큰 기쁨도 누려 봤으나 광복된 조국은 연이어 남북으로 갈라져 당시 북한에 살던 8 · 15 세대는 따발총을 메고 설치는 로스키(소련군의 별명)도 구경했고 공산당의 집회에 나가서 철없이 적기가(赤旗歌)도 불러 봤습니다.

필자의 경우, 공산당의 탄압이 본격적으로 심해지자 부모님의 용단으로 어린 조카와 함께 1947년 3월 22일 새벽에 집을 빠져나와 7일 만에 38선을 넘었습니다. 서울에 나온 지 3년 만에 6 · 25 전쟁이 일어나 1 · 4 후퇴 때에는 피난민 대열에 끼어 기차 지붕에 비집고 올라가 부산으로 내려가 자진해서 군대에 입대해 지리산에서 공비토벌 작전도 해 봤습니다.

그 후 30여 년 동안 농촌진흥청에서 일하다가 정년 퇴임하고, 파키스탄 정부 초청으로 그 나라에 가서 농촌문제 자문관(Consultant)으로도 일했습니다. 1991년에 미국으로 이주해서는 언어와 문화의 장벽을 극복하느라 어려움을 겪으면서도 미국 시민으로서 그 나라의 복지혜택도 누려 보는 또 하나의 체험까지 하고 있습니다.

지난 2000년의 새 아침에는 폴란드의 수도 바르샤바에서 천년에 한 번 있는 밀레니엄을 맞이해 그곳 TV에서 우연히 서울 광화문 광장에서 열린 불꽃놀이 축제 장면을 시청하기도 했습니다.

이리하여 필자는 격동의 20세기에 공산 치하의 북한에서 대한민국으로 넘어왔고, 다시 미국으로 건너가 새로운 문화체험도 해 보는 드라마 같은 인생행로를 걷고 있습니다.

특히 로스키의 삼엄한 경계를 피해 가면서 38선을 넘을 때, 그리고 6 · 25 전쟁에 생사의 갈림길에서 죽지 않으려고 헤매던 일들을 지금에 와서 되돌아보면 그때가 오히려 더 그리워지고 아름답게 추억됩니다.

이렇게 희귀한 역사의 현장에서 살아남기 위해 아슬아슬한 외줄타기를 하면서 스릴 넘치는 삶을 맛 본 우리 8 · 15 세대는 결코 불행한 세대가 아니라 오히려 축복받은 세대라고 여겨집니다. 뿐만 아니라 가난하던 우리 한국이 초고속으로 압축성장을 하는 과정에서 우리 8 · 15 세대는 어려서는 어유(魚油) 등잔 밑에서 원시생활을 해 봤고, 어른이 되고 나서는 첨단과학세대를 살고 있으니 8 · 15 세대는 원시와 초문명시대를 동시에 체험하는 또 하나의 행운을 누리고 있습니다.

〔2010년 8월호〕

경제 수준은 선진국, 문화 수준은 후진국

우리나라의 경제 수준은 선진국 대열에 낄 정도인데 문화 수준은 후진국을 면치 못하고 있다. 지하철이나 등산로의 공중화장실은 세계 어느 나라에서도 볼 수 없을 정도로 깨끗하다.

연탄 대신 도시가스가 보편화되었고, 디젤유의 매연을 뿜어대던 시내버스도 천연가스로 대체했기 때문에 도시의 공기도 맑아졌다.

그래서 우리도 선진국처럼 가로에서 맥주도 마시는 야외 카페가 빠른 속도로 늘어나고 있을 뿐만 아니라 악취를 풍기던 도시의 하천도 이제 시민들의 쾌적한 휴식 공간이 되고 있다.

이렇게 생활 주변은 선진화되고 있는데 시민들의 행동은 뒤떨어지고 있다. 마치 비단옷으로 화려하게 치장했는데 몸에서는 더러운 냄새를 풍기는 것과 같은 현상이다. 환언하면 주위환경(Hardware)은 선진국인데 사람의 의식구조(Software)는 후진국에 속한다는 말이다. 차제에 우리의 후진성을 살펴보고자 한다.

우리의 가장 수치스러운 것은 날로 심해지는 쌍스러운 말투와 투박한 억양, 그리고 굳은 표정이다. 이러한 현상을 부추기는 원흉은 TV의 연속극이라고 믿는다. TV연속극은 주로 저속한 남녀 간의 치정관계나 가정의 갈등을 소재로 다루기 때문에 고함을 지르기도 하고, 심지어 여자들끼리 머리채를 휘어잡고 싸우는 장면까지 연출한다. 우리의 언어문화를 순화하는 일에 앞장서야 할 TV, 특히 공영방송도 한몫하고 있으니 개탄스러운 일이다.

또 한 가지는 남을 헤아리지 않는 행동이다. 단체 관광여행에서 가이드가 열심히 설명하는데 뒤에서 끼리끼리 떠들고, 호텔 로비에서 객실을 배정받을 때에는 함께 투숙할 동료를 찾느라고 소란을 피우며, 호텔 뷔페에서도 품위를 지키지 않는다. 대형 매장에서도 쇼핑 카트를 통행로에 그냥 방치한 채 물건을 고르기도 하고, 좁은 통행로를 여럿이 막아서서 잡담하는 경우를 자주 보게 된다. 요즘 지하철에서는 우측통행을 강조하고 있는데도 잘 지키지 않는다.

해수욕장에서는 청소 미화원들이 새벽마다 쓰레기를 치우느라 고역을 치른다는데 이곳을 찾는 신사 숙녀들은 양심을 버리고 다니는지, 옆 사람과 부딪치거나 발을 밟아도 미안하다는 말도 안 하고 그냥 지나간다. 빌딩에 들어서면서 뒷사람을 의식해서 문을 받혀주었는데 뒤따르던 사람은 고맙다는 말 한마디도 없이 사라진다.

선진국에서는 사소한 일에도 "고맙습니다(Thank you). 실례했습니다(Excuse me). 미안합니다(Sorry)."라는 말로 예절과 품위를 지킨다.

우리는 민주주의를 외치면서도 이에 역행하는 경우가 많다. 다수결에 의해 이미 결정된 사안도 자기의 뜻대로 안 되면 행패를 부리며, 이러한 현상은 국회에서 오히려 자주 일어난다. 오늘의 이 현상은 우리가 경제발전에 치중하다 보니 '사람 되기 전에 돈부터 생겨서 졸부가 판치고 있기 때문'이다.

이제부터라도 경제건설 못지않게 인성 계발에 힘써야 할 것이다.

〔2010년 9월호〕

우리의 향토지 北靑소식 이야기

나는 北靑소식의 소중함을 뒤늦게 깨닫고 1994년 12월호부터 차곡차곡 모아 두고 때때로 챙겨본다. 북청소식에는 두고 온 고향의 옛이야기가 실려 있고, 이미 저 세상으로 떠나가신 선배나 친구들의 사진과 주옥같은 논설, 그리고 흥미로운 기행문이나 수상이 있기에 그리운 마음에서 자주 보고 싶어 진다.

이번 서울에 체류하는 동안에도 북청소식을 다시 읽었는데 가슴이 뭉클한 대목이 적지 않았다. 특히 북청소식 발간에 헌신하신 고 장권 회장, 김일수 선생, 김기율 선생, 이청림 선생, 그리고 강준 회장에 관한 기사를 대할 때에는 더욱 짙은 향수를 느낀다.

고 장권 회장은 북청읍민회 회장이던 1978년 8월부터 북청읍민소식을 자비로 발간하다가 당시의 김형목 군민회장을 움직여 다음해인 1980년 1월부터 북청소식을 발간하기 시작했던 것이다. 장권 회장은 김형목 회장의 재력을 십분 활용해서 현재의 군민회관을 마련하는 등 많은 업적을 남기시고 2008년 7월에 별세하셨다.

군민회관 엘리베이터 출입문 옆 벽에 설치한 김형목 회장의 공적 동판도 장권 회장과 이청림 선생의 작품이다.

김일수 선생은 1995년에 북청군지 발간에 주도적 역할을 하셨다.

김일수 선생이 그 무더운 여름철에 군민회 사무실에서 돋보기를 끼고 원고를 정리하시던 모습이 지금도 눈에 선하다.

김일수 선생은 1996년 1월에 작고하셨는데 그분의 유고 '다시 가보고 싶은 낙화암' 은 읽을수록 구수한 좋은 글이다.

김기율 선생은 북청소식 초창기부터 이청림 선생이 맡아하던 편집업무를 인계받아 2000년 5월까지 담당했다. 김기율 선생은 문장력뿐만 아니라 그림, 특히 만화의 달인이어서 우리나라 만화가협회 회장을 역임하기도 했다. 김기율 선생은 현재 충청남도 태안군 안면읍(구 안면도)에서 여생을 즐기신다.

가촌 이기정(별호 이청림) 선생의 별세를 애도하는 글들이 여러 편 실렸는데 그중에서 2007년 1월호에 '가촌을 보내면서' 라는 제목의 글이 유독 심금을 울려 나는 필자 이길환 선생을 용케 찾아서 통화까지 했다.

나는 이날 춘천시에 계시는 이길환 선생을 통해 양구읍에 계시는 문곤수 선생과도 통화했다. 문곤수 선생도 북청소식에 좋은 글을 종종 실으셨다. 이청림 선생의 유고인 '철의 삼각지대 전투' 가 북청소식 2007년 2월호부터 5회에 걸쳐 실렸는데 이 글은 6 · 25 전쟁사에 길이 남을 훌륭한 글이다.

이청림 선생의 뒤를 이어 강준 군민회장이 현재 편집업무를 도맡아 많은 수고를 하고 있는데 강준 회장은 탁월한 실력을 발휘하여 차원 높은 북청소식을 펴내고 있다. 특히 지난 좌파정권하에서 우리 북청군의 지표 반공을 없애라는 종북정권의 강한 압박에도 끝까지 반공을 고수하였고 장학회, 돈돌날이를 비롯, 함남 행정자문위원과 중앙도민회 총무부회장을 겸임하면서 군 발전과 함남 발전을 위해 도민사회의 많은 제도와 운영의 오류 및 반목 등 치유에 동분서주하여 여유 시간 없으면서 추호도 흔들림 없는 윤리관에 입각한 강성 시평 등으로 도내 신문 언로들의 찬사를 받고 있으나, 날로 늘어나는 발간비 부족으로 걱정이 쌓이고 있다. 차제에 우리 군민은 이 발간비를 충당하기 위해 현재 전개하고 있는 지로 협찬에 적극 동참할 것을 간절히 호소합니다.

사실 우리 북청인들이 각처에 흩어져 살고 있으면서도 굳은 공동체 의식으로 오늘의 역동적인 북청군민회를 만들어 낸 것은 오직 북청소식이 있기에 가능한 것이므로 우리 모두 지로 협찬에 적극 동참할 것을 다짐합시다.

〔2010년 10월호〕

G20 정상회의 의장국의 영광

진실로 믿어지지 않는 기적 같은 일이다. 그것은 세계에서 가장 가난했던 나라, 심지어 아프리카의 최빈국 에티오피아의 원조까지도 받던 나라가 선진국 대열에서 G20 정상회의를 주재하는 의장국이 되었기 때문이다. 이번 서울에서 열리는 G20 정상회의는 우리가 이미 계획한 바 있는 88 올림픽이나 2002 월드컵 경기와는 차원이 다른 행사이다. 올림픽이나 월드컵 경기는 한번 치르면 그것으로 끝나버리는 일과성 잔치인 반면에 G20 정상회의는 세계 주요 20개 국가 최고 지도자들과 국제기구의 수장들이 한자리에 모여 지구촌이 당면한 여러 문제들을 논의하고 해결책을 찾아 집행하도록 하는 영속적인 국제 협의체인 것이다.

이번의 G20 정상회의에서는 현재 대두되고 있는 무역 불균형 문제뿐만 아니라 지구 온난화 이슈에 대해 논의할 것으로 알려지고 있다. 특히 국가 간에 이해가 상충되는 문제를 한국이 의장국 자격으로 중재까지 맡을 것이다. 그러한 역할을 의장국으로서 당장 해냈다. 지난 10월 23일 경주에서 열린 G20 재무장관회의에서 이제까지 첨예하게 대립하던 환율 문제를 한국의 중재로 원만하게 해결한 것이다. 이리하여 이번 회의에서 다른 이슈들이 앞으로 서울선언 또는 서울 의정서라는 이름으로 널리 통용될 것으로 예상된다.

우리의 5천 년 역사에서 일찍이 볼 수 없었던 이 대견스러운 현실 앞에 우리는 벅찬 감회로 암담했던 지난 시절을 되돌아보게 된다.

지난날 우리는 밀림의 맹수와도 같은 주변의 열강들 앞에서 들소처럼 힘겨루기 싸움만 하다가 결국 일본에게 먹히고 말았다. 그러다가 연합국의 승리로 겨우 나라를 되찾았으나 6 · 25 전쟁으로 폐허가 되어 남의 원조 없이는 지탱할 수 없을 정도였다.

그러던 나라에 탁월한 지도자가 나타나 민족중흥과 조국 근대화라는 국가 목표를 설정하고 온 국민을 결집시켜 경제개발 계획을 연속적으로 달성해 나갔다. 당시 경부고속도로 건설에 착수하자 김대중 김영삼 등 이른바 40대의 기수라는 야당 지도자들은 "자동차도 없는 나라에서 정치적 쇼."라고 이를 비난했고, 또한 영일만에 제철소를 건설하니 "철광석도 없는 나라에서 잠꼬대한다."며 한사코 반대했다. 마치 오늘날 4대강 개발 사업에 지역 주민들은 대환영인데 야권에서 정략적으로 끈질기게 반대하는 모습과 흡사하다. 당시 개발독재라는 비난을 받으면서도 확고한 소신으로 밀고 나가 우리가 현재 누리고 있는 번영의 기틀을 다졌다.

특히 우리가 간과해서는 안 될 업적은 70년대 초에 농촌에서 시작되어 전국으로 확산된 새마을 운동인 것이다. 새마을 운동이야말로 옛날부터 가난을 숙명으로 여기며 좌절했던 민족에게 "우리도 할 수 있다."는 자신감을 심어준 거대한 민족적 의식 개혁 운동인 것이다. 오늘날 우리 사회에 넘치고 있는 역동성이나 지구촌에 확산되고 있는 한류도 새마을 운동이 분출시킨 에너지인 것이다.

G20 서울회의를 계기로 새마을 운동은 물론 우리가 성취한 발전

모델이 개발도상국으로 널리 확산될 것이며, 따라서 나라의 위상도 그만큼 높아질 것으로 기대된다.

모처럼 주어진 이 놀라운 국운의 상승기류를 지속시키기 위해서는 온 국민의 단합된 힘이 그 어느 때보다 절실하다. 특히 정치권이 제발 목전의 당리당략에만 얽매이지 말고 정도를 밟을 것을 간절히 바란다.

〔2010년 11월호〕

새해의 다짐

어느덧 해가 바뀌어 2009년의 새 아침을 맞이하게 되었습니다. 여러분의 가정에 건강과 기쁨이 늘 넘치시기를 기원합니다.

고향을 북녘에 두고 있는 우리 실향민은 늙어만 가는 이 새 아침이 그렇게 즐거운 것은 아닙니다. 그러면서도 우리는 지난날의 패기를 잃지 않고 넉넉지 못한 오늘의 생활환경을 낙원으로 만들며 살아가고 있다는 사실이 더욱 고맙게 여겨집니다.

전란을 겪느라 노후대책도 미처 마련하지 못한 실향민들이 이렇게 낙원을 만들면서 살아가는 원동력이 무엇인지를 이 새 아침에 살펴보는 것이 새해의 생활설계에 도움이 될듯해서 여기에 정리해 봅니다. 그 원동력은 실향민들이 혹독한 여건에서 살아남기 위해 노력하는 과정에서 터득한 생활철학입니다. 우리는 이 생활철학으로 현재 살고 있는 허술한 공간을 낙원으로 만들고 있습니다. 그 낙원은 으리으리한 저택이 아니라 오막살이입니다.

우리는 이 허술한 공간을 조용히 사색하며 편히 쉬는 나만의 안식처로 만들고, 이곳을 조용히 독서하는 나만의 서당으로 가꾸며, 행복에 겨워 감사의 기도를 올리는 나만의 교회로 삼고, 사랑과 평화만이 감도는 나만의 천국으로 여기며 행복을 만들고 있습니다.

이렇게 만들고 있는 행복의 참 뜻이 무엇인지를 우리 실향민은 생활의 현장에서 터득했습니다. 행복은 남이 주거나 돈으로 살 수 있는 것이 아니고, 우리 자신의 마음가짐으로 스스로 만들어 간다는 사실을 깨달은 것입니다.

행복은 유형의 물체가 아닌 느낌에서 얻어지는 것입니다. 따라서 행복은 아무리 가난해도 마음을 비우고 자신이 스스로 행복하다고 느끼려는 마음가짐에 있습니다. 그러므로 행복은 아무리 부귀를 누릴지라도 탐욕이나 이기심이 앞서면 느끼지 못합니다.

행복은 밍크코트나 천하를 호령하는 권세에 있는 것이 아닙니다. 행복은 휴지 한 장을 소중히 여기는 소박한 마음에 있고, 불우한 이웃에 온정을 베푸는 따뜻함에 있으며, 교만이 아닌 겸손에 있고, 질투 없이 축복하는 가슴에 있으며, 미움 없는 사랑에 있고, 약자를 도우려는 의협심에도 있으며, 하찮은 일에도 감사하는 마음에 있습니다. 행복은 먼 곳에 있는 것이 아니고 마음가짐에 따라 어디에나 있습니다. 행복은 라면 한 그릇에 있고, 빛바랜 낡은 옷에도 있으며, 오막살이 화로 가에도 있습니다. 자칫 짜증내기 쉬운 늙은 사람에게는 매사를 낙천적이며 긍정적으로 살고자 힘쓸 때에 진정한 행복이 느껴질 것입니다.

이렇게 마음가짐 하나로 행복한 낙원을 건설하며 살고 있는 우리 실향민은 지난날 6 · 25 전쟁을 육탄으로 막았고, 배고프던 시절에는 조국 근대화에 앞장서서 '한강의 기적' 을 이뤄낸 그때 그 시절의 패기와 긍지를 잃지 않고 새해에도 연장자로서의 품위를 유지하며 보람 있는 일을 장만하면서 더욱 활발히 살아갈 것입니다.

〔2009년 1월호〕

버지니아 공대 사건을 되새겨본다

버지니아 공대 사건이 발생한 지 2년이란 세월이 흐른 오늘에 이곳 서울에서 되새겨본 이 사건은 한국 사회의 현실과 뚜렷한 대조를 이루며 더욱 선명하게 나타납니다. 숲은 멀리서 봐야 객관적으로 평가된다는 논리와 같습니다.

2007년 4월 16일에 일어난 이 사건은 미국 역사상 최악의 교내 참사였는데, 이 엄청난 사건을 다룬 미국 사회의 성숙한 모습이 우리에게 매우 유익한 메시지를 전해 줄 듯싶어 여기에 그 사건 현장을 다시 소개하고자 합니다.

이 사건은 32명이나 되는 무고한 동료 학생을 사살하고 자신도 자살한 참사였는데, 이 사건의 범인이 이 학교에 다니는 조승희라는 한국 출신 학생이라고 일제히 보도되어 우리 동포들은 1992년에 일어난 LA폭동을 연상하면서 혹시라도 보복을 당하지 않을까 안절부절못하였습니다. 이렇게 공포에 휩싸였던 우리는 이때에 미국 사회가 보여 준 합리적인 사건 처리에 비로소 안도했던 것입니다.

이 사건에 대해 미국 사회와 언론은 순리대로 사건을 처리하고자 애쓰는 한편, 불안해하는 한인들을 오히려 안심시키려 했습니다. CNN방송은 "한인들의 근면성과 교육열이 아메리칸드림을 실현시키고 있다."면서 우리를 위로했고, LA폭동을 경험한 그곳 언론은 "개인이 일으킨 이 사건을 인종이나 국적과 연관시켜서는 안 되며, 이로 인해 한미간의 우정에 금이 가서는 안 된다."고 강조했습니다. 이와 같이 미국 언론은 사건을 흥미 위주로 다루거나, 대중을 선동하며 상업적으로 악용하지 않고 사리를 분명히 하며 차분히 보도하는 모습이 우리나라의 언론과 확연히 대조를 이루었습니다.

사건 현장에서 거행된 추모행사도 우리를 숙연하게 했습니다. 희생자 추모행사에 세워놓은 위패는 32개가 아닌 33개였는데, 그중에는 '2007년 4월 16일 조승희' 라고 쓰인 조승희의 위패도 나란히 세워졌고, 그 옆에도 성조기와 교기, 그리고 조화도 똑같이 놓였으며, 하늘로 띄워 보낸 풍선도 32개가 아닌 33개였다고 합니다. 사실 미국도 사람 사는 곳이기에 어찌 분노와 복수심이 없었겠습니까? 그러면서도 그들이 보여 준 이 성숙한 사건 처리에서 우리는 용서와 화해의 진수를 보았고, 자제와 이성의 힘이 얼마나 숭고했는지 체험했습니다.

우리는 여기서 2002년에 일어난 의정부 여학생 치사 사건을 되새겨 봅니다. 의정부 사건은 아시다시피 두 명의 여학생이 공무집행 훈련 중에 있던 미군 장갑차에 치인 과실치사 사건입니다. 이 사건이 일어나자 서울을 비롯한 전국 각지에서 몇 달 동안 반미 촛불시위를 계속하다가 급기야 훈련 중에 있던 미군 탱크에 기습적으로 올라가 성조기를 불태우기까지 했습니다. 만일 한국에 거주하는 어느 외국인 학생이 여러 우리 학생을 사살했다면 우리 사회는 그 범인의 가정이나 그 나라 사람들이 거주하는 동네를 그냥 놓아두었겠습니까?

이 기회에 우리는 외국에서 시집 온 다문화 가정이나 외국 노동자를 현재 어떻게 대하고 있는지, 그리고 자기주장대로 안 되면 서슴없이 욕설과 폭력을 휘두르며, 심지어 10만 선량(選良)이라고 자부하는 국회의원까지도 신성한 국회의사당에서 추태를 부리는 오늘의 우리 사회를 뼈저리게 자성해 봅니다.

〔2009년 4월호〕

용돈을 벌어 쓰는 미국 아이들

여름방학이 가까워지니 이곳 미국에서는 요즘 주말이면 거리의 곳곳에서 아이들이 무리 지어 세차하는 모습을 자주 보게 된다. 이들은 제각기 역할을 분담해서 가장 어린 또래는 CAR WASH라는 팻말을 치켜들고 깡충깡충 뛰는 귀여운 동작으로 지나가는 차들을 향해 세차하라고 외치며 유도하고, 좀 큰 아이들은 비눗물로 차를 닦고, 일부는 마른걸레로 물기를 훔치며 마무리 작업을 한다. 이렇게 땀 흘리면서 닦는 세차비는 보통 5달러(우리 돈으로 약 6천 원)인데, 어쩌다 인심 좋은 손님이 팁으로 몇 푼 더 얹어주면, 기뻐서 어쩔줄 모르는 이들의 그 천진한 모습이 매우 귀엽다.

이들은 세차뿐만 아니라 자기들이 어릴 때 가지고 놀던 장난감이나 이제는 작아서 입을 수 없는 옷들, 그 밖에 쓰지 않고 사장된 물건들을 모와 두었다가 자기 집 마당에 진열해 놓고 파는 이른바 '개러지 세일(Garage Sale)'로 용돈을 벌기도 한다. 이 개러지 세일은 멀쩡한 좋은 물건들을 파격적으로 싸게 팔기 때문에, 주말에는 곳곳에서 성시를 이룬다.

이들 어린이는 이 밖에 잔디를 깎거나 심부름을 해서 용돈을 벌기도 한다. 미국 학생들은 대체로 학교에 공식적으로 내는 공과금은 부모에게 기대지만, 저희들끼리 과외활동을 하거나 캠핑 또는 여행 등 취미활동에 소요되는 경비는 이러한 방법으로 스스로 해결한다.

미국 학생들이 이렇게 어릴 때부터 자기가 필요한 돈을 제 힘으로 벌어 쓰는 관행은 교육적 효과가 매우 크다고 평가된다. 어려서부터 자기 문제는 자기 힘으로 해결한다는 자립정신이 함양되는 동시에, 자기가 직접 땀 흘리면서 번 돈이기에 돈의 소중함을 알고 헛되게 쓰지 않는다. 또한 이렇게 어려서부터 돈벌이를 함으로써 비지니스 감각도 발달시키는 좋은 계기가 되는 것이다.

만일 한국사회에서 어린아이들이 캠핑할 돈을 마련하고자 여름철 뙤약볕에서 땀을 뻘뻘 흘리면서 남의 차를 닦는 모습을 그들의 부모가 봤다면, 어떤 반응을 보일까 상상해 본다. 그들 부모는 아마 "이 뙤약볕에 그까짓 몇 푼 벌겠다고 이짓 하느냐? 차라리 내가 한목에 줄 테니 그 시간에 학원 가서 공부나 하라." 면서 서슴없이 돈을 주지 않을까 여겨진다.

여기서 미국의 가정교육에 관한 사례를 한 가지 소개하고자 한다. 필자가 어느 날 이웃에 사는 백인 가족과 이야기하다가 초등학교에 다니는 그 집 학생에게 장난삼아 "너 장래 무엇이 되고 싶니?" 라고 물었더니 그 아이는 "사이렌을 울리면서 달리는 멋진 소방관이 되고 싶어요." 라는 것이다. 이에 대해 그 학생의 어머니는 다음과 같이 대답했다.

"내 욕심 같아서는 이 아이를 야구선수로 키우고 싶으나 제가 소방관이 되고 싶다니 본인의 희망대로 소방관이 되도록 밀어주겠습니다."

그들의 이러한 사고방식은 우리에게 매우 낯설기만 하다. 우리는 자식들의 적성이나 재능은 아랑곳하지 않고 부모의 욕심이나 취향에 자식을 밀어붙이기 때문에 그 자식이 지니고 있는 재능이나 소질은 결국 빛을 보지 못하고 부모의 희생양이 되는 경우가 많을 것이다.

〔2009년 6월호〕

쌍말을 부추기는 TV 연속극

한국사람들의 말투는 대체로 딱딱한 데다가 거칠고 억세서 외국사람들에 호감을 주지 못해 은연중에 불이익을 당하기도 한다. 이러한 우리의 말투 때문에 일어나는 불이익은 국제화가 촉진될수록 더욱 심해질 것이다. 그래서 우리 사회가 고운 말을 쓰고자 힘써야 할 처지인데, 최근에는 오히려 더 거칠어지고 있는 실정이다. 필자가 지난번 한국에 갔을 때 서울 거리에서 교복 차림의 여학생들까지도 남학생들과 어울려 서슴없이 '씨팔' 소리를 뱉어 내는 현장을 몇 번이나 목격했다. 한국사회에 이러한 현상이 일고 있는 데에는 TV의 연속극이 적지 않은 영향을 미쳤다고 여겨진다.

우리의 언어순화에 앞장서야 할 TV 방송이 오히려 쌍말을 부추기고 있는 것이다. 특히 KBS나 MBC 등 공영방송까지도 일부 시청자의 저속한 취향에 영합해서 아침저녁의 그 아까운 황금시간대에 낯 뜨거워지는 연속극을 방영하고 있다.

이들 연속극의 줄거리는 한결같이 남녀 간의 치정관계가 아니면 가정불화나 가족 간의 갈등을 다루고 있다. 그러기 때문에 화면마다 욕설이 오가고 경우에 따라서는 여자끼리 머리채를 휘어잡고 싸우는 부끄러운 장면까지 나온다.

우리는 해외여행에서 일본 관광단과 자주 마주친다. 이때 일본사람들은 가이드가 높이 든 깃발을 조용히 따라다니며 유적지에서는 노트를 꺼내 들고 가이드의 설명을 메모하는 모습을 흔히 본다. 반면, 한국 관광단은 때와 장소를 가리지 않고 떠들면서 사진 찍기가 바쁘고, 가이드의 설명보다 끼리끼리 잡담하거나 장난을 즐기는 경우를 자주 본다. 이 때문인지 지구촌에서는 한국을 경제는 선진국, 민도(民度)는 후진국이라는 말이 나돌고 있다.

구미 선진국은 오랜 세월에 거쳐 쌓아 올린 정신문화의 바탕 위에 경제적 부를 축적했기 때문에 그 사회는 말씨가 부드럽고 품위 있는 사회를 이룬 것이다. 다시 말해서, 경제발전과 정신문화가 조화를 이루었기 때문에 부자라고 우쭐대지 않고, 가난하다고 위축되거나 비굴하지 않는 성숙한 사회를 이룬 것이다. 그런데 우리는 급속한 경제성장으로 소득 수준은 높아졌으나 문화 수준이 이를 따라가지 못해 오늘의 이러한 현상이 일고 있는 것이다. 속된 말로 사람되기 전에 돈부터 생겼으니 졸부들이 늘어나 저속한 문화가 번지고 있는 것이다.

이와 같이 우리의 언어문화, 즉 말씨가 해가 거듭할수록 거칠어지고 저속해지는 오늘의 현상은 나라의 먼 장래를 위해 매우 걱정스러운 일이 아닐 수 없다. 그 옛날 농경사회에서는 대인관계보다 대자연을 상대하기 때문에 말씨가 일상생활에 그렇게 영향을 미치지 않았으나, 지구촌이 하나로 엮어지고 있는 오늘의 정보화 사회에서는 대인관계가 모든 일의 성패를 좌우한다 해도 과언이 아니다. 대인관계에서 가장 중요한 요소는 상대방에게 호감을 주는 것이다. 남에게 호감을 주기 위해서는 무엇보다 먼저 품위 있고 교양

있는 말씨를 써야 한다.

따라서 현재와 같은 우리의 투박한 언어문화를 시정하지 못하고서는 아무리 경제강국을 자랑해도 우리는 국제사회에서 제대로 대접받지 못할 후진국이 될 것이다. 따라서 오늘의 거칠어진 우리의 언어문화를 어떤 방법을 써서라도 시정해야 하겠다. 범국민적 캠페인이라도 전개해야 할 것인데 그 캠페인의 중심에 서야 할 영상매체가 이 모양이니 이제 활자 문화인 신문에 기대를 걸고 여론화해야 하겠다.

〔2009년 7월호〕

진돗개를 닮은 한국의 정치판

최근 여의도 국회의사당에서 벌어지고 있는 정치판의 모양새가 진돗개를 꼭 닮은 듯싶다. 사자나 늑대와 같이 집단을 이루는 동물의 세계에서는 서로 힘 겨루기 싸움을 하다가 승패가 나면 패자는 깨끗하게 승복해 자연스럽게 서열을 정하며 질서를 유지한다. 그런데 진돗개는 싸움에서 져도 승복하지 않고 끝까지 도전한다.

민주주의의 진수는 아무리 치열하게 싸우다가도 다수결에 따라 결정이 나면 이에 승복하는 것이다.

MB정부가 민주주의에 역행한다며 민주주의를 부르짖고 있는 야당 의원들과 이에 동조하는 일부 시민단체가 자기들의 주장대로 되지 않았다고 국회에서 다수결에 의해 통과한 법안에 승복은커녕 무효라고 주장하며 주먹을 휘두르는 행동이야말로 민주주의에 역행하며 나라를 망신시키고 있는 짓이다.

진돗개의 기질을 가장 뚜렷하게 나타낸 사례가 지난날 대통령 선거에서 나타났다. 후보 경선에서 패배한 어떤 후보가 당초에 승복하겠다던 약속을 저버리고 다른 당으로 자리를 옮겨 다시 출마한 추태가 바로 그것이다. 이들 정치하는 사람뿐만 아니라 우리 사회에는 다수결에 승복하지 않고 진돗개처럼 행동하는 사람을 자주 보게 된다. 어떤 모임에서 다수결에 의해 결정된 사안이 자기 의견대로 되지 않았다고 고함지르며 자리를 박차고 퇴장하거나 그 단체에서 탈퇴하는 사람도 있다. 우리는 스스로 민주주의에 익숙하다고 여기지만 이와 같이 민주주의를 저버리는 일을 서슴없이 하고 있다.

한국사회에서 선거가 끝나도 계속 편 가르는 반목이 이어지는 선거 후유증이 일고 있는 까닭도 바로 진돗개를 닮은 이 습성 때문이다.

불과 200여 년의 건국 역사를 가진 미국의 수도 워싱턴에는 역사적 위인들의 기념관이 많은데, 우리나라는 기념관은커녕 흠집을 내서 죄인으로 만들고 있으니, 이것도 남의 권위를 인정하지 않으려는 진돗개를 닮았기 때문이라고 하겠다.

차제에 다수의 결정에 깨끗하게 승복하는 미국의 아름다운 패자들을 살펴보고자 한다. 2004년의 대선에서 선거 막판까지 승패를 가름할 수 없을 정도로 치열한 접전을 벌이던 케리 후보가 개표 도중 패색이 짙자 부시 후보에게 전화로 당선을 축하했다. 그리고 유권자를 향해 "나는 이제 새로운 지도자에게 힘을 모으는 일에 힘쓰겠습니다."고 선언했다.

지난해의 미국 대선에서도 이와 비슷한 아름다운 패자가 나타났다.

47세인 흑인 오바마 후보에게 패배한 72세의 맥케인 후보도 개표 도중에 승산이 보이지 않자 패배를 인정하고 승자에게 축하전화를 걸었다. 그리고 국민들에게는 "오바마 후보의 당선은 미국의 정의롭지 못한 개척시대의 오점을 지울 수 있게 했고, 인종적 편견 시대를 벗어나게 했습니다."며 그의 당선을 충심으로 축하해 줬다. 그리고 오바마와 후보 경선에서 불꽃 튀기는 싸움을 하다가 패배한 힐러리 클린턴 후보도 오바마 정부의 요청을 받아들여 국무장관으로 열심히 뛰고 있는 모습도 우리에게는 부럽기만 하다.

진돗개는 세계에 자랑할 정도로 영리하고 용감한데도 불구하고, 경찰이나 세관의 수색업무에는 이용되지 못하고 있다. 그것은 진돗개의 본능적인 외고집과 융통성 부족 때문이라고 한다. 우리 한국 사람도 매우 영리하고 재능이 다양한데, 진돗개를 닮은 특성만 고친다면 세계를 놀라게 할 일을 해낼 것으로 믿는다.

〔2009년 8월호〕

청와대의 100만 달러 뇌물 이야기

北靑소식의 지난 5월호 3면에 '대통령의 100만 달러 뇌물'이라는 제목으로 실린 기사는 한 번 게재하고 그냥 지나치기에는 너무나 귀중한 뜻을 지니고 있는 듯 싶어 여기서 다시 음미해 보고자 한다.

지난날 몇몇 어물쩍한 대통령들이 청와대에서 막대한 액수의 뇌물을 은밀하게 받아 챙긴 사실은 우리 국민의 뇌리에 아직도 수치스러운 기억으로 남아 있다. 그런데 북청소식에 실린 박정희 전 대통령과 관련된 100만 달러 짜리 뇌물 이야기는 고 노무현 전 대통령에 엉킨 100만 달러 뇌물과도 대조를 이루어 우리를 감동시키고 있다.

박정희 대통령의 이 뇌물 이야기는 월남전이 한창이던 40여 년 전에 한국 정부가 M16 자동소총을 수입하기로 결정한 미국의 맥도널드 다글라스 회사에서 당시 중역으로 있던 데이비드 심프슨 씨가 최근에 발간한 회고록에서 나왔다고 북청소식에 소개했다. 박정희 대통령의 참모습을 다시 조명해 보고자 북청소식에 소개한 그 회고록을 다음과 같이 재구성해 본다.

내가 청와대에서 비서관의 안내를 받아 대통령 집무실로 들어가 박정희 대통령을 만난 첫인상은 일국의 통치자라고 하기에는 너무나 소박하고 격식이 없었다. 집무실 테이블에는 부채와 파리채가 놓여 있을 정도로 허술하게 느껴지던 대통령이 고개를 들어 나를 바라볼 때 그 눈빛이 나를 압도하는 듯했다. 대통령은 나를 안내하던 비서관에게 "손님이 오셨으니 창문을 닫고 에어컨을 잠시라도 틀어라."고 지시했다. 나는 그제서야 파리채와 부채가 테이블에 놓인 까닭을 알게 되었다.

나는 대통령에게 M16 소총을 저희 회사로부터 구입하기로 결정한 데 대해 감사드리며 회사에서 마련한 100만 달러 짜리 수표가 든 봉투를 대통령 앞에 내밀었다. 이에 대해 대통령은 아무 반응을 보이지 않고 눈을 잠시 지그시 감고 무언가 생각하는 듯했다. 나는 대통령이 오해라도 하는가 싶어 "이러한 사례금은 우리 회사에서 관례적으로 고객에게 드리는 것이니 부담 없이 받아주십시오."라고 말씀드렸다.

이윽고 대통령은 "이 돈을 정말 내게 주는 것입니까?"라고 묻기에 "그렇습니다."라고 대답하자 대통령은 "이 돈은 이제 내 것이니 내 뜻대로 쓰겠소." 하면서 그 봉투를 도로 내 앞으로 내밀었다. 그리고 "M16 소총을 100만 달러 어치 더 사겠소."라고 결연히 말한 다음 "우리는 외화를 벌기 위해 우리 젊은이들이 독일에서, 중동에서 땀 흘리고, 월남에서는 피를 흘리고 있는 처지이니, 이 100만 달러는 정말로 귀한 돈이니 옳게 써야 하겠소."라고 목멘 듯이 말했다. 이 날 만난 박정희 대통령은 내가 이제까지 무기 구입에 대한 사례금을 전달하고자 만난 세계 여러 나라의 대통령과는 전혀 다른 면모를 보였다고 심프슨 씨는 회고했다.

박정희 대통령이 청와대에서 화장실의 물도 아끼고자 변기의 물탱크에 벽돌을 넣었고, 삼복더위에 에어컨도 틀지 않고 지냈다는 이야기는 이미 널리 알려져 있다.

박정희 대통령의 이러한 생활철학이 한강의 기적을 이루어 5,000년 내려오던 보릿고개를 허물고 오늘의 풍요를 누리게 한 밑거름이 된 것이다. 청와대에서 이루어진 뇌물도 대통령에 따라 각양각색이다. 오늘 다시 한번 그분을 재조명하고 가슴 뜨거움을 느끼면서…….

〔2009년 9월호〕

민주투사 DJ와 전 대통령 DJ를 재조명한다

김대중 전 대통령(이하 DJ)이 별세한 지 어느덧 두 달이 지났다.

본시 위대한 인물은 당대보다 후세에 가서야 올바른 평가가 나오는 것이다. 한국 현대사에 여러 가지 기록을 남길 DJ의 참모습도 사후에 점차 선명하게 떠오르는데, 그의 참모습은 두 가지 양상으로 확연하게 구분된다. 그 하나는 민주투사로서의 DJ와 다른 하나는 대통령으로서의 DJ인데, 이 두 가지는 전혀 다른 모습으로 비치고 있다.

민주투사로서의 DJ는 국가와 민족만을 위한 말 그대로 '행동하는 양심' 을 지닌 자였다. 민주주의가 억눌리던 시대에 DJ는 목숨을 걸고 독재에 맞서 싸웠다. 암울하던 그 시절에 DJ는 우리 민초들에게 구세주처럼 보였고 유일한 희망이었다.

민주투사로 이렇게 화려하던 DJ가 정치인으로 데뷔하면서 그의 본능적인 집념과 야망이 DJ로 하여금 전연 다른 모습으로 바꿔놓았다. 지금에 와서 생각해 보면 DJ의 최대 정치목표는 대통령과 노벨 평화상이 아니었던가 여겨진다. 그는 이 두 가지 목표를 실현시키고야 말겠다는 특유의 집념 때문에 수단과 방법을 가리지 않아 때로는 무리수를 저질러서 민주투사였던 그가 오히려 반민주투사로 보였다.

DJ가 임종할 때까지 행사한 강력한 파워는 어디서 나왔을까? 그 원천은 두 곳에서 나왔다. 하나는 호남이라고 하는 지역주의에서 나왔고, 다른 하나는 그의 제왕적 보스 정치에서 만들어졌다. DJ, YS, JP의 3김시대에 형성된 이 지역주의를 끝까지 활용한 사람이 바로 DJ다. 이러한 지역주의가 계속해서 정치적으로 악용되다 보니 그 지역주의가 오늘에 와서는 국민통합에 막심한 타격을 주고 있다. 호남지방을 배경으로 한 DJ의 권위주의적 보스 정치는 민주적 정치 운용을 저해한 것으로 평가된다.

그러나 DJ의 이 보스 정치가 그에게 막대한 헌금과 정치자금을 제공한 것이다. 이 막대한 돈을 DJ는 손수 관리하면서 축재한 것으로 추측된다. DJ가 창립한 도서관이나 재단에 투입된 막대한 자금이 추축을 뒷받침하고 있다.

DJ의 대표적 업적으로 꼽히는 햇볕정책과 남북 정상회담에 대해서도 후세의 사가들은 어떻게 분석할 것인가? DJ가 추진한 이들 대북정책은 DJ가 대통령 입장에서 국가와 민족의 먼 장래를 생각하기보다 그의 핏속에 흐르고 있던 좌파적 이데올로기의 영향으로 추진되지 않았을까 여겨진다. 햇볕을 쪼여서 이끌어 내겠다던 북한의 개방은 김정일에게 있어서는 죽음을 뜻하므로 김정일은 이 개방을 절대로 용납할 수 없는 것이다.

삼척동자도 알고 있는 이 사실에도 불구하고 DJ는 햇볕정책이라는 이름으로 막대한 국민의 세금을 김정일 개인에게 퍼주면서 남북의 정상회담을 성사시킨 까닭이 무엇일까? DJ는 이 정상회담으로 노벨 평화상을 받았다.

현해탄에서 살아남았고, 사형대에서 목숨을 건진 DJ는 그가 필생의 목표였던 대통령 자리까지 쟁취했으니 그는 분명 인동초인 것이다. DJ는 가난하고 억눌린 약한 자의 편에 서서 용감하게 싸웠기에 그는 '행동하는 양심' 이라는 칭송을 받았다. 그러던 DJ가 정치인으로 변신하고서는 권모와 술수가 난무하는 정치판에 휩쓸렸고 말년에는 병석에 누워서도 정치에 대한 미련을 버리지 못해 국가 원로로서의 체통을 스스로 훼손한 것은 매우 애석한 일이다. 그러나 DJ는 이제 말없이 저세상에서 조용히 잠들어 있다. 이 말없는 자에 대해 왈가왈부한다는 것은 매우 조심스러운 일이다. 그러면서도 그에 대한 애증이 항간에 교차해 있는 시점에서 아무런 편견 없이 객관적으로 그의 발자취를 여기서 재조명해 본 것이다.

〔2009년 10월호〕

8 · 15 세대가 느끼는 세모의 감상

어느덧 2009년의 마지막 남은 달력도 이제 며칠이면 영원히 사라질 세모입니다. 한 해가 저물어가는 이 세모에 우리 8 · 15 세대는 남다른 고독감을 느끼며 숙연한 마음에서 지난 세월을 살아온 발자취를 되돌아보게 됩니다. 우리 8 · 15 세대가 살아온 길은 20세기의 유별난 역사의 소용돌이를 힘겹게 헤쳐나간 길이었기에 그 길은 흙탕길이며 가시밭길이었습니다.

그 길에는 일제강점기 시대가 있었고, 8 · 15 해방이 있었으며, 남북 분단과 6 · 25 전란도 있었습니다. 이 길을 지나가는 과정에서 가장 힘겨웠던 것은 허기진 배를 달래는 일이었습니다. 그래서 그 시절을 '보릿고개' 라고 이름 붙였던 것입니다. 이러한 험난한 길에서 살아남기 위해 허우적거리다 보니 우리 8 · 15 세대는 노후대책도 미처 마련하지 못한 상태에서 늙어버렸습니다.

뿐만 아니라 8 · 15 세대는 지난날의 농경사회에서는 가부장적 권위로 호령하다가 어린이를 중심으로 하는 현대사회에서는 이빨 빠진 호랑이 신세가 되었습니다. 게다가 컴퓨터가 생활화되면서 그 유식했던 8 · 15 세대는 하루아침에 컴맹이라는 문맹자가 되었습니다.

그래서 8 · 15 세대를 가장 불우한 세대라고들 합니다.

그러나 다른 각도에서 보면 8 · 15 세대처럼 스릴 넘치는 삶을 산 세대가 없다고 여겨집니다. 그 까닭은 우리 8 · 15 세대는 몇 10년, 또는 몇 100년에 한 번 있을까 말까 한 희귀한 역사의 현장을 목격하고 체험했기 때문입니다. 우리는 식민지의 맛도 보았고, 공산당의 만행과 전쟁의 참상도 경험했으며, 심지어 1000년에 한 번 있는 밀레니엄 축제에까지도 참가했으니 우리는 불우한 세대가 아니고 분명 선택받은 세대입니다. 이러한 멋진 체험뿐만 아니라 그 험한 길은 우리 8 · 15 세대에게 품위를 잃지 않고 늙을 수 있는 지혜를 주었고 어려움을 극복할 수 있는 강인한 내성을 키웠으며 값진 생활철학도 습득하였습니다.

그래서 8 · 15 세대는 넉넉하지 못한 생활을 하면서도 마음은 항상 넉넉합니다. 그들은 자칫 추하게 보일 노후생활을 보다 품위 있게 하기 위해 욕심과 특히 노욕을 자제하는 동시에 모든 사물을 긍정적으로 보고자 노력합니다. 특히 젊은이들을 부정적으로 보지 않고 그들에게서 배우고자 하는 적극적인 자세로 바꾸며 어른으로서의 역할을 다하는 멋진 늙은이가 되고자 힘쓰고 있습니다.

8 · 15 세대의 생활철학은 또한 현재의 허술한 생활공간을 조용히 책을 보며 사색하는 나만의 안식처로 가꾸고, 감사의 기도를 드리는 나만의 교회로 삼으면서 행복을 만들고 있습니다. 그들은 행복의 참 뜻이 무엇인지를 생활의 현장에서 터득했습니다. 마음가짐으로 스스로 만들어 간다는 사실을 깨달았습니다. 행복은 아무리 부귀를 누려도 탐욕이나 이기심이 앞서면 결코 행복을 느끼지 못한다는 사실을 어려운 생활전선에서 체험했습니다.

8 · 15 세대의 이러한 생활철학이 5,000년 내려오던 보릿고개를 허물고 한강의 기적을 이루어내서 이제 배불리 먹게 되었습니다. 이러한 8 · 15 세대가 한때 설익은 386세대로부터 '수구 골통' 이라는 수모를 당하기도 했습니다. 그러나 철부지 같은 이들의 욕설도 8 · 15 세대에게는 한낱 코웃음에 지나지 않습니다. 8 · 15 세대는 비록 늙었지만 지난날의 긍지와 패기는 여전히 살아있기에 이 울적한 세모도 활기차고 뜻있게 보낼 것입니다.

〔2009년 12월호〕

北靑소식

2008.1~2007.12

조국의 새 아침

2008년의 새 아침에 이 곳 미국 땅에서 바라보는 태평양 건너의 내 조국 '대한민국'! 그 조국이 이 새 아침에는 여느 때보다 유별나게 자랑스럽고 찬란하게 느껴집니다. 그것은 이 새 아침이 잃어버린 지난 10년을 되찾게 된 새 아침이기 때문입니다. 내 조국은 지난 10년 동안 친북 좌파 정부에 의한 계급적 편 갈이 싸움에 나라의 기틀이 흔들리는 위기에 직면했던 것입니다.

그 위기를 우리 국민은 지난해 12월 19일의 선거를 통해서 또 하나의 기회로 만든 현명한 선택을 했습니다. 우리 국민은 본시 위기에 직면하면 놀라운 괴력을 발휘합니다.

지난번 서해 앞바다에서 발생한 기름 유출사고도 심각한 국가재난이었으나 이 재난도 지난 1월 7일 현재 전국에서 모여든 연인원 1백만 4천여 명에 이르는 자원봉사자들의 단합된 힘으로 원상 복구되고 있어 외신기자들을 놀라게 했습니다.

1997년의 IMF 위기 때에도 국민들이 소중하게 간직하고 있던 귀금속을 자진해서 헌납하여 위기를 극복함으로써 또 한번 세계를 놀라게 했던 것입니다.

우리 민족의 이러한 저력을 역사 속에서 찾아 열거하자면 실로 한이 없을 것 같습니다. 우리 한반도는 지정학적으로 중국이나 러시아의 대륙세와 일본의 해양세가 부딪치는 위치에 있기 때문에 온갖 전란을 겪었으나 용케 잘 버텨 왔습니다. 그 와중에서도 우리는 고유의 언어와 문자, 그리고 독특한 문화를 창조 발전시켜 오늘날에는 한류라는 이름으로 지구촌에 확산되고 있습니다. 우리는 6·25전쟁의 잿더미에서 일어나 단시일에 오늘의 강국을 만들어 내기도 했습니다.

우리는 지난날 선거철이 되면 막걸리와 설렁탕이 한몫하던 낙후된 사회를 어느새 세계가 주목하는 모범적인 선진 민주사회로 바꾸어 놓았습니다. "아들딸 구별 말고 둘만 낳아 잘 기르자." 고 했던 우리가 불과 10여 년 사이에 출산을 장려하지 않을 수 없을 정도로 의식구조를 바꾸어 놓았습니다.

우리 국민은 평상시에는 조용해 보이지만 어떤 계기가 생기거나 훌륭한 지도자가 나타나면 상상을 초월하는 에너지를 발산합니다. 지난날 조국 근대화 작업이나 새마을 운동에서 그러했고, 2002년 월드컵에서 보인 열기가 바로 그러했습니다.

이렇게 화끈한 기질을 소유한 우리 국민에게 있어 2008년의 이 새 아침은 한층 찬란하고 희망에 부풀어 있습니다. 그것은 이번에 뽑힌 새 지도자에게 거는 기대가 그 어느 때보다 크기 때문입니다.

특히, 지난 10년 동안 좌파 정부의 실정으로 거덜 난 나라의 경제를 대기업 CEO 출신의 새 지도자가 제2 한강의 기적을 창출해서 살려 낼 것으로 믿기 때문입니다. 더욱이 우리 민족의 염원인 남북통일도 우리의 경제력만이 해결한다고 생각할 때, 새로 뽑힌 지도자에게 거는 기대는 더욱 큽니다. 그러기 때문에 2008년의 새 아침에 바라보는 저 조국은 더욱 찬란해 보입니다.

또 하나 다행한 것은 마치 6 · 25가 처참했지만 그 6 · 25가 숨어 있던 남한의 자생 빨갱이를 노출시켰듯이, 잃어버린 지난 10년의 실정이 오히려 우리 사회의 '환상적 좌파'를 각성시킨 계기가 되었다는 사실입니다. 지난 80년대에 나타난 주사파의 영향을 받은 '환상적 좌파'가 우리 사회에 계급의식을 전파시켜 사회 갈등과 증오심을 부추기던 지난 10년을 생각할 때, 이번 대선 결과는 전체 국민의 가슴에 쌓인 응어리를 시원하게 풀어 주었다고 여겨집니다.

위기에 강한 불사조의 나라 대한민국의 미래는 밝기만 합니다. 그것은 이 어려운 시기에 국가경영의 CEO가 뽑혀 지난 10년을 반면교사로 삼으면서 그가 내세운 747 공약을 실현할 것을 믿기 때문입니다. 이제 우리는 당신이 제발 초심을 잃지 말기를 진심으로 바랍니다.

그렇게 한다면 온 국민은 지난날 "잘 살아 보세! 우리도 한번 잘 살아보세!" 하던 그때처럼 합심해서 땀 흘릴 것입니다.

〔2008년 1월호〕

어떤 모습으로 늙을 것인가

해가 바뀌었으니 또 한 살 먹었습니다. 어린 시절에는 한 살 먹는 것이 즐겁기만 했는데, 늙어 가면서 나이를 먹는 것이 그렇게 반갑지 않게 되었습니다. 그리고 앞으로 어떤 모습으로 여생을 살아야 추한 꼴을 보이지 않고 최소한의 품위라도 유지할 수 있을까를 성찰하게 됩니다.

지난날 조용하고도 단조로운 농경사회에서 살던 우리 노인들은 복잡한 산업사회를 거쳐 고도의 정보화 사회로 급변하는 오늘의 이 사회 환경에 적응하기가 쉽지 않습니다. 우리 딴에는 유식하다고 자부하며 살다가 컴퓨터가 생활화되자 하루아침에 문맹자(컴맹)가 되어 손자, 손녀의 가르침을 받아야 할 신세가 되었습니다. 여기에 곁들여 대가족 제도에서 가부장적 권위로 추장 노릇하던 노인들이 어린이를 위주로 하는 핵가족 제도의 오늘에는 이빨 빠진 호랑이 신세로 전락했습니다.

특히, 우리 8 · 15 세대는 혹독한 식민지 시대를 거쳐 6 · 25 전쟁의 잿더미에서 살아남기 위해 허우적거리다 보니, 노후 대책도 제대로 마련하지 못해 넉넉한 편이 못 됩니다. 이러한 갖가지 어려움을 극복하면서 죽는 날까지 주눅들지 않고 당당하게, 그리고 품위를 잃지 않고 늙을 수 있는 길이 무엇인지 나름대로 몇 가지 정리해 보았습니다.

첫째, 지난날의 낡은 지식이나 기득권을 깨끗이 버리고 백지상에서 현실을 겸허히 수용하고, 현실에서 새로운 문물을 배우고자 하는 적극적인 자세를 가져야 한다고 생각합니다. 지난날의 권위나 영광을 버리지 못한다면 스스로 심적 갈등에 빠지게 될 것이고, 따라서 남에게 추하게 보일 것입니다.

둘째, 욕심부터 버려야 한다고 믿습니다. 사람은 늙을수록 심신은 쇠퇴하지만 유독 욕심은 커진다고 합니다. 심리학자들은 이 현상을 노욕이라 하고, 노욕이 심해지면 추해진다고 해서 이것을 노추라고 한답니다. 노욕을 억제하려면 마음부터 비우고 겸손해야 할 것입니다. 늙을수록 자기주장보다 남의 말을 경청하며, 자기 자랑보다 남의 장점을 찾아 칭찬을 아끼지 말아야 합니다. 욕심을 버린 노인은 설치지 않고 불평도 하지 않으며, 무리하게 이기려 하지 않고, 남의 잘못도 사랑으로 관용하게 될 것입니다.

셋째, 모든 사물을 긍정적으로 보려는 마음 가짐이라고 여겨집니다. 사람은 늙을수록 매사가 뜻대로 되지 않기 때문에 짜증나게 되어 세상이 부정적으로 보이기 마련입니다. 같은 사물이라도 부정적으로 볼 때와 긍정적으로 볼 때의 차이는 매우 큽니다. 긍정적인 노인은 마음이 편해져서 표정이 밝아집니다. 긍정적인 노인은 매사에 의욕이 솟아나서 건강도 따라붙고, 그릇된 일도 좋은 쪽으로 역이용해서 그 속에서 교훈을 얻게 됩니다. 긍정적인 노인은 감사하는 마음이 넘쳐 곱게 늙게 되므로 굳이 겉모양에 신경 쓸 필요가 없게 됩니다.

넷째, 노후 대책이 미흡할수록 주눅들지 말고 기운을 차려야 합니다. 형편이 어려울수록 지난날의 역경에서 터득한 생활철학을 살려서 의연한 자세로 행복을 만들어야 합니다. 행복이란 본시 남이 주거나 돈으로 살 수 있는 것이 아니고, 자신의 마음가짐으로 스스로 만드는 것입니다. 행복은 마음가짐 여하에 따라 아무리 초라한 환경이라도 천국으로 만들 수 있습니다. 행복을 만들기 위해서는 지난날의 권위를 청산하고 급변하는 현실을 겸허하게 수용하는 동시에, 노욕을 떨쳐 버리고 세상을 긍정적으로 보며, 감사와 사랑하는 마음가짐이 필수적입니다.

이러한 마음가짐은 행복뿐만 아니라 건강까지 줄 것입니다.

(2008년 2월호)

배 고픈 것과 배 아픈 것

지난날 가난하던 시절에는 배고픈 사람이 많았으나 풍요를 구가하는 오늘날에는 배 아픈 사람이 더 많아 보인다.

배가 고픈 것은 가난하기 때문에 제대로 먹지 못해 일어나는 육체적 현상이고, 배가 아픈 것은 경쟁 사회에서 우위를 선점한 사람들로부터 받게 되는 일종의 스트레스 때문에 일어나는 심리적 현상이며, 경쟁에서 낙오된 사람들이 품게 되는 시기심이라고도 하겠다. 배 아픈 현상은 치열한 경쟁으로 말미암아 빈부의 격차가 심하기 마련인 미국에 많을듯한데 그렇지 않고, 경쟁이 상대적으로 덜한 한국 사회에서 오히려 이른바 양극화라는 이름으로 심각한 사회문제로 대두되고 있는 것이다. 그 까닭이 무엇인지 미국과 비교하면서 살펴보고자 한다.

시장경제에 바탕을 둔 전형적인 자본주의 나라 미국에서도 모든 사회활동이 경쟁체제로 이뤄진다.

한 가지 사례를 든다면 한국에서는 여름철 해수욕장에서 사이다 한 병에 1만 원이라면 바가지라고 온 나라가 떠들 것이지만, 미국에서는 1만 원이 아니라 10만 원을 받더라도 문제가 되지 않는다.

미국에서는 이러한 무한경쟁이 바로 국가 발전의 원동력이 되는 것이다. 이러한 경쟁은 상거래에서뿐만 아니라 각급 학교 운영에서도 철저히 적용되며, 한국에서 현재 실시하고 있는 학교의 평준화 시책은 미국에서는 상상조차 할 수 없는 일이다. 경쟁이 이렇게 격심한 미국에 배 아픈 사람이 많을텐데 별로 보이지 않고, 경쟁이 비교적 덜한 한국에 오히려 많아 보이니 그 까닭이 무엇일까?

미국 사람은 본시 치열한 경쟁에서는 의례히 승자와 패자가 있다는 사실을 당연한 것으로 받아 들이고, 부자라고 우쭐댈 것 없고 가난하다고 부끄러워하거나 비굴할 것 없다는 사고방식으로 살아간다고 보인다.

아무리 부자라도 사치할 줄 모르고, 기부를 통해서 이웃을 챙기는 것이 관례이다. 세계적인 갑부 빌 게이츠는 어디에서나 감색 스웨터 차림을 하고, 워런 버피트는 소형 자동차를 손수 운전한다고 한다. 그러면서도 이 두 사람은 거금을 출연해서 세계에서 가장 큰 구호재단을 함께 설립하고, 현재 불우한 인류를 위해 자선사업을 전개하고 있다.

한국에서는 이와 반대로 돈 벌면 자동차부터 중형으로 바꾸고 거드름 피우며 가난한 이웃을 주눅 들게 하는 사람들이 많아 보인다. 이들이 바로 졸부인 것이다. 이들 졸부는 반상회에도 요란하게 치장하고 나타나 동네 사람들 앞에서 허세를 부리기도 한다.

필자는 이번 방한 기간에 경기도 포천의 백운계곡을 지나다가 한국의 저속한 '졸부 문화' 를 우연히 보고 놀랐다. 그 풍치 좋은 계곡의 곳곳에 다채로운 조경으로 치장한 갈비집들이 성업 중에 있었고, 그 옆에는 출입하는 사람이 눈에 잘 띄지 않게 위장한 러브 호텔이 보였다. 세계 어느 곳에서도 볼 수 없는 이 부끄러운 현장이 성실하게 살아가는 선량한 일반 시민들의 눈에 어떻게 비쳐질까?

이 저속한 한국의 졸부 문화가 배 아픈 사람을 양산해 내는 것이다. 배가 심하게 아프면 시기심으로 변하고, 시기심은 증오심으로 발전하여 급기야 계급의식으로 비약해서 이것이 무서운 좌파세력의 계급투쟁으로 번지게 된다.

우리 사회를 더럽히는 졸부 문화를 소탕하자면 정신문화의 창달을 거국적 시민운동으로 전개해서 일상생활의 품격을 높여야 할 것이다.

〔2008년 3월호〕

우리만의 신바람이 다시 일어날까

이화여대의 이어령 교수에 의하면 우리 민족의 유전자 속에는 신바람이라는 독특한 인자가 들어 있어 현명한 선도자가 체계적으로 조작해서 슬기롭게 이끌어 간다면 엄청난 에너지를 발산한다는 것이다. 그런데 안타깝게도 이 신바람을 에너지화할 수 있는 지도력이 나타나지 않아 이 소중한 신바람은 유구한 역사 속에서 빛을 내지 못하고 사장되었던 것이다. 그러던 신바람이 지난 1960, 70년대에 철학과 신념을 가진 탁월한 지도자가 이 신바람에 불을 붙여 거대한 에너지를 분출시켜 '한강의 기적' 을 일구어 냈다.

그 에너지는 자동차도 별로 없던 시절에 고속도로를 건설했고, 철광석도 없는 나라에 제철소를 건설했으며, 창원에는 기계 공업단지, 울산에는 석유 화학 단지, 구미에는 전자 공업 단지 등 각지에 공업 단지를 건설했다. 이들 공업 단지에는 직공들을 위한 야간학교를 부설해서 그들의 배우지 못한 한을 풀어 주는 동시, 슬기로운 선견지명으로 KAIST와 대덕연구 단지를 세워 인적 자원을 미리 양성해서 오늘의 과학 선진국 기틀을 마련했다. 이렇게 신바람으로 분출한 에너지는 우리나라를 세계 최빈국에서 단시일 내에 경제 강국으로 만들었고, 모범적인 민주국가로 성공시켰다.

우리의 '신바람' 이 만들어 낸 또 하나의 업적은 1970년대 초에 요원한 불길처럼 타오르던 새마을 운동이었던 것이다. 근면, 자조, 협동을 행동강령으로 삼고 전개한 새마을 운동은 우리 역사에서 유례없는 의식개혁 운동이었던 것이다.

지난날 우리는 스스로 엽전이라고 냉소하며, 가난을 운명으로 체념하던 희망 잃은 민족으로 자포자기했다. 그러던 민족이 신바람을 분출시켜 새마을 운동을 통해서 "우리도 잘 살 수 있다." 는 자신감을 얻고 땀 흘렸다. 농촌에서 초가집을 개량하고 마을 안 길을 넓히는 사소한 일로 시작한 새마을 운동이 전국으로 확산되면서 정적(靜的)인 국민의식을 능동적으로 탈바꿈시켰다.

그 신바람은 88 서울 올림픽을 세계적인 문화축제로 승화시켰고, 1997년의 IMF 위기 때에는 국민들이 자진해서 귀금속을 헌납케 했으며, 2002 월드컵 경기에서는 서울 시청 앞 광장에 100만의 붉은 악마가 운집해서 세계를 열광시켰다.

이렇게 국내에서 움직이던 신바람은 우리의 문화를 한류라는 이름으로 세계에 확산시키고 있다.

이와 같이 생동감을 주던 우리만의 신바람이 안타깝게도 지난 10년 동안 좌파정부의 이념 분쟁에 휘말려 동력을 잃었던 것이다.

그런데 때마침 탁월한 CEO 출신의 검증받은 대통령이 이번에 취임하면서 국민에게 천명한 조국 선진화라는 국정지표가 잃어버린 신바람을 되찾을 것이라는 확신을 안겨준다. 조국 선진화라는 이 국정지표에는 모든 국민이 공감할 시대정신이 함축되어 있기 때문에 이 지표가 새로운 신바람을 일으켜 또 하나의 한강의 기적을 이루어 낼 것으로 믿게 한다.

오늘날의 선진국 기준은 경제력뿐만 아니라 사회 구성원들이 공동 이익을 위한 생산적 인간관계를 맺게 하는 사회 자본이 중요한 몫을 차지하고 있다. 따라서, 조국의 선진화를 위해서는 경제 건설뿐만 아니라 우리 사회의 부조리를 척결해서 신뢰를 회복하는 동시에 서로를 존중하고 공공의 질서를 지키는 등 나라의 품격을 높이는 사회개혁에 힘쓰기를 바란다.

〔2008년 4월호〕

나는 아직 광우병에 안 걸렸다

나는 지난 20년 동안 이 곳 미국에 살면서 쇠고기를 실컷 먹었고 계속 잘 먹고 있다. 고기뿐만 아니라 꼬리나 사골뼈로 곰탕도 만들어 먹고 있다. 그래서 요즘 한국에서 떠도는 광우병에 대한 소문대로라면 나는 이미 광우병에 걸렸을 것이다.

그런데 나는 광우병 증세는커녕 건강상태가 여전히 좋으니 한국에서 떠도는 그 소문이 믿어지지 않는다.

한국에서 현재 일고 있는 광우병 소동은 지난 4월 29일에 방영된 MBC PD수첩이 도화선이 되어 네티즌들의 댓글이 쏟아지면서 확산되었다고 한다. 이 댓글 중에는 "미국에서 광우병이 의심나는 쇠고기는 모두 외국으로 수출한다."거나, 또는 "미국산 쇠고기를 먹고 광우병에 걸리면 뇌 속에 구멍이 숭숭 뚫려 그냥 죽는다."는 소문까지 나돈다고 한다. 그래서 천진한 어린 학생들이 "나는 아직 15살밖에 살지 못했다."는 애절한 피케트를 들고 시위에 참가했다는 보도를 접하기도 했다.

이러한 소문이 사실이라면 미국은 이미 국가 기능을 상실한 비도덕적 범죄의 나라인 것이다. 그 소문대로라면 까다롭기로 이름난 미국의 식품의약청(FDA)은 그동안 무얼 했고, 정부를 감시하고 사회 비리를 들춰내기로 유명한 신문 워싱턴 포스트와 미국의 지성을 대표한다는 뉴욕 타임즈는 이제까지 낮잠만 자고 있었다는 말인가? 그리고 세계보건기구(WHO)나 국제 여론이 이를 가만 놔두었겠는가?

국제수역사무국(OIE)에 의하면 미국에서 사람이 광우병에 걸릴 확률은 1억 분의 1이라고 한다. 그런데 한국의 촛불 시위에서는 현재 전국으로 번지고 있는 조류독감(AI)의 가공할 전염성에 대해서, 또는 중국으로부터 유해색소나 농약, 또는 쥐똥이나 벌레가 우글거리는 식품이 밀려드는 현장은 외면하고, 오직 1억 분의 1에 지나지 않는 미국의 광우병에 대해서만 떠들고 있으니 그 까닭이 무엇일까?

특히 주목되는 것은 미국발 광우병을 성토하는 정치인이 현재 그 위험한 미국에 유학 보낸 자녀를 당장 피신시킬 법한데, 아직 아무 움직임도 보이지 않으니 앞뒤가 맞지 않는다. 이렇게 이해할 수 없는 여러 상황을 고려할 때, 이번 광우병 소동에는 정치적 복선이 깔려 있지 않는가 하는 의심이 짙어진다. 지난해의 대선과 이번의 총선에서 된서리를 맞고 움츠렸던 친북 좌파세력이 이번 소동을 잘 이용해서 판세를 뒤집으려고 하는 듯한 심증이 굳어진다. 또한 광우병 소동을 통해 반미 정서를 확산시켜 한미 FDA를 무산시키는 동시, 이명박 정권에 대한 불신을 부추겨 정치적 반사이익을 얻자는 계산도 깔려 있는 듯싶다.

미국산 쇠고기로 인한 작금의 촛불시위는 2002년에 일어났던 의정부 여학생 치사사건 때의 촛불시위와 매우 유사하다. 이 두 촛불시위는 한국사람들의 부화뇌동하는 군중심리를 잘 나타낸 사건으로 보인다. 2002년의 촛불시위는 두 여학생의 부주의로 인해서 공무 훈련을 수행 중이던 미군 장갑차에 치어 사망한 단순한 개인 사건이었는데, 이를 반미운동으로 몰고 갔던 것이다. 이러한 한국사람들의 반응은 지난해 4월 16일에 발생한 버지니아 공대 총기 난사사건과 매우 뚜렷한 대조를 이루고 있다.

버지니아 공대 총기 난사사건은 한국계 학생이 교내에서 32명이나 되는 동료 학생을 사살한 사건으로서, 이 사건 때문에 반한 폭동이라도 발생할까 우리 교민들은 전전긍긍했다. 그런데 미국의 여론은 "개인의 사건을 확대 해석해서는 안 된다."며 우리를 오히려 위로까지 했다. 이 성숙한 미국의 여론은 우리에게 매우 값진 교훈을 주고 있다. 선진국 대열에 끼이려고 하는 우리도 이제 감정을 앞세운 집단행동을 지양하고 문화민족에 걸맞은 이성을 갖추어야 하지 않을까.

〔2008년 6월호〕

우리 민족의 영원한 민요 아리랑

민족마다 오랜 세월에 희로애락을 겪으면서 사는 동안 그들만의 정서가 담겨진 민요가 생긴다.

우리 민족에게도 우리만의 정서가 스며 있는 여러 전통 민요가 있다. 그들 민요 중에서 대표적인 것이 아리랑이다.

아리랑에는 특히 우리 민족의 애한(哀恨)이 스며 있다. 그래서 한국사람이라면 누구나 아리랑을 부르면 지난 세월을 살아오면서 쌓인 갖가지 상념에 잠기게 되며 애수를 느끼게 된다.

그 정겨운 아리랑이 지난 2008년 6월 21일 저녁에 이 곳 미국 워싱턴 주립대학(UW) 대극장에서 열린 음악회에서 두 번씩이나 연주되었다. 1,200여 명의 관중으로 성황을 이룬 이 행사는 서북미 음악인 동우회와 이 행사에 초청받아 LA에서 온 북한 출신 음악인들이 출연한 남북 음악제였다.

제1부에 출연한 음악인 동우회의 첫 곡이 아리랑이었고, 제2부에 출연한 북한 출신 음악인들의 첫 곡도 아리랑이었다. 두 번이나 연주된 이 날 저녁의 아리랑은 이국 땅에서 남과 북 출신의 음악인들이 자리를 함께 했기 때문인지 청중들의 가슴을 유별나게 찡하게 했다.

특히 제2부의 아리랑은 평양음악무용대학을 나오고, 러시아 차이콥스키 콩쿠르 피아노 부문에서 입상한 김철웅 씨의 연주였는데, 중진급 피아니스트답게 청중을 매료시키기에 부족함이 없었다.

김웅철 씨가 자신이 편곡한 아리랑 소나타를 연주할 때에는 스크린에 비친 배경 화면에 빛바랜 태극기가 나타났다. 이 빛바랜 태극기와 아리랑이 한데 어울려 음악적 효과와 더불어 장내 분위기를 더욱 숙연하게 했다. 우리 민족의 쓰라린 역사를 상징하는 이 빛바랜 태극기와 애수에 젖은 아리랑의 선율이 한데 조화를 이루어 겨레가 겪은 지난 세월이 주마등처럼 뇌리를 스치어 지나갔다.

특히 혹독한 일제의 식민지 시대를 거쳐 8 · 15 광복과 6 · 25 전쟁의 참상을 겪은 필자는 이 날 저녁의 이 아리랑에서 짙은 향수를 느끼며 그 세월이 눈앞에 다시 나타났다. 그 빛바랜 태극기 화면에는 구름 뜬 언덕길을 저 멀리 넘어가는 흰 옷차림의 외로운 여인이 비치는 듯했고, 여름철 베틀에 앉아 수심가를 부르며 베 짜던 우리들의 어머니가 나타나기도 했다. 그 빛바랜 태극기에는 땀에 젖은 삼베적삼을 입고 콩밭 매던 아낙네도 나타났고, 짚신 신고 밭갈이하던 남정네들이 비치기도 했다.

그 아리랑과 빛바랜 태극기에는 빼앗긴 나라를 되찾겠다고 만주벌판에서 말 달리던 선구자도 나타났고, 아우내 장터에서 태극기 들고 만세 부르던 유관순 학생도 비쳤다. 그 빛바랜 태극기에는 스탈린에 의해 연해주에서 중앙아시아의 우즈베키스탄 벌판으로 강제 이주당한 카레스키(고려인)의 처참한 모습도 떠올랐고, 일제의 징용으로 저 멀리 사할린의 탄광 속에서 두고 온 처자식을 생각하며 강제노동에 시달리던 동포들도 번갈아 나타난 듯해서 가슴이 뭉클했다.

현재 러시아에 거주하고 있는 고려인이나 만주에 살고 있는 조선족의 2세 3세는 비록 우리 말을 못 하더라도 아리랑을 듣게 되면 애절한 향수를 느낀다고 한다. 이 현상이 바로 우리 민족의 핏속에 흐르는 우리만의 정서인지도 모르겠다. 우리 민족이면 누구에게나 살아온 지난 세월을 떠오르게 하는 아리랑은 우리 민족의 영원한 민요이다. 정부 수립 60주년이 되는 올해의 아리랑은 더욱 짙은 향수를 느끼게 한다.

〔2008년 8월호〕

농을 홀대해서는 안 된다

농(農)은 인간의 역사와 함께 시작된 생명의 산업인데도 불구하고 근년에 배가 부르게 되니 농을 홀대하고 있다. 농업을 환경친화적 산업이라고 한다면 공업은 환경파괴적 산업이라고 하겠다. 따라서 농을 소홀히 하고 공업을 중하게 여길수록 지구의 재앙은 촉진되는 것이다.

차제에 농의 본질부터 살펴보고자 한다. 농의 개념에는 세 가지가 있다. 그것은 산업적 측면에서의 농업, 사회적 측면에서의 농촌, 그리고 농의 주체로서의 농업인인 것이다. 이 세 가지의 개념은 시대와 장소에 따라 그 가치를 달리 한다. 국가 경제를 전적으로 농업에 의존하던 농경사회에서는 농의 가치는 농업이라는 산업적 측면에 있었다. 그러나 농업이 GDP에서 차지하는 비율이 낮아질수록 농의 가치는 산업적 측면에서 사회적 측면으로 이동하게 된다.

공업화가 진전되면 농의 사회적 가치가 높아지는 까닭은 공업화로 인해 일어나는 물리적 · 정서적 공해에 시달리는 도시민들에게 안식처, 즉 최근 들어 화제에 자주 오르는 소위 농촌 어메너티(amenity:기분 좋은 쾌적함)를 제공하기 때문이다. 이러한 연유에서 서울과 같은 대도시의 명소에는 지난날에 가난의 상징으로 수치스럽게 여기던 초가집이나 물레방아, 원두막이 곳곳에 나타나고, 향수를 느끼는 사람들이 이 곳에 몰려든다. 또한, 휴가철에는 어린이들을 농촌으로 데리고 가서 농촌생활을 체험하는 가정이 늘고 있는 것도 바로 농의 사회적 가치가 높아지고 있다는 증거인 것이다.

이러한 현상은 한국에만 일고 있는 것이 아니다. 뉴질랜드는 오염되는 지구촌에서 유일한 청정지역으로 살아남기 위해 '연기 나는 산업' 은 배제하고 오직 푸른 초원의 아름다운 목축으로 승부를 걸고 있다. 그리고 그곳 원주민인 마오리족의 문화 자원에서 어메너티 상품을 창출해서 현재 세계의 여행객을 유치하는 데에 성공을 거두고 있다. 스위스는 알프스를 배경으로 하는 자연환경을, 오스트리아는 음악을 소재로 한 관련 자원을, 네덜란드는 해수면보다 낮은 불리한 자연조건을 역이용하는 등 각 나라는 고유의 특성을 살려 농촌에서 어메너티 자원을 창출하고 있다. 일본의 일촌일품 운동도 같은 맥락이라고 하겠다.

농의 사회적 가치는 쾌적한 자연환경과 고유의 전통으로 구분된다. 그런데 우리는 자연환경의 소중함은 알고 있으나 전통은 케케묵은 골동품으로 하찮게 여기는 경향이 있다. 농촌의 구석구석에 잠재한 전통들이 때로는 비록 보잘것없는 듯해도 그 옛날 그 시대에는 가장 슬기로운 생활방식이었던 것이다. 그 생활방식이 축적된 것이 바로 오늘의 전통이며 문화인 것이다. 따라서 전통이나 문화속에는 우리 조상들의 지혜가 깃들어 있고, 때로는 신기한 과학성도 함축되어 있다. 이것이 바로 농의 사회적 가치의 진수라고 하겠다. 그러기 때문에 공업선진국에서는 막대한 예산을 투입해서 농촌의 일부를 옛 모습 그대로 잘 보존하고 있는 것이다.

이러한 값진 농의 사회적 가치는 아무에게나 함부로 눈에 뜨이지 않는다. 그 가치는 오직 '농촌에서 향수를 느끼고 농촌을 사랑하는 마음' 을 가진 사람의 눈에만 나타난다. 그러한 혜안을 가진 사람일수록 마음이 어질고 대자연의 신비를 감상할 줄 알며 세상을 바르게 살려고 힘쓴다. 농을 이해하고 농을 사랑하는 사람이 늘어날수록 산업사회에서 일고 있는 정서적 공해가 치유되고, 살맛 나는 사회가 열릴 것이다.

〔2008년 9월호〕

부끄러운 광우병 촛불 화상

극심한 사회혼란과 막대한 경제적 손실은 물론 국가의 품격까지 크게 실추시킨 광우병 촛불은 MBC PD수첩이 유발했다. 그 PD수첩이 허위 왜곡보도였다는 사실이 밝혀지자 해당 PD수첩에 대한 지탄의 여론이 비등하더니 어느덧 잠잠해졌다. 빨리 달아오르고 빨리 식는 한국사회의 냄비 여론이 여기서 또다시 나타난 것이다. 이렇게 잊혀져 가는 광우병 촛불을 상기시키는 동시, 그 촛불이 우리 사회에 어떤 상처를 입혔는지 다시 조명해 보고자 한다.

MBC PD수첩 보도가 의도적인 왜곡보도였다는 사실이 밝혀짐에 따라 이 촛불시위에 가담했던 사람들은 PD수첩에 놀아난 꼴이 되어 부끄러운 화상만 입고 말았다.

그 촛불 화상을 가장 먼저 입은 사람은 서울시청 앞 광장에서 열린 성토의 마당을 고대 그리스의 자유시민 광장에 견주며 이를 직접 민주주의의 꽃이라고 극구 예찬하며 떠들던 설익은 학자들이다.

사실 이 시청 앞 토론은 군중심리를 이용해서 찬성만 허용하고 반대는 철저히 봉쇄한 공산당의 인민재판 광장이었다. 그 대표적 사례로서 당시의 농림부 장관이 이 토론회에 참석해서 해명하려다가 주최 측의 폭력 앞에 접근조차 못한 사실이다. 이러한 토론장을 직접 민주주의의 꽃이라고 예찬한 그 학자들은 현대의 대의 민주주의보다 고대의 원시 민주주의를 신봉한 꼴이 되었으니 가장 부끄러운 화상을 자초했던 것이다.

또 하나 부끄러운 화상을 입은 사람은 일부 국회의원이다. 이들은 유권자들이 국회로 보냈는데, 국회는 외면하고 상식에 어긋나는 광우병 시위현장에 나타나 그들과 함께 가로에서 주먹을 휘둘렀으니, 10만의 선량이라고 뽐내는 국회의원으로서 매우 망신스러운 화상을 입은 것이다. 또한 영적 지도를 담당하고 사회에 모범을 보여야 할 종교지도자가 거리로 뛰쳐나와 저속한 모습으로 시위를 부추겼으니 그들도 창피스러운 화상을 입었다.

유모차를 선봉에 세우고 촛불에 부화뇌동한 불나비 시민들도 멋쩍은 화상을 입었다. 또한 폴리스 라인(경찰 저지선)을 한 발만 넘어서도 곤봉을 휘두르며 가차없이 체포하는 이 곳 미국의 공권력에 비해 폭력시위에 허약한 한국의 공권력도 곤욕스러운 화상을 입었다.

당초 문화제라며 시작한 광우병 촛불은 바로 폭력시위로 그 본성을 드러냈다. 이들은 몽둥이와 쇠파이프로 전경에 덤벼들기도 하고 경찰버스를 부수기도 했으며, 심지어 가공할 염산을 전경들에게 뿌리기도 했다. 일부 시위대는 전경들의 옷을 벗기고 이들을 끌고 다니기도 했다. 폭도로 변한 촛불은 이렇게 애꿎은 전경을 폭행했을 뿐만 아니라 하루 벌어 하루 사는 가로의 영세 상인들의 밥줄도 끊어 버렸다.

이렇게 엄청난 상처를 입힌 MBC는 자신들의 왜곡보도를 발뺌하다가 여론에 밀려 지난 8월 12일에 형식적인 사과와 함께 담당 PD

의 보직을 해임하는 눈가림 조치를 취했을 뿐이다. 이에 대해 시민단체가 드디어 들고일어나 MBC PD수첩을 상대로 국민소송청구인단을 구성해서 거국적 시민 서명운동을 전개한다는 보도를 접했으나 최근에 조용하니 또다시 냄비가 되는 것이 아닌지 궁금하다.

공익성을 망각한 보도매체의 이 같은 망동을 미연에 방지하기 위해서라도 MBC의 이번 일을 엄정히 다루는 동시, 촛불 시위 주동자도 철저히 색출해서 법정에 세워야 할 것이다.

〔2008년 10월호〕

우리에게는 위기를 극복할 저력이 있다

요즘 세계를 뒤흔들고 있는 경제난국 여파로 우리 사회에는 위기의식이 팽배해 정부의 처방까지 불신할 정도로 심각하다.

위기의식이 지나치면 자신감마저 잃게 되어 오늘의 위기의식 자체가 새로운 위기를 초래할 것이다. 따라서 이럴 때에 가장 절실하게 요구되는 것은 이 위기를 극복할 수 있다는 자신감인 것이다. 이러한 자신감을 얻기 위해 우리가 이미 6 · 25전쟁이라는 유례없는 난국을 극복하던 지난날의 현장부터 살펴봐야 하지 않을까 여겨진다.

제2차 세계대전 결과로 탄생한 우리 신생 대한민국에게 6 · 25 전쟁은 너무나 혹독한 재앙이었다. 포화가 휩쓴 자리에는 잿더미와 깡통을 든 전쟁고아뿐, 절망의 나락이었다. 이 폐허에서 살아남고자 몸부림치다 보니 우리는 어느새 위기를 극복할 수 있는 생존철학을 터득했다. 이 생존철학에서 얻어진 저력이 오늘의 이 위기를 능히 극복할 수 있다는 자신감을 줄 것으로 믿는다.

산전수전을 겪은 6 · 25 세대는 우선 미군부대에서 불하받은 지프의 엔진과 드럼통으로 시발택시를 만들어 유용한 운송수단으로 활용했다. 아낙네들의 머리카락을 수집해서 가발을 만들어 수출했고, 중석(텅스텐)을 캐내서 외화를 벌어들여 국가 경제개발에 불씨를 지폈다. 6 · 25 세대의 이 같은 창의력과 근면성은 일터를 찾아 서독에 가서, 광부는 수 1,000m의 지하에서, 간호사는 영안실에서 굳은 시체를 알코올로 닦으며 외화를 벌어 조국에 송금했다.

월남전에서도 피를 흘리고 생명을 바쳐 가면서 막대한 국익을 챙겼고, 중동 사막의 뙤약볕 건설 현장에서도 엄청난 외화를 벌어들여 국가산업의 기반시설을 확충했다.

6 · 25 세대의 불굴의 의지와 개척정신은 철광석도 없는 나라에서 세계 굴지의 제철소를 건설하고, 여기서 생산된 철강으로 오늘날 세계에서 첫째 가는 조선(造船) 왕국을 만들었다.

이 철강으로 창원에 기계공업단지, 구미에 전자공업단지, 울산에 석유 · 화학 공업단지를 건설해서 공업입국의 기반을 다졌다. 이들 산업단지의 인력은 농촌에서 올라온 처녀들이 주류를 이루었는데, 이들은 낮에는 공장에서 땀 흘려 일하고, 밤에는 교복으로 갈아 입고 배우지 못한 한을 풀기도 했다. 또한 대덕에 연구단지를 세우는 한편, 한국과학기술연구원(KIST)을 설립하고 해외에서 활약하던 우리의 우수 두뇌를 온갖 인센티브로 모셔와서 과학기술 선진화의 역군으로 삼아 오늘의 첨단기술 터전을 마련했다.

6 · 25 세대는 식량을 자급자족하기 위해 농촌진흥청에 인공 기상실을 건설하고, 여기서 벼 다수확 품종인 통일벼를 개발해 전국에 보급함으로써 5,000년 내려오던 우리의 한 많은 보릿고개를 허물어 우리는 비로소 배불리 먹게 되었다.

6 · 25 세대는 새마을운동을 전국으로 확산시켜 기력을 잃었던 당시의 우리 농촌에 근면 · 자조 · 협동이라는 역동적인 기풍을

넘치게 했다.

이와 같이 우리에게는 오늘의 난국과는 비교도 안 될 파란만장의 난국을 돌파한 저력이 있다는 사실을 우리는 재인식하고 자신감을 가져야 하겠다. 이제 오늘의 위기를 남의 탓으로 돌리기에 앞서 새로운 각오로, 내 몫을 내가 한다는 각오로 노력한다면 우리는 이 위기를 오히려 기회로 만들 수 있을 것이다.

〔2008년 11월호〕

두 번 다시 실수하지 않겠다

임기를 1년 남겨 둔 노무현 대통령이 느닷없이 개헌문제를 들고 나와 새해 벽두부터 나라가 술렁거린다. 2002년 대선 당시의 노무현과 오늘날 대통령으로서의 노무현은 어쩌면 이렇게 다를 수 있을까?

대선 당시에는 그렇게도 순수성을 나타내던 노무현 후보가 대통령이 되고 나서는 술수에 능한 싸움꾼 모습으로 나타나 노무현 후보를 지지했던 유권자들의 배신감은 매우 큰 것으로 알려져 있다. 오죽하면 '나쁜 대통령' 이라는 말까지 유행할까?

노무현 대통령은 국정을 좌파적 시각에서 오기로 밀어붙이니 사회의 곳곳에서 계급적 갈등과 분쟁이 일고 있다. 가장 심각한 문제는 나라의 살림을 지탱하고 있는 기업을 홀대해 국가 경제의 동력이 시들어 갈 뿐 아니라 지나친 친북 성향으로 한미 동맹이 흔들리고 있다는 사실이다.

이에 우리는 금년 12월 19일에 실시될 대선을 앞두고 두 번 다시 실수하지 않기 위해 정신을 차려야 할 과제를 몇 가지 제시하고자 한다.

우선 우파 세력의 보다 적극적이고 헌신적인 자세가 요청된다는 사실이다. 386세대를 중심으로 하는 좌파 세력은 매사에 적극적이고 희생적이기 때문에 그들은 비록 수적으로는 열세이지만 유사시에는 단결된 힘을 발휘한다. 이에 반해 우파 세력은 서로 눈치만 살피며 손해 볼 일은 교묘히 회피하고 말로 한몫 보면서도 행동으로 옮기지 않기 때문에 수적인 우세에도 불구하고 허약하다는 지적이다.

또 하나 경계해야 할 과제는 금년의 대선은 좌파 세력을 종식시키느냐 연장하느냐의 치열한 한 판 승부이기 때문에 극한적인 사태가 돌발할 가능성이 짙다는 사실이다. 좌파정권을 재창출 못 할 경우 지난 10년 동안 김정일에게 퍼부은 공든 탑이 무너지기 때문에 이 점에 있어서는 DJ, 노무현 대통령은 물론 김정일까지 코드가 일치할 것이다.

술수에 능한 이 세 사람이 어떤 책략을 꾸밀지 예의 경계해야 하겠다. 노무현 대통령이 이번에 갑자기 제기한 개헌문제나 요즘 떠도는 남북 정상회담설도 이러한 맥락에서 경계의 눈초리를 늦춰서는 안 될 것이다.

특히 우려되는 것은 유력한 야당 후보에 대한 테러인 것이다. 북한이 여러 경로를 통해 금년의 대선에 대해 위협적인 신호를 보내고 있는 것은 예사롭지 않다. 본시 목적을 위해서는 수단이나 방법을 가리지 않은 북쪽이 공작원을 보내거나 이쪽에 심어 놓은 고정간첩을 동원해서 테러를 저지를 가능성이 매우 짙다.

1997년의 이한영(김정일의 처조카) 살해 사건, 지난해 5월의 박근혜 대표 피습사건, 그리고 지난 12월의 황장엽 씨에 대한 '도끼소포' 협박사건들을 비춰 볼 때 그 가능성은 더욱 높다고 하겠다.

세계 열강들은 지구촌의 자원 확보와 과학기술의 선두 다툼에서 살아남기 위해 치열한 경쟁을 하고 있는 이 귀중한 시점에 우리는 집안 싸움으로 10년이라는 세월을 허송했다. 진실로 애석한 일이다.

올해의 대선에서 또다시 실수한다면 우리의 앞날은 멸망뿐이라는 사실을 명심하고 긴장을 늦춰서는 안 되겠다.

〔2007년 2월호〕

놀라운 우리 아이들

오늘의 우리 정치, 경제는 혼란스러워 나라의 장래가 걱정스러운데 때마침 어른들에게는 철없어 보이는 우리 아이들이 새로운 성장동력을 창출하고 있어 우리의 숨통을 트이게 한다. 언뜻 보기에는 나약하고 게으르며, 때로는 건방지고 버릇없어 보이며, 어떤 때는 방랑자 같기도 하는 우리 아이들이 그들만의 독특한 창의력과 순발력을 발휘해서 고유의 문화상품을 창조하고 있으니 놀라운 일이다.

우리 아이들은 세계적으로 번지고 있는 비보이, 아바타, e-스포츠 등 새로운 문화콘텐츠에서 선두를 달리며 국가의 부를 창출하고 있다.

한 가지 사례로 비보이(브레이크 댄서)를 들 수 있다. 세계 최강의 한국 비보이들은 국제대회에서 우승을 휩쓸고 있다. 그래서 지구촌의 비보이 지망생들은 한국을 성지로 여기고 기술을 연마하고자 떼지어 찾아든다고 한다. 그래서인지 서울 홍익대학 앞 비보이 공연장은 연중 성황을 이룬다고 한다.

350석을 갖추고 하루 두 번씩 열리는 이 공연장은 입장료가 무려 5만 원인데도 빈자리가 없고, 관객의 30%가 외국인이라고 한다. 이렇게 우리 아이들은 길거리의 취미활동으로 시작한 브레이크 댄스를 돈 버는 공연산업으로 발전시켰다.

한국은 자타가 공인하는 온라인 게임 산업의 종주국이다. 컴퓨터 게임을 겨루는 e-스포츠 산업에서도 한국은 세계 최초로 프로 게임단을 탄생시켰고, 대회(리그)와 선수(프로 게이머), 그리고 기업과 미디어를 체계적으로 기능케 하는 모델을 세계에서 처음으로 창안해 냈다. 또한 아바타, 도토리, 싸이월드 같은 디지털 아이템을 세계 최초로 산업화한 나라이며, 마시마로, 푸까 등 디지털 캐릭터 역시 한국이 선두에 나서고 있다.

한류도 최근에 다소 주춤하고 있지만 그 잠재력은 세계가 인정한다는 것이다.

비언어극인 난타나 점프를 보려고 외국인 관람객이 몰려오고 있어 지난해 '한류' 라는 문화상품에서 벌어들인 돈이 무려 1조 2,000억 원이나 되었다고 한다. 이리하여 우리 민족만이 간직하고 있는 독특한 문화를 소재로 한 오늘의 굴뚝 없는 산업을 우리 아이들이 창조하고 있다. 이 얼마나 장하고 대견스러운 우리 아이들인가! 이렇게 자랑스러운 우리 아이들이 현재 처하고 있는 교육환경은 어떠한가? 그들은 입시지옥에 시달리고, 학교에서는 평준화라는 이름의 획일적 교육에 짓눌려 고유의 개성이나 창의력을 키울 기회를 박탈당하고 있다. 그럼에도 불구하고 우리 아이들은 고도의 창의성과 독창성이 요구되는 문화상품을 창조해서 세계를 놀라게 하고 있다. 진실로 눈물겨운 일이다.

우리 민족의 피 속에는 신바람이라는 독특한 에너지가 흐르고 있는 듯싶다.

이 약동하는 에너지를 체계적으로 조직화할 수 있는 교육환경을 조성해 준다면 우리 아이들은 상상을 초월할 문화상품을 창조할 것으로 믿는다. 이제 문교당국은 하루 속히 우리 아이들을 현재와 같이 울타리에 가둬 두고 강행하는 획일적 평준화 교육에서 해방시켜야 한다. 그리고 각자의 개성에 따라 고유의 감성과 상상력을 발휘하며 자유분방한 분위기에서 공부할 수 있는 정책으로 전환한다면 우리 아이들은 더욱 놀라운 일을 해 낼 것이다.

〔2007년 3월호〕

6월 항쟁의 뒷 이야기

해마다 6월에 접어들면 1987년의 6월 항쟁이 떠오른다. 6월 항쟁은 전두환 정권의 군사독재에 맞서 학생들이 주축을 이룬 거대한 인권운동이다. 독재정부가 계엄령을 선포하고 공포 분위기에서 제정된 헌법에 대해 온 국민의 저항은 매우 거셌다. 그런데도 독재정부는 그해 4월 13일에 이 헌법을 고수하겠다는 소위 호헌선언(護憲宣言)을 하고, 이 선언에 의거해서 6월 10일에는 잠실 체육관에서 차기 대통령 후보로 노태우 씨를 선출했다. 이러한 독재정권의 행보에 항거하는 시위가 연일 전국에서 일어났다. 이 무렵에 연세대학교에 재학 중이던 이한열 군이 경찰이 쏜 최루탄에 맞아 숨진 사건이 일어나 시민들까지 합세한 시위는 걷잡을 수 없이 격화되었다. 이 때 시위대가 경찰의 가공할 최루탄에 밀려 그 일부가 명동성당으로 피신하여 농성을 벌려 전국민의 시선은 명동성당에 집중되었다.

그러던 때인 6월 14일이 일요일이었다. 이 날 내가 다니던 교회의 주일예배에 장로님이 나와서 교회 공원묘지 조성을 위한 헌금을 권장했다. 장로님의 이 권고에 나는 참기 어려운 거부감을 느꼈다. 전 시민이 독재정권의 불의에 몸을 내던지며 항거하고 있는데 공원묘지를 조성하겠다며 막대한 돈을 내라고 하는 교회의 현실도피적 이기심이 미웠기 때문이다. 사회의 그늘진 곳에서 빛과 소금의 역할을 한다는 교회가 남이야 죽든 말든, 나라야 망하든 말든, 나만을 위해 흙으로 돌아갈 육신을 묻을 사치스러운 공원묘지가 그렇게도 다급한 것이 었던가?

나는 울적한 마음에서 예배가 끝나자 친교식사에도 참가하지 않고 바로 명동성당으로 향했다.

명동 입구에 들어서니 최루탄 냄새가 코를 찌르고 골목마다 삼엄하게 경계하는 전경들뿐, 행인의 모습은 보이지 않는 죽음의 거리였다. 나는 국가공무원이라는 신분에 가족을 굶길까 불안을 느끼면서도 그 어떤 각오로 의연하게 경찰의 저지선을 향해 발걸음을 옮겼다. 성경책을 든 어수룩한 내 모습이 진압복 차림의 경찰에게는 검색의 대상이 되지 않았는지 나는 아무 제지도 받지 않고 저지선을 넘어 성당으로 들어섰다.

성당 입구에는 당시 상계동 아파트 건설 철거민들이 농성 중인 천막이 맨 먼저 눈에 띄었다.

본당 앞 광장과 그 옆 문화관에서 연좌시위하는 학생들은 지칠대로 지쳐 있었다. 한쪽 구석에서는 흰 가운을 입은 의과대학 학생인 듯한 젊은이들이 최루탄에 상처 입은 동료들을 치료하고 있었다. 진실로 눈물겨운 장면이었다. 나는 내 호주머니를 뒤졌다. 구겨진 만 원권 석 장이 나왔다. 지나가는 수녀님에게 이 돈을 주면서 뙤약볕에 지친 학생들의 요기를 부탁했다. 다음날 조간신문에 의하면, 이 날 이렇게 모인 민초들의 손때 묻은 헌금이 2천만 원이나 되었다고 했다.

성당을 나서면서 나는 주위를 유심히 살펴보았다. 중앙극장 옆 골목에도 두터운 진압복(鎭壓服) 차림의 전경들이 땀을 방울방울 흘리고 있었다. 이 광경을 본 내 가슴은 터질 듯했다. 그 까닭은 독재자들이 그들의 야욕을 채우기 위해 젊은이(학생과 전경)들을 가로에 대치시킨 현장을 목격했기 때문이다. 이 거대한 민권의 노도 앞에 군사 독재는 드디어 굴복하고 6월 29일에 8개 항으로 구성된 소위 6 · 29선언을 발표하기에 이르렀다.

역사적인 6월 항쟁도 이제 20년 전의 옛이야기가 되었다. 이 시점에서 20년 전의 그때와 오늘을 비교해 보면 실로 격세지감을 금치 못하겠다. 독재의 총칼 앞에서 눈과 귀와 입을 틀어막아야 했던 그때에 비해 숨통 트이는 오늘의 이 민주사회가 얼마나 고마운지 모르겠다. 그리고 민주주의는 피를 먹고 발전한다는 격언을 새삼 되새겨 보게 된다.

〔2007년 6월호〕

어린 시절의 추석

우리 겨레에게 있어서 가장 즐거운 명절은 아마 추석일 것이다. 그 추석이 올해에는 9월 25일이다. 북녘땅에 고향을 두고 온 실향민에게는 이 추석이 즐거운 명절이 아니고 망향의 아픔을 더해 주는 날인지도 모르겠다. 고속도로를 메운 귀성 차량의 행렬을 바라보고 있노라면 부러운 마음에서 우리 실향민도 어느덧 두고 온 고향으로 달려가 어린 시절의 추석을 되새겨 보게 된다.

가족이 함께 음식을 장만해 가지고 야외 나들이할 기회가 좀처럼 없던 그 시절에 추석은 유일한 가족 소풍의 날이었기에 더욱 즐거웠던 것이다. 추석날 아침 새 옷에 새 신발을 갈아 신고, 여러 가지 제물을 소 등에 싣고 산소를 향해 어른들의 뒤를 따라가던 경쾌한 발걸음. 억새풀이 우거진 비탈길을 구비구비 돌아 산마루에 올라서면 사방이 탁 트이고 익어 가는 풍성한 들판이 한눈에 나타난다. 이마에 흐르는 땀을 손등으로 닦으면서 언덕길을 오르다가 저 멀리 여울 소리가 아련히 들려오는 냇가가 나타나자 그 물 속에 뛰어들고 싶은 충동을 느끼던 개구쟁이 추억도 새롭다.

어른들의 뒤를 힘겹게 따라 오르니 어느덧 깨끗하게 벌초된 묘소가 나타난다. 이윽고 제반 위에 제물을 차려놓게 되면, 그 제물 가운데서 예쁜 색깔의 따발사탕이 유별나게 군침을 돌게 했다. 그래서 어른들 틈에 끼어 영문도 모르고 절을 올리면서도 그 따발사탕에만 눈독 들이기도 했다. 제사가 끝나면 묘소 앞에 둘러앉아 먹던 송편과 나물채의 참기름 향기는 지금까지도 잊혀지지 않는다. 음식을 먹기가 바쁘게 또래들과 함께 숲을 헤치면서 머루와 다래를 찾아 헤매다가 가시덤불에 긁히기도 했다.

밤에는 온 가족이 멍석에 둘러앉아 모깃불을 피워 놓고 둥근달을 바라보면서 옛 노래를 불러 보기도 했다. 밝은 달을 보노라면 그 달 속에는 얼마 전에 시집간 누님의 얼굴이 비치는 듯해서 뚫어지게 쳐다보기도 했다. 풀숲에서 들리는 귀뚜라미의 맑은 소리가 가을밤의 정취를 한결 청아하게 해 준다.

북녘 하늘을 바라보면서 70여 년 전의 가물거리는 기억을 재구성해서 내 어린 시절의 추석을 이렇게 되새겨보니 그 추석이 더욱 정겨운 추억으로 되살아난다. 그러나 소중하게 가꾸던 그 묘소들은 지금 어떻게 되었을까? 그 묘소들은 현재 주인을 잃은 채 잡초와 잡목으로 뒤덮였을 것으로 생각되어 공산당이 더욱 원망스럽다.

북한에서는 현재 추석을 위시한 옛 명절의 정취는 이미 사라진지 오래라고 한다. 따라서, 무연고 묘지는 월남자뿐만 아니라 그곳 사람들에게도 많다고 한다. 그 까닭은 공산당의 전통말살 정책 때문인 것이다. 공산당은 인민을 마음대로 통제하기 위해 그들이 결속할 수 있는 전통부터 제거한 것이다. 그 한 가지 방법으로 지연이나 혈연을 끊기 위해 주민을 먼 곳으로 서로 이주시켜 뒤섞어 놓았다. 거기다가 여행의 자유가 없을 뿐만 아니라 극심한 생활고까지 겹쳐서 정겨운 추석의 옛 모습이 있을 수 없는 것이다.

이제 추석뿐만 아니라 우리 북청의 아름다운 전통도 그곳에서는 이미 사라졌을 것이니 남쪽에 사는 우리 북청인들이 통일의 그 날까지 힘을 모아 그 전통을 보존해야 한다는 사명감을 느끼게 한다.

〔2007년 9월호〕

386에 대한 기대와 실망

1980년대 하나회 출신 정치군인들의 군사독재로 나라의 장래가 캄캄하던 시기에 이 군사독재에 맞서 싸우던 386은 우리 민초들에게는 유일한 희망이요 힘이었다.

그때의 민주화 투쟁에 앞장섰던 박종철 군이나 이한열 군의 고귀한 희생이 있었기에 독재로부터 6 · 29선언을 이끌어 내서 오늘날의 자유민주주의 기틀이 마련된 것이다. 이러한 고마움에 우리 민초들은 2002년의 대선에서 노무현 후보를 앞세워 정권을 장악하게 된 386에게 박수를 보내면서 적지 않은 기대를 걸었던 것이다. 그 기대는 당신들이 민주화 투쟁에서 보여 준 젊은 패기와 순수성과 정의감, 그리고 정치적으로 오염되지 않았을 것으로 믿었기 때문이었다.

당신들에 대한 민초들의 이러한 기대는 안타깝게도 얼마 안 가서 바로 허물어지기 시작하더니 임기를 몇 달 남기지 않은 최근에는 실망으로 변해 일종의 배신감까지 느끼게 되었다. 대통령의 측근 386은 2003년에 정권을 잡자마자 권력에 도취되었던 때문인지 바로 초심은 간데 없이 교만해지고 부패되어 철창신세를 지기도 했다. 이 측근들은 권부에 입성하자 마치 점령군처럼 살기가 등등해서 시민혁명을 외치며 한풀이라도 하려는 듯이 개혁이라는 이름으로 지난날의 제도를 하루아침에 뒤엎으려고 했다. 과거사 정리라는 명분으로 우리의 역사를 왜곡하고, 대한민국의 탄생에 흠집을 내면서 그 시대를 살아온 세대를 싸잡아 반통일, 반개혁의 수구 골통으로 몰아붙여 우리를 놀라게 했다.

그 수구 골통들이 어떠한 세대인지 당신들은 알고 있는가? 그들은 남로당의 준동을 부수며 대한민국을 세웠고, 6 · 25 전쟁의 공산 침략을 육탄으로 물리쳤으며, 피와 땀으로 한강의 기적을 이루어 오늘날 우리 모두가 누리고 있는 풍요를 만들어 낸 세대인 것이다. 당신들은 국정을 계급적 시각으로 편갈이해서 독선적으로 밀어 붙이니 사회의 곳곳에서 증오와 갈등이 일고 있다. 이렇게 되니 기업은 투자를 기피하기 때문에 일자리가 줄어들어 가난한 사람을 더욱 어렵게 만들고 있다. 이렇게 해서 오늘의 양극화 현상도 당신들이 심화시킨 셈이다.

이러한 당신들의 실정을 보다 못해 국가 원로들이 나서서 타일렀더니 당신들은 그 원로들을 개혁의 걸림돌이라고 지탄하고, 심지어 김수환 추기경에게 욕설까지 퍼부었다. 당신들이 군사독재에 항거하다가 최루탄에 밀렸을 때 당신들을 감싸 주던 명동성당과 김수환 추기경에게 보은을 못할 망정 이렇게 배은망덕하니 당신들은 인간으로서의 신의까지 저버리고 말았다.

당신들이 현재 장악하고 있는 국가경영은 지난날 가로에서 주먹을 휘두르며 외치던 구호나 투쟁처럼 해서 되는 것이 아니다. 국가경영은 깊은 학식과 철학, 그리고 지도자로서의 소양과 경륜을 갖추어야 하는데, 당신들은 대학 시절에 데모하면서 좌파적 이념에 심취하다 보니 능력의 배양보다 적개심만 키웠다. 특히, 임기를 몇 달 남기지 않은 막판에는 청와대 최측근 386을 정점으로 한 부정부패가 각 부처로 연계되고, 부산을 위시한 지방에까지 확산되고 있다. 국제사회는 치열한 경쟁에서 살아 남기 위해 새로운 국가전략을 세우고, 고갈되는 지구촌의 자원을 확보하고자 혈안이 되어 한눈팔면 낙오되는 이 긴박한 시기를 우리는 집안싸움으로 허송했다.

다행히 대다수 386세대는 권력 핵심부 386의 이러한 실정을 뼈저린 반면교사로 삼고 있는 것으로 보아 당신들은 여전히 옛 정의감과 순수성을 간직하고 있는 것으로 믿는다. 당신들은 이제 싫든 좋든 나라의 장래를 짊어질 한창나이의 세대로서, 지난날에는 비판자적 위치였으나 이제는 책임져야 할 당사자가 되었으니, 초심을 잃지 않고 나라 발전에서 중추적 역할을 다할 것으로 믿고 또 믿는다.

〔2007년 10월호〕

고국의 다음 대통령은 어떤 인물

이 곳 미국 동포는 아메리칸드림을 실현하고자 열심히 살고 있으면서도 때로는 "친정이 잘 돼야 시집에서 대접받는다."는 속담을 되새기게 된다. 그래서 고국에서 일어나는 중대한 일에는 많은 관심을 가지게 마련이다.

이러한 맥락에서 오는 12월 19일의 제17대 대통령 선거가 요즘 이 곳 동포 사회의 최대 관심사가 된 것이다.

더욱이 노무현 대통령의 지난 5년을 되돌아볼 때 이번 선거에 모든 국민은 정신을 바싹 차리지 않으면 안 되겠다. 이러한 뜻에서 다음 대통령은 어떤 인물이라야 할지 판단하는 데 참고라도 될까 해서 우리의 역대 대통령의 편모부터 살펴보기로 한다.

건국 이래 오늘까지 아홉 명의 대통령이 있었는데, 이분들을 각기 특징짓는다면, 이승만과 박정희 두 분은 국가 번영의 기틀을 마련한 대통령이라고 여겨진다. 전두환과 노태우 두 분은 어물쩍 하면서도 나름대로 부지런한 대통령이고, 김대중과 노무현 두 분은 좌파적 대통령이며, 김영삼 대통령은 두 분의 좌파 대통령이 나타나게 된 숙주의 역할을 했다고 여겨진다. 그리고 윤보선과 최규하 두 분은 군사 변란으로 인한 과도기적 대통령이었던 것으로 생각된다.

이승만 대통령은 미국의 명문 프린스턴 대학에서 한국 최초의 박사학위를 취득하고 미국에서 독립운동을 하면서 국제정세를 환하게 터득했기 때문에, 국제공산당의 속성을 누구보다 잘 알고 있었다. 그러기에 남로당의 온갖 책동을 슬기롭게 물리치면서 대한민국을 세우고, 미국을 압박해서 한 · 미 상호 방위조약을 이끌어 냄으로써 국가 안보와 경제발전의 기틀을 마련하였다.

그는 6 · 25 전쟁 직전에 농지 개혁을 단행해서 공산당 세포의 침투를 사전에 봉쇄했다. 그를 독재자라고 하지만 그는 3 · 15 부정 선거를 뒤늦게 알고 4 · 19 의거에서 깨끗하게 하야했다.

박정희 대통령은 4 · 19 의거 이후의 사회 혼란을 수습하지 못하고 권력 다툼으로 국가를 위기로 몰아넣은 무능한 장면 내각을 5 · 16 군사혁명으로 축출했다.

그에게는 비록 유신 독재라는 악명이 따라다니지만 박정희 대통령은 아프리카의 에티오피아보다도 가난했던 한국에서 '한강의 기적' 을 창출해서 오늘의 풍요를 누리게 한 '조국 근대화의 기수' 임에 틀림없다. 그는 철광석도 없는 나라에 세계적인 제철소를 건설해서 오늘의 자동차 공업이나 조선산업 등 중공업의 기초를 다졌고, KIST와 대덕 연구단지를 조성해서 오늘의 두뇌산업 기틀도 다진 시스템의 귀재였다.

윤보선과 최규하 두 분은 비록 과도기적 대통령이었지만 그분들은 각각 5 · 16과 12 · 12의 긴박한 군사 변란에서도 침착하게, 그리고 인내로서 군 통수권 행사를 자제함으로써 비극적인 유혈사태를 막아 낸 공을 우리 모두가 간과해서는 안 될 것이다. 김영삼 대통령은 비록 좌파 정부의 숙주 노릇을 했지만, 금융 실명제 단행과 군대 내의 사조직인 '하나회'를 해체한 공은 평가받아야 할 것이다. 김대중과 노무현 두 분 대통령에 대한 평가는 후세의 사가에게 맡기기로 한다. 그러면서도 한 가지 분명한 것은 이 두 분은 국민에게 "대통령을 함부로 뽑아서는 안 된다."는 뼈저린 교훈을 주었다는 사실이다. 이러한 사실들을 참고로 오는 12월 19일에 뽑을 대통령을 골라 봐야 하겠다.

우리가 바라는 다음 대통령은 '제2한강의 기적'을 만들어 낼 인물이라야 한다. 그 까닭은 오늘의 국제관계는 '경제력'이 좌우하기 때문이다.

그것은 1980년대 말에 소련의 코르바초프 서기장이나 중공의 강택민 주석이 수교도 없는 우리나라에 제 발로 먼저 찾아오게 한 것은 오직 우리의 경제력이었다는 사실이 이를 입증하고 있다. 특히, 우리 민족의 지상 과제인 남북통일도 궁극적으로는 경제력이 해결할 것이며, 통일 후의 천문학적 복구 비용까지 감안하면 다음 대통령은 국가경영의 CEO를 골라야 할 것이다. 이제 우리는 후보들이 미사여구로 분장한 말장난이나 네거티브에 속지 말고, 그의 가시적인 행동과 실적을 참작해서 판단해야 할 것이다.

〔2007년 12월호〕

北靑소식

2006.1~2004.9

6 · 25 세대가 맞이한 새 아침

새해를 맞이하게 되면 의례히 '희망찬 새 아침' 이라기도 하고 '복 많이 받으라' 는 덕담을 나누지만 늙어가는 6 · 25 세대에게는 이 새 아침이 그렇게 밝지만은 않다. 그 까닭은 이미 70대를 넘어선 6 · 25 세대에게는 해가 바뀌는 이 새 아침에 새삼 세월의 빠른 속도를 실감하며 또 한 살을 먹는다는 아쉬움이 앞서기 때문인지도 모르겠다. 그래서 이 새 아침에 6 · 25 세대는 숙연한 마음에서 '삶' 의 의미를 새삼스리 생각하며 앞으로 남은 여생을 어떻게 해야 곱게 늙고 어떻게 살아야 진정한 행복을 얻을 것인지 깊이 생각해 보게 된다.

6 · 25 세대는 전란 속에서 겨우 살아남아 당장 먹고살기에 허덕이다 보니 노후대책은 엄두도 내지 못하고 쫓기듯이 살아왔던 것이다. 그래서 6 · 25 세대의 노후생활은 대체로 넉넉한 편이 못된다. 그러면서도 그들은 마음의 여유를 가지고 스스로 행복을 만들면서 살아가고 있다. 이와 같이 긍정적으로 살 수 있게 된 까닭은 지난날 그들이 겪은 어려운 생활전선에서 터득한 그들만의 생활철학이 있기 때문이다. 그들은 행복의 참뜻이 무엇인지 되새겨 본다. 행복은 남이 주는 것이 아니고 자기 마음가짐으로 만들어 간다는

사실을 그들은 일상생활에서 터득하였다. 따라서 행복은 스스로 행복하다고 느낄 때에 행복한 것이지, 아무리 부귀를 누려도 탐욕이 앞서거나 이기심이 많으면 결코 행복을 느끼지 못한다는 것을 그들은 이 새 아침에 더욱 절실하게 느끼고 있다.

행복은 밍크코트에 다이아 반지를 낀 졸부들의 사치에 있거나, 천하를 호령하는 권세에 있는 것이 아니고, 쌀 한 톨을 소중히 여기는 검소한 농심에 있다고 여긴다. 행복은 이웃의 불행을 내일처럼 여기는 따뜻한 가슴으로 고아원이나 양로원에서 자원봉사하는 손길에 있다. 행복은 미움 없는 사랑에 있고, 교만 없는 겸손에 있으며, 질투 없이 축복하는 가슴에 담겨져 있고, 하찮은 일에도 감사하는 마음에 있다고 6·25 세대는 체험했다. 행복은 먼 곳에 있는 것이 아니고, 마음가짐에 따라 어디에나 있다고 그들은 믿고 있다. 행복은 두메산골에서 밭갈이하는 농부의 쟁기에도 있고 오막살이 울타리에 핀 호박꽃에도 있다. 행복은 빛바랜 옛 사진첩에도 있고, 장롱속에서 찾아 입은 낡은 옷에도 있다는 진리를 6·25 세대는 일상 상활에서 깨닫게 되었다.

6·25 세대는 어려움을 극복하면서 터득한 생활철학이 있기에 아무리 열악한 환경이라도 스스로 낙원을 만들면서 살아가고 있다. 그 낙원은 호사스러운 저택이 아닌 골방일 수도 있고, 아파트의 한 구석 방일 수도 있다. 그들은 이 공간을 편히 쉬는 그들만의 안식처로 만들고, 조용히 독서하는 그들만의 서당으로 가꾸며, 행복에 겨워 감사하는 마음으로 기도드리는 그들만의 교회로 삼고, 사랑과 평화가 감도는 그들만의 천국을 만들면서 살아가고 있다.

이와 같이 바르게 살고자 힘쓰는 6·25 세대를 좌절시키는 몰지각한 사람들이 있다. 그들이 바로 인간을 돈으로 평가하며 가난한 사람들을 주눅들게 하는 저속한 졸부들이다. 각고의 노력으로 돈을 모은 부자일수록 검소하고 이웃을 헤아리는 반면에 권력을 등에 엎고 부정한 방법으로 축재한 졸부일수록 사치와 거드름을 피운다는 사실을 6 · 25 세대는 누구보다도 잘 알고 있다. 그러기에 6 · 25 세대는 비록 가난하면서도 열심히 살아온 지난날을 자랑스럽게 여기고 있다.

6 · 25 동란에서는 최전방에서 용감하게 싸웠고, 배고프던 시절에는 조국 근대화에 앞장섰던 6 · 25 세대의 그 넘쳐나던 패기도 60년 세월이 흐른 오늘날에는 사라지고, 얼굴에는 굵은 주름이 늘어간다. 그 주름에는 지난 세월에 겪은 사연들이 새겨져 있다. 그 주름은 초라하게 보이지만 6 · 25 세대는 죽는 날까지 품위와 정도를 유지하며 곱게 늙을 것을 이 새 아침에 다짐해 본다.

〔2006년 1월호〕

국립 중앙박물관 관람 스케치

나는 국립 중앙박물관을 향해 걸으면서 지난날 경복궁 구내에 있었던 옛 박물관을 연상하며 그 규모가 궁금했는데 막상 도착해 보니 앞뜰의 넓은 공간과 본관 건물의 규모가 의외로 컸다. 본시 박물관 건물은 중후한 고풍스러운 느낌을 주기 마련인데 우리의 이 박물관은 밝고 경쾌한 느낌을 주는 투명한 현대감각을 준다. 입구의 중앙홀에 들어서니 3층까지의 내부 전체가 한눈에 보이는 로비가 시원스럽다. 그 로비의 안쪽 깊숙한 곳에는 웅장하고 정교한 '경천사지 10층 석탑' 이 높이 솟아 가장 먼저 시야에 나타난다. 전시실 1층에는 역사관과 고고관, 2층에는 미술관, 3층에는 미술관과 아시아관이 배치되어있는데 이 모든 전시물은 넉넉한 공간에 여유 있게 자리하고 있다.

우리의 이 박물관은 현재 세계 굴지의 규모라고 하니 자랑스럽다. 소장품은 약 10만이나 된다고 하며, 관람객도 끊기지 않고 그중에는 외국 사람들도 적지 않다. 특히 인솔 선생님을 따라온 아이들이 그룹을 지어 안내원의 설명을 들으면서 노트에 메모하는 모습이 매우 착하게 보였다. 요소마다 제복을 단정하게 입은 안내원이 배치되었는데 그 안내원들은 거의 자원봉사자라고 하니 이제 우리 사회의 시민의식이 매우 높아졌다는 사실도 알게 되었다. 그래서인지 이날의 관람은 매우 흐뭇했다.

나는 이날 우리의 이 귀중한 문화유산을 관람하면서 이 문화유산을 창조해낸 우리 조상들을 생각해 봤다. 우리 조상들은 길가의 잡초보다 더 끈질긴 생명력을 간직하면서도 남다른 지혜를 지니고 있었다는 사실을 이 문화유산에서 실감했던 것이다. 무릇 인류문화란 어떤 인간 집단이 오랜 세월을 살아가면서 터득한 생활의 지혜와 가치의식이 축적되어 만들어진 하나의 역사적 소산물이라고 생각할 때, 여기에 전시된 유물 하나하나에는 우리 조상들의 살아 숨쉬는 넋이 담겨져 있음을 느끼게 된다. 우리 조상들은 5천년이라는 긴 세월에 혹독한 가난과 질병에 시달리기도 하고, 관헌의 모진 횡포와 잔인한 전란을 당하면서도 이와 같은 문화를, 특히 우리 고유의 언어와 문자를 창조해서 오늘에 이르기까지 간직했다는 사실을 생각하니 이 전시물들을 다시 한번 더 쳐다보게 된다.

나는 여기서 최근에 일고 있는 한류도 생각해 봤다. 문화란 본시 높은 곳에서 낮은 곳으로 흐르는 물과도 같이 세력이 부강한 나라의 문화가 빈곤한 나라로 흐르기 마련이다.

따라서 우리의 훌륭한 문화도 오래 세월에 나라가 약하다 보니 빛을 내지 못하다가 근년에 부강해지더니 우리의 문화가 비로소 동남아에 흘러들고, 이제 중국이나 일본은 물론 구라파 선진국으로까지 스며들고 있는 것이다.

앞으로의 세계는 선진국의 척도가 경제력이 아닌 문화 수준이 될 것이다. 이제 우리가 진정한 선진국이 되려면 돈벌이에만 매달릴 것이 아니라 문화 수준을 높이는 일에도 힘써야 하겠다. 독서를 통해서 교양을 쌓고, 문화 예술을 통해서 미적 감각을 높이며, 공중도덕이나 질서를 서로 잘 지키며, 이웃을 헤아리는 품위있고 정직한 사회분위기를 조성하는 일에 힘써야 하겠다. 나는 오늘 전시장을 관람하면서 자긍심을 느낀 나머지 여러 가지 논리를 부질없이 비약시켜 본 것이다.

〔2006년 3월호〕

엉뚱한 발상

나는 농촌진흥청이라는 조용한 기관에서 힘없는 농민에게 다소라도 도움이 될까 해서 우직하게 평생을 일했다. 이렇게 외골수로 살아왔기 때문에 내가 안다는 것은 겨우 농촌문제 정도다. 나는 실향민으로 북녘땅에 있는 가족을 죽기 전에 만나야 하겠다는 일념으로 대북문제에 관해서는 지나칠 정도로 민감하다. 그래서 나는 현정부가 하는 일을 예의 주시하다가 너무도 답답해서 최근에 엉뚱한 발상을 하게 되었다. 그것은 내년(2007) 겨울에 치르게 될 대통령 선거에 관련된 발상이다. 우리 민족에는 남북통일의 당위성은 재론의 여지가 없다. 그 통일은 햇볕정책이라는 방법으로 해야 한다는 국민적 합의가 이루어졌는데 이것이 점차 이상하게 변질되고 있다. 정부가 현재 추진하고 있는 햇볕정책은 북한 주민은 안중에 없고 오직 김정일의 비위를 맞추는 데에만 주력하고 있다.

그 결과 김정일은 변화는커녕 우리를 얕잡아보고 기세를 올리며, 교묘하게 실리를 챙기면서 문단속을 더욱 강화하고 있다. 김정일에게 있어서는 현재의 독재체재를 풀고 개방한다는 것은 곧 죽음을 뜻하기 때문에 우리가 아무리 아양을 부려도 먹혀들 까닭이 없다.

햇볕정책은 현재와 같이 김정일에게 비굴한 모습으로 현금을 주는 눈치보기가 되어서는 안된다. 햇볕정책은 굶주리는 북한 동포를 도와주며 온정을 베풀어서 그 사회에 자유민주주의의 우월성이 이슬에 옷 젖듯이 스며들어 독재체제를 무력화 시키자는 것이다.

즉 식량과 비료나 의약품은 물론, 경우에 따라서는 도로나 공장을 건설해 주는 경제협력 이외에는 대안이 없다. 이러한 경제협력에는 막대한 돈이 필수적이다. 따라서 햇볕정책에는 필요한 과제는 정치력이 아닌 경제력의 신장뿐이라고 믿는다.

정부의 현 경제정책은 어떠한가. '닭을 키워서 달걀을 생산하고, 그 달걀을 나누어 줘야 할 것' 인데 이를 역주행하고 있다. 정부는 닭을 미워하고 푸대접하면서 그 닭의 배를 쥐어짜서 억지로 달걀을 뽑아내기도 하고, 심지어 닭까지 잡아먹으려고 한다. 이렇게 되고 보니 기업들의 투자의욕이 위축되고, 따라서 일자리는 줄어들어 빈곤층만 늘어나게 되는 것이다. 그 결과 정부가 해소하겠다고 외치는 양극화 현상은 오히려 심화될 수밖에 없는 악순환이 되풀이된다.

이런 식으로 경제를 파탄시킨 좌파 정부가 다음번에 또다시 나타난다면 통일은 더욱 멀어진다는 조급한 생각에서 나는 엉뚱한 발상을 하게 된 것이다. 그 발상은 다음번 선거에 대비해서 통일의 원동력인 국가경제를 부흥시킬 대통령 후보를 미리 여론화하자는 것이다. 그 후보는 우리 사회에서 현재 계급의식을 부추기는 증오와 갈등을 해소하고, 온 국민을 한데 뭉쳐서 또다시 한강의 기적을 이룰 지도자라야 한다. 그 적격자가 누구냐 하는 것은 현재의 국민여론으로 봐서 자명해진다. 그 여망을 한데 결집시키는 일이야말로 한강의 기적을 재현하는 거국적 바람이라고 생각되기 때문이다.

〔2006년 2월호〕

이화장에서 확인된 우파의 공짜심리

나는 지난번 방한 때에 이화장을 관람하고자 사전에 전화를 걸었더니 날씨가 풀리면 오라는 응답이었다. 이화장 관람에 날씨가 무슨 상관인지 궁금했는데 막상 가보니 그 이유를 알게 되었다. 이승만 박사의 유품을 전시할 공간이 너무나 협소해서 그 귀중한 기록 사진들이 눈보라에 노출되어 건물의 외벽에 붙여졌기 때문이었다. 나는 이 사실에 분노를 느꼈다. 그것은 한국의 해방전후사를 부정하는 현 집권층은 차치하더라도, 우파세력은 그들을 상징하는 이승만 박사의 흔적이 남아있는 이 뜻깊은 곳을 이 지경으로 방치한 그 처사가 개탄스러웠기 때문이다.

이승만 박사는 한국이 군주체제에서 공화체제로 전환된 초대 대통령으로서 건국의 기틀을 공고히 했다. 그분은 정부 수립과 동시에 토지개혁을 단행해서 남로당의 준동을 미리 막았고, 탁월한 외교 수완으로 미국을 이용해서 용미(用美) 6 · 25의 국난을 극복하고 한미 상호방위조약까지 이끌어내서 한국의 안보를 다져 오늘의 경제발전 기반을 마련했다. 이러한 위업을 남긴 그분이 기거하던 곳을 이와 같이 방치한 것은 일차적으로 나라 원로들의 수치가 아닐 수 없다.

나는 여기서 우파세력의 실상을 좌파세력과 비교해 보았다. 한국을 50년간 이끌어 오던 우파세력은 1997년 대선에서 정권을 잃고도 안이하게 대처하다가 2002년의 대선에서 재차 좌파에게 정권을 빼앗기고, 2004년의 17대 총선에서는 의회마저 잃게 되었다. 특히 민노당이 총선에서 13%의 지지로 10석을 얻어 원내 교두보를 확보한 여세를 몰아 2012년의 대선에서 승리를 꿈꿀 지경에 이르렀다. 이리하여 정권과 의회를 장악한 좌파세력은 KBS나 MBC 등 전파매체를 동원해서 친북반미정서를 퍼뜨리고, 전교조는 자라나는 새싹들에게 좌경 의식화에 열중하고 있는 실정이다. 오늘날 권력의 중심부를 차지한 이들 386세대는 80년대에 주체사상으로 무장한 투사들이다. 이들은 지금도 죽음을 마다하지 않는 무서운 사람들이다.

이러한 좌파세력이 오늘날에도 죽자 살자 덤벼드는데 비해 우파세력은, 과연 어떠한가. 그들은 여전히 따뜻한 곳만 찾아 입술만 놀리고 행동은 없으며, 손해볼 일은 교묘하게 회피한다. 많은 미군 장성들은 6 · 25 동란에 자신들의 아들을 미지의 나라 한국 전선에 보냈다. 도합 142명이나 되는 그들의 아들이 참전했고 그중 35명이 전사하거나 부상당했다고 한다. 여기서 우리는 숙연한 마음으로 우리 자신의 양심을 되돌아봐야 하겠다. 우파세력은 독불장군으로 뭉치지도 않고 네티즌들의 벌떼 공격을 겁내서 입 다물고 눈치만 살피는 이기적인 사람들이다.

오늘날 좌파 정부가 육성하고 있는 여러 형태의 관 · 시민단체(NGO)는 막대한 국고를 지원받아 악착같이 뛰고 있다. 이에 반해 '뉴라이트' 등 우파 단체는 활동자금에 시달리고 있는데도 돈 있는 우파세력은 뒤에 앉아 못 본 척하고 있다. 이렇게 '굿이나 보고 떡만 챙기려는 작태' 가 오늘의 우파세력인 것이다. 그 증거가 바로 방치된 이화장의 이 초라한 현장인 것이다.

우파세력은 두 번에 걸친 보궐선거에서 승리했고, 현재 대중의 지지도가 높다고 해서 다음번 선거를 안이하게 여기는 듯하다. 좌파세력은 현재 비록 소수라고는 하지만 그들의 조직력과 권모술수, 의식화된 투쟁정신과 희생적 단결력, 더욱이 TV매체를 이용한 그들의 가공할 선전활동을 우습게 여겨서는 안 될 것이다. 다음번 대선에서 또다시 실패하면 모두 다 망한다. 우파세력은 현재와 같은 공짜심리로는 안 된다. 우리도 생즉사(生卽死) 사즉생(死卽生)이라는 결의로 한데 뭉쳐 뛰어야 하겠다.

그것만이 나라를 구하고 우리도 살아남을 수 있는 길이 될 것이다.

〔2006년 4월호〕

북청인 만이 해내는 지로 협찬 운동

지로 협찬 운동은 '지로'를 통해서 각자의 형편대로 협찬함으로써 북청사람은 누구나 군민회의 운영에 동참한다는 취지로 지난 2000년에 처음으로 시작되어 올해로 7년째가 된다. 이 운동이 시작되자 함경남도 여러 군의 인사들이 많은 관심을 가지고 "북청사람들은 역시 다르다."는 찬사를 보내면서도 "저 운동이 과연 몇 해나 지속될까?"하는 의구심도 적지 않았다고 한다. 사실 우리 군민 자신도 혹시나 용두사미가 되어 우리의 자존심이 꺾기지 않을까 걱정을 했다.

그러나 당초의 걱정과는 달리 지난 7년간 거의 같은 수치를 유지하고 있다는 사실이 주목된다. 여기서 특기할 것은 월남 1세가 해마다 크게 줄고 있는데도 이러한 실적이 유지되고 있다는 사실이다. 그 까닭이 2세들의 적극적인 동참 때문일 것으로 풀이되어 매우 흐뭇한 일로 여겨진다. 우리는 이 수치를 눈여겨보면서 우리 스스로 북청인 이라는 긍지를 느끼며 이 운동을 더욱 발전시켜야 하겠다는 의욕이 앞선다.

우리 북청군민회는 공산치하에서 이미 사라졌을 북청만의 미풍양속을 이곳에서 보존하려고 꾸준히 노력해왔던 것이다. '물장수'

로 널리 알려진 향학의 고을답게 일찍이 장학사업을 전개하였고, 예향으로 이름나게 한 '사자놀이' 와 '돈돌날이' 도 열심히 전수하고 있으며, 도청(都廳)을 중심으로 서로 돕고 남을 헤아리던 인보(隣保)의 미덕도 각 읍면민회를 통해서 면면히 이어지고 있다. 지구촌 곳곳에서 살고 있는 북청인을 결속시켜 주는 월간 北靑소식도 지난 30년 동안 단 한 번도 빠짐없이 발간하고 있다. 진실로 북청사람만이 할 수 있다는 자부심을 느낀다. 지난날 그 어려운 여건에서 이러한 벅찬 일들을 해낸 군민회와 각 읍면민회 역대 임원들의 노고에 대해서 우리 모두 큰 박수를 보내야 하겠다.

차제에 우리 모두 성찰해야 할 과제가 하나 있다. 그것은 1978년에 발족한 (재)북청군장학회가 지난 29년 동안 1,747명이라는 장학생을 배출했는데, 이 많은 장학생 중에서 고마운 마음으로 해마다 군민회를 찾아 후배를 돕는 사람은 오직 이승배 장학생뿐이라는 사실이다. 이들 장학생을 월남 1세 이후의 군민회를 이어받을 후계자로 양성한다는 목표를 가지고 보다 세심하게 관리했더라면 이러한 현상은 없었을 것이라는 아쉬움이 절실하다. 만시지탄이 있으나 장학회 이사회는 이제부터라도 장학생 사후관리에 특단의 노력이 있을 것으로 기대해 본다.

〔2006년 6월호〕

일치하는 세 사람의 코드

지난 6월 14일부터 16일까지 광주에서 열린 6 · 15선언 6주년기념대회는 우리에게 심각한 경고 메시지를 전한다. 이번 대회는 시종 친북반미의 성토장이었다. 이 대회에서 북측 대표들은 미군을 몰아내고 공산통일을 하려는 그들의 대남전략인 민족공조를 원없이 외쳐댄 한마당이었다.

여기에 장단을 맞추어 민주노총과 공무원노조가 북한이 지향하는 선군정치를 찬양하고, 인민공화국 국가의 가사까지 돌리면서 북측 대표들과 어깨동무했다고 한다.

이 대회에서 우리를 놀라게 한 것은 평양에서 열린 광주 60만세 기념행사에서 "한나라당이 집권하면 전쟁의 화염에 휩싸일 것."이라고 위협 발언한 안경호가 147명의 대표단을 이끌고 광주에 와서도 유사 발언을 계속했다는 사실이다. 이들 북측 대표들은 대한민국 땅에 와서도 안하무인으로 설쳤는데, 우리 측 대표들은 그들을 환대하며 체류비는 물론 그들이 타고 온 그들의 고려항공기의 비용까지 부담했다니 이처럼 굴욕적인 대회를 주최한 자가 바로 6 · 15 공동선언 당사자인 김대중 전 대통령과 김정일 위원장을 대신한 안경호 대표, 그리고 노무현 정부를 대표한 이종석 통일부 장관의 세

사람이다.

본시 야심 크고 집념 강한 정치 9단으로 이름난 김대중 전 대통령은 재야시절부터 연방제 통일방안을 주장했고, 6 · 15공동선언을 김정일 위원장과 함께 발표한 그는 햇볕정책에 온갖 힘을 기울였다. 노무현 정부도 이를 이어받아 한미동맹을 제쳐놓고 친북정책에 열을 올리고 있다.

이러한 상황에서 2007년의 대통령 선거에서 이들이 패배하게 되면 이제까지 둘이서 애써 쌓아 올린 공든 탑이 무너지고, 김정일 위원장에게는 치명적 타격이 될 것을 세 사람은 잘 알 것이므로 명년 대선에서 반드시 친북 좌파정권을 창출해야 한다는 점에서 이 세 사람의 코드가 완전 일치하는 것이다.

이러한 사실이 광주대회뿐만 아니라 부산에서 열린 제19차 남북장관급회담에서도 확인된 것이다. 장관급회담 북측대표인 권호웅은 회의 벽두에 "미사일로 무장한 인민군이 남조선 인민대중을 지켜주고 있으니 보안법을 철폐하고 쌀 50만 톤을 내놓아라."고 호통쳤다. 이 참을 수 없는 모욕적 기조 발언에 대해 마땅히 준엄하게 대처해야 할 우리 정부가 들끓는 국제여론을 무시하고 오히려 김정일을 감싸고 있으니 그 배경에 세 사람의 어떤 계책이라도 있는 것인지, 국민의 의구심이 크게 일고 있다. 있다면, 현재 열세에 몰리고 있는 좌파정부가 내년에 있을 대선에서 승리할 수 있는 묘수는 2002년 대선시 의정부 여학생 사망 사건을 극적으로 연출해서 승리한 경험을 살려서 이번에는 김대중 전 대통령의 2차 방북과 김정일의 답방을 극적 연출로 역전승할 한 개의 계책을 구상할 수도 있을 것이다.

좌파 세력은 본시 소수일지라도 계략과 술수와 가공할 투지와 조직력으로 목적을 쟁취하고야 마는 생리를 지니고 있으므로, 그들 계략을 체험 못한 일부 젊은 층이 지난 5 · 31선거 결과로 안이하게 대처할까 걱정이다. 현재 해방전후사까지 왜곡해서 나라의 정통성을 흔들고 있는 좌파정부의 지난 10년을 내년에는 기필코 끝을 내야 한다. 세 사람의 코드 움직임을 예의 주시해야 한다.

〔2006년 8월호〕

꿈 속의 고향 길

올해의 추석은 양력으로 10월 6일이다. 추석은 가장 즐거운 명절이지만 늙어가는 실향민에게는 이 추석이 망향의 아픔을 더하는 날이다. 이 허탈감에서 잠시나마 벗어나고자 명상 속에 고향으로 가는 꿈을 그려 본다.

온 겨레가 애타게 염원하던 통일을 드디어 성취하고, 처음 맞는 추석에 남쪽에서 얻은 손자, 손녀를 앞세우고 잃었던 옛 고향을 찾아가는 벅찬 가슴을 안고 나섰다. 손자, 손녀들은 말로만 듣던 할아버지의 고향에 대한 호기심이 솟아 잡은 손을 흔들며 정거장으로 가는 발길은 가볍기만 하다. 청량리에 도착하여 역사 안으로 들어서니 우리와 비슷한 귀성객들이 붐비고 있다. 예매한 차표로 출찰구를 나가 찾은 객차의 우리 좌석에 모여 앉으니 이제 꿈에 그리던 옛 고향으로 간다는 실감이 난다. 열차는 정시에 기적을 울리면서 미끄러지듯이 움직이더니 어느덧 의정부를 지나고 동두천도 지나 전곡에 들어가기 전에 한탄강 철교를 앞둔 곳에 38선이라고 새겨진 옛 석비가 서 있다. 전곡을 지나 연천평야를 질러 대광 간이역은 서지도 않고 신탄리역에 들어선다.

이 역은 분단시대의 경원선 열차의 북측 종착역으로 수없이 많은 사람들의 쓰라린 원혼들이 있는 곳이어서인지 열차는 지나가면서 기적을 길게 울린다. 바로 철원에 들어서니 저만치 옛 군청건물이 지붕 없는 반쪽의 벽만 남아있고, 부근엔 집이 없으며 잡목만이 무성한데, 열차가 서나 마나 한 곳이 아닌가, 아무것도 없는 정차, 6·25 때 얼마나 포격과 폭격이 심했으면 큰 읍이 이토록 벌판이 되었는지 가히 짐작된다. 월정리역 근처에 녹슬고 깨진 기관차가 잡초 속에 서있고 그 옆의 "철마는 달리고 싶다."는 애절한 표찰은 분단의 아픈 상처가 여기저기 남아 있음을 말한다. 열차는 평강, 검불랑, 삼방을 지나 석왕사역에 섰다. 예전 같으면 30분간 승객이 석왕사 근처 용천 약수를 마시도록 정차했으나 6·25전시에 주변 산과 함께 폭격으로 깨지고, 불타고, 썩어 오염되어 약수가 아니어서 지나가는 역이 되었다.

신고산과 안변을 지나 갈마와 원산 앞바다의 탁 트인 푸른 물결은 예나 다름없는데, 명사십리의 키 작은 해당화들은 그대로 남아 있는지, 거울같이 맑은 바닷물도 예전과 다름없을 것인데 보고 싶구나. 문천, 고원, 영흥을 지나는 백사장 해변의 송림 속을 달리는 차창 멀리 끝없이 펼쳐진 동해의 짙푸른 수평선은 예와 같이 황홀경이다. 정평을 지나 성천강 철교를 달리는 객창 왼쪽 멀리 보이는 깎아지른 절벽 위로 천기를 발산하듯 솟은 반룡산은 우리를 반기는 것 같다. 시내에서 뚝 떨어진 함흥역도 여느 역과 같이 초라하다.

이태조의 은신과 함흥차사로 유명한 노송 덮인 궁궐 본궁을 지난 흥남역에 도착했다. 흥남, 우리 실향민 10여만 명은 1950년 12월 24일의 눈보라 치던 흥남철수 작전의 처절했던 참상을 죽어도 잊지 못하며, 그 생지옥 탈출을 도와 준 은인 현봉학선생과 미 10군단장

알몬드 소장을 생생하게 상기해서인지 승객들은 하염없이 부두 쪽을 바라본다. 이윽고 1950년 10월 27일 미군이 기습 상륙하여 그 날 함흥에 진입한 서호진 해변을 지나면서 그 당시 미 순향함의 함포사격 탄도 아래에서 상륙하는 광경을 전쟁영화를 보는 듯 연상하였다. 열차는 퇴조, 삼호, 용운, 홍원을 지나 신포에 가까워져 오른쪽 마양도가 눈에 들어와 변한 것이 없다고 생각하는 찰나, 왼쪽에 공산 치하에서 건설하다 중단한 원자력발전소의 흉물스러운 공사장이 보인다.

속후면 중산리 이준 열사 고향 앞을 지나자 곧 남대천 철교가 보이고, 양안에 그득 찼던 강물은 줄어, 굽이굽이 흘러도 백사장과 강변의 수양버들은 노목이 되어 허리 굽혀 우리를 반기는 정경에 불현듯이 일어나 양손 들어 응대하고 싶은 충동을 느낀다. 신북청역에서 북청행 지선 열차로 갈아타고 양가 간이역을 지나니 북청역이 시야에 들어온다.

드디어 북청역에 도착하여 기차에서 내렸다. 너무나 감격스러운 순간, 반세기 지나서야 밟아 보는 내 고향 북청역 앞에서 양 팔을 하늘로 치켜올려 후치령을 바라보며 고함질렀다. 감격의 눈물을 닦을 사이 없이 북녘을 향해 선열에 절을 하고 엎드려, 얼굴을 땅에 대이니, 이제 여기 묻혀도 여한이 없다며 흐느껴 울었다. 일어나서 감회어린 눈으로 시내를 바라보니 내가 다니던 농업학교가 백양나무 사이로 보인다.

시가지와 건물들은 달라져 새로우나, 멀리 이 곳을 감싸고 있는 영덕산과 대덕산을 바라보니 옛과 다름없는 고향임을 실감한다. 내가 태어나고 뛰어놀던 옛 집으로 빨리 가고 싶은 조급한 마음에 제대로 빨리 가고 있는 자동차가 느리게만 느껴진다. 나하대, 수동, 죽전, 어은리를 지나 곧 나타날 장흥리 내 고향 마을과 살던 옛 집을 보면서 조상의 묘소에 먼저 가서 제례를 올려야 한다고 서둘다가 그만 꿈에서 깨어났다. 이 꿈속의 고향길이 현실로 나타나소서! 허무한 마음.

〔2006년 9월호〕

바깥 세상을 외면한 집안 싸움

지구촌의 미래를 선점하려는 열강의 경쟁이 날로 가열되고, 군비 증강으로 세력을 확장하려는 신제국주의 사조가 현실로 나타나고 있다. 이웃 일본은 독도에 대한 영유권을 공공연히 주장하고, 중국은 한국 고대사를 훔치려는 공작을 노골적으로 하고 있다. 이와 같이 한눈팔면 패자가 되는 긴박한 국제사회에서 노무현 대통령의 현 정부는 바깥세상을 외면하고 집안에서 흙탕물 싸움으로 귀중한 시간을 허송하고 있다. 이로 인해 지난날 온 국민이 땀으로 축적해 놓은 나라의 부(富)는 날로 소진되어 정부가 해소하겠다는 양극화 현상은 오히려 심화되고 있다.

이 정부가 부추기는 집안싸움은 미래를 향한 생산적인 싸움이 아니라 지나간 일들을 들춰서 흠집내는 소모적인 싸움이다. 여기에 곁들여 현 정부는 낙하산 인사와 좌파적 시책에서 파생된 실정(失政)을 남의 탓으로만 돌리고 있다. 오죽하면 여당의 고위 지도자가 시민단체의 모임에서 "참여정부의 지난 세월은 민주주의 진전은 이뤄냈으나 국민들이 먹고사는 문제에서는 무능했다."고 솔직히 고백 했을까. 현 정부는 느닷없이 자유라는 명목으로 지난 반세기 동안 국가의 안보를 지탱하고 있는 전시작전통제권을 환수

하겠다고 나섰다. 고도의 전자 유도 무기와 우수 정보망을 요구하는 현대전에서 천문학적 국방비가 소요되는 국군의 현대화를 이루기도 전에 자주하겠다며 미국과의 전통적인 동맹관계를 소홀히 하는 노무현 대통령의 만용에 국민은 불안하다. 국제사회는 동맹과 집단안보를 중요시하는 추세인데, 이 정부는 자주한다며 이를 역행하고 있다.

자주는 노대통령의 전용물이 아니다. 남에게 의지하지 않으려는 자주를 마다한 사람은 아무도 없다. 그러나 자주는 스스로의 힘 없이는 지키지 못하는 것이다. 국가안보의 전문가라고 할 전직 국방부장관이나 장성 출신들은 물론 미국의 전직 주한 미군 사령관까지 작전권 환수는 시기상조라고 우려하는 까닭은 이들이 자주를 몰라서가 아니라 한국군이 아직 김정일의 선군정치 위협을 받는 심각한 정세 때문이다.

그동안 전시작전 통제권 환수가 시기상조라고 우려하던 미국 측이 갑자기 2012년을 주장하는 한국 정부 쪽보다 오히려 한술 더 떠서 2009년으로 앞 당기자고 한다. 특히 부시 미국 대통령은 "한국군 단독으로 작전할 수 있다니 한국 측의 요구대로 모두 들어주라."고 했다. 이러한 미국 측의 반응에는 "미국은 이제 싫다고 하는 한국에 더 이상 머물 필요가 없으니 안보에 대한 부담도 덜어버리고 홀가분하게 미군을 글로벌 계획에 따라 언제든지 다른 지역으로 빼겠다."는 의도가 깔린 것으로 보인다.

이렇게 되면 전시작전통제권 환수로 인해 한미연합사가 해체되고 나아가 한미 동맹이 약화되어 결국 미군 철수로 이어질 것으로 우려된다. 우리는 여기서 우연의 일치가 감지되어 일종의 불길한 느낌을 지울 수 없다. 그 까닭은 김정일의 궁극적 목표가 한반도의 적화통일이며, 적화통일에 걸림돌이 되는 미군을 몰아내고자 하는 야욕이 이 작전권 환수 문제와 우연히도 합치되기 때문이다. 이제 전시작전통제권 문제는 단순한 이념적 대립이 아니고 우리의 사활이 걸린 생존권 문제인 것이다. 따라서 적화통일이 아닌 자유 민주 통일을 염원하는 모든 국민은 목숨을 걸고 작전권의 환수를 저지해야 하겠다.

〔2006년 10월호〕

원로들의 선견지명을 되새겨 본다

위기의식마저 느껴지던 2004년을 보내고 2005년의 새 아침을 맞는 감회는 유별하다.

이 새 아침을 뜻깊게 하고자 국가원로의 교훈들을 되새겨 보고, 이 교훈에서 우리 사회가 보다 성숙하고 품위를 유지하는 동시, 오늘의 난국을 헤쳐나갈 지혜가 얻어지기를 바라는 마음 더욱 간절하다. 우리나라 산업의 근대화에 크게 기여한 남덕우 전 국무총리가 2002년의 대통령 선거 다음 날, 어떤 공식석상에서 당시의 노무현 대통령 당선자에게 당부한 옛 신문 기사를 최근에 우연히 보고, 국가 원로란 바로 이것이로구나 하는 감탄이 저절로 나왔다. 그것은 남덕우 전 총리가 당부한 말씀이 2년이 지난 지금에 와서 되새겨 보아도 그대로 꼭 들어맞는 예언으로 받아들여지기 때문이다. 그 당부의 요지는 다음과 같다.

남덕우 전 총리는 "대통령은 자유민주주의를 국가 이념으로 천명해서 이를 국민통합의 정신적 지주로 삼아야 한다."고 전제한 다음, "민주주의의 나라 미국에서도 대통령은 취임할 때 자유민주주의를 강조한다."고 덧붙였다. 그리고 "노무현 당선자는 자유민주주의에 입각한 통일을 분명히 밝혀야 한다."고 강조했다.

남덕우 전 총리는 연이어 "노무현 당선자는 약자와 가난한 자를 당연히 보호해야 하지만 강자와 부자들이 소외되는 일이 없도록 배려해야 한다." 고 언급했다. 그리고 "자유시장 경제의 본령은 경쟁이므로 잘 뛰는 사람이 더 잘 뛰게 밀어주고, 모든 사람은 능력에 따라 각자가 추구하는 욕구가 충족되도록 지원해야 한다."고 강조했다. 남덕우 전 총리는 "특히 국민 통합에 힘쓰고 국가의 비전을 제시해서 국민들이 안심하고 생업에 열중할 수 있도록 해줄 것."도 아울러 당부했다. 구구절절 공감이 가는 말씀이다.

가정에서 어른을 잘 모셔야 하듯이 나라도 원로를 받드러 모셔야 사회가 제대로 된다. 원로의 진가는 평상시보다 어려울 때에 비로소 나타난다. 한국은 지금 그 어느 때보다 국가원로의 고언이 절실하게 요청된다. 한국은 현재 정치, 경제, 사회할 것 없이 모든 분야에서 편싸움이 일고, 국가의 정체성 마져 흔들리며, 나라의 지도층에서까지 저질적인 쌍말이 난무하고 있어 국가의 품격이 땅바닥에 떨어지고 있다. 이러한 때에 원로들의 값진 조언을 허심탄회하게 받아들인다면 이 난국을 풀 수 있는 실마리라도 찾게 될 것이다.

그런데 종교계의 지도자이신 김수환 추기경이 지난봄에 나라의 위기가 걱정되어 한 마디 한 충고의 말씀을 386세대들은 이를 '수구 골통' 이니 '개혁의 걸림돌' 이라고 홍위병같이 떼 지어 막가는 말을 함부로 해냈다. 이들 386세대는 민주화 투쟁을 하느라고 최루탄에 쫓겨 다닐 때, 명동성당이 감싸주던 일을 생각한다면 지금 김수환 추기경을 하늘 같이 모셔도 부족할 것이다. 그런데 그분을 그렇게 매도하는 것은 인간으로서 있을 수 없는 배신행위라고 해도 지나치지 않을 것이다. 386세대는 지난 9월에 시국 선언한 1500명의 국가 원로에 대해서도 같은 욕설을 퍼부었다. 진실로 부끄러운 일이 아닐 수 없다.

오늘의 난국을 해결할 열쇠는 결국 국가원수인 노무현 대통령이 쥐고 있다고 여겨진다. 노무현 대통령은 국가 원로들의 고언을 마음 비우고 받아들여 이분법에 의한 편싸움에서 얻게 될 일시적 반사이익보다 국민통합에 의한 항구적 발전의 동인을 마련할 것을 기대해 마지않는다.

〔2005년 1월호〕

제구실 안하는 공영방송 KBS

언론매체의 기능을 일반적으로 홍보(Information), 계몽(Enlightenment), 오락(Entertainment)의 세 가지로 분류한다. 이들 기능을 제대로 이행하지 않은 언론매체가 있다면 그 매체는 이미 생명력을 잃은 허수아비인 것이다. 더욱이 국민들로부터 막대한 시청료를 거둬들여 운영하고 있는 공영방송이 언론으로서의 기능을 다하지 않는다면 그 방송은 시청자를 배신하는 중대한 오류를 범하는 것이다. 이러한 견지에서 우리나라의 유일한 공영방송인 KBS가 과연 제구실을 하고 있는지 살펴보기로 한다.

우선 홍보기능에서 KBS는 특정한 사안에 대해서 편파보도를 하거나 아예 보도조차 하지 않아 시청자를 오도하기도 하고, 알 권리를 박탈하는 경우가 많다. 그 대표적인 사례로서 친북 진보 성향의 사안이나 인물을 미화시키는 반면 친미 보수 성향의 인사나 이에 관련된 과거사는 교묘히 헐뜯거나 이예 묵살해 버리는 것이다. 우리는 KBS의 이러한 왜곡 편파보도를 크게 우려한다. 그 까닭은 이로 인해 대한민국의 정통성이 훼손될 뿐만 아니라 왜곡된 현대사를 후손들에게 물려주지 않을까 하는 우려 때문이다. 참여 정보와 코드가 잘 맞는다고 소문난 KBS가 계속해서 이렇게 보도할 경우,

KBS가 스스로 정부 여당이 현재 부르짖고 있는 '과거사 바로 세우기' 에 허구성이라도 있는 듯이 비치게 할지도 모른다.

계몽기능이나 오락기능에서는 더욱 심각한 우려를 자아내게 한다. 활자매체보다 영상매체를 선호하는 오늘날, TV의 영향력은 막강하다는 사실을 감안할 때 KBS의 역할 기대는 더욱 커질 수밖에 없다. 따라서 광고료에 의존하는 일반 상업TV와 달리 시청률에 구애받을 필요가 없는 공영방송 KBS는 오로지 언론매체로서의 기능에 충실할 수 있는 좋은 여건을 지니고 있다. 그런데도 KBS는 일부 시청자의 저속한 취향에만 영합하려는 상업TV를 빰칠 정도의 프로를 다루고 있다. 특히 아침저녁의 귀중한 황금시간대에 저질적 연속 드라마를 방영하고, 정작 유익한 교양프로는 거의 심야에 편성하고 있다. 특히 오락프로는 요란한 언동으로 시청자의 웃음을 억지로 자아내게 하고 있기 때문에 그렇지 않아도 거칠어지는 우리의 정서를 KBS가 앞장서서 저질화 시키고 있다. 뿐만 아니라 KBS가 방영하는 이벤트는 대부분 '먹고 마시고, 춤추며, 떠드는' 내용들이다. 국민 정서를 순화시켜야 할 공영방송이 오히려 상업방송보다 한술 더 뜨고 있으니 KBS가 우리 사회에 졸부의 천민문화를 퍼뜨리고 있는 것이다. NHK가 日本을 대표하듯이 KBS는 한국을 대표하는 TV이다. 그 KBS가 이 모양이니 나라의 체면이 말이 아니다.

오늘날 선진국의 척도는 경제력이 아니라 문화 수준이다. 동북아 중심국을 지향한다는 우리나라가 문화 선진국이 되기 위해서는 TV 방송의 역할이 절대적이다. 공영방송 KBS가 제구실을 한다면, 현재 강제적 징수로 물의를 빚고 있는 시청료가 아깝지 않을 것이다.

〔2005년 5월호〕

월남 1세 이후의 북청

공산당의 압제에 견디다 못해 알몸으로 38선을 넘어온 월남 1세들은 이곳에서 군민회를 구성하고 장학사업을 전개하는 한편, 북청사자 놀이와 돈돌날이 등 북청 고유의 전통문화까지도 이 낯선 곳에서 꾸준히 전수하며 발전시켰던 것이다. 실제로 북청인이 아니고서는 불가능한 일들을 척척해 냈다.

이렇게 활발하던 군민회가 월남 1세들의 노쇠와 함께 시들어지고 있으니 우리는 월남 1세 이후를 심각하게 걱정하지 않을 수 없게 되었다.

사실 우리 월남 1세들은 2세들에게 승계시켜야 할 읍 · 면민회나 군민회는 물론 장학회나 여러 친목단체의 모든 운영을 현재까지 계속 장악하고 있으니 이제 너무 늙어서 월남 2세의 참여가 시급해졌다. 이러한 현실에서 월남 1세가 거의 사라질 10년 후에 일어날 쓸쓸한 모습이 이미 나타나고 있다. 그것이 바로 해마다 10월 3일 영동고교 운동장에서 열리는 군민대회의 모습인 것이다. 이 군민대회에서 각 읍면민회의 천막과 참석인원은 해가 거듭할수록 줄고, 그 참석자도 대부분 지팡이에 의지하고 있는 쓸쓸한 모습이 불행한 세대간의 단절을 미리 입증하고 있는 것이다.

우리는 군민이 자랑하는 '사자놀이'와 '돈돌날이' 등 무형문화재도 옛 활기가 시들어 가고 있는 실정이다. 이제까지 각 읍·면민회를 비롯한 군내의 여러 가지 행사에서는 관행적으로 사자놀이를 초청했는데 근년에는 그것마저 뜸해졌다. 더욱이 그 단원마저도 대부분이 비북청인이라는 딱한 실정이다. 이 무형문화재 육성을 북청장학회와 결부시켜 운영의 묘를 살리고자 애쓰고 있지만 2세들의 호응도가 낮아 유명무실로 그쳤다. (재)북청군장학회는 이미 배출한 장학생들의 실태파악을 철저히 하여 그들로 하여금 군민회 산하로 되돌아와 1세들이 이룩해 놓은 영광된 터전을 물려받아 보다 차원 높은 향토 건설에 이바지할 수 있도록 과감하게 영입하는 조치를 강구해야 할 것이다.

한편 우리를 더욱 안타깝게 하는 것은 대한민국의 역사적 위인이자 북청의 자랑인 이준 열사를 기리는 사업의 부진함을 통감한다. 안중근 의사나 조만식 선생의 기념사업회는 사회의 저명한 인사를 영입해서 거국적인 활동을 전개하여 웅장한 기념관도 마련했는데 반해 이준 열사의 기념사업회는 1년에 한 번 조촐한 추모제를 지내는데 그치고 있으니 통분을 금치 못하고 있다.

우리는 어떠한 일이 있더라도 북청을 계승 발전시켜야 하겠다. 그 길은 오직 후계 세대를 육성하는 것 뿐이다. 월남 1세의 시대는 앞으로 10년밖에 남지 않았다. 1세는 더 늦기 전에 북청을 사랑하는 마음에서 모든 운영을 2세들에게 물려주고 후견자로서의 역할을 한다면 더욱 큰 박수를 받을 것이다.

〔2005년 10월호〕

민심은 살아있다

10월 26일 국회의원 보궐 선거는 비록 네 군데에 지나지 않지만 여러 각도에서 시사하는 바가 크기 때문인지 선거 결과에 대해 국민들은 환호성을 올리고 있다. 그 환호성은 비단 한나라당의 통쾌한 승리때문만이 아니다. 그것은 나라가 좌경화하는 것을 막아야 하겠다는 국민들의 단호한 의지가 엄연히 건재하고 있음을 입증하고 있기 때문이다.

그 한호성은 또한 그동안 나라의 기틀을 흔들리고 친북반미 성향의 세력에 의해 광화문 네거리에 인공기라도 나부끼지 않을까 걱정하던 국민에게 안도와 용기를 주었기 때문이다. 사실 DJ의 6 · 15 남북 정상의 만남은 우리 사회에 일방적으로 환상적 평화 모드를 조성했으며, 이로 인해 6 · 25를 모르는 남쪽의 일부 젊은 층은 적화통일이라도 무방하다는 감상적 통일론에 빠져서 정신적 무장해제를 당한 꼴이 되었다.

참여정부에서는 나라의 지도부가 국가 경제를 지탱해주는 대기업을 비롯해서 강남의 아파트와 서울대학교, 그리고 광화문 네거리에 위치한 신문사를 포함한 가진 자를 계급적 시각으로 미워하고 있다. 2003년 12월 19일 저녁, 서울 여의도 광장에서 노사모가 주최한 대통령 당선 기념행사에서 노무현 대통령은 “시민혁명은 끝나지 않았다.”고 외친 연설에 고무되었기 때문인지 이들은 사회 계층간에 적대적 계급의식과 증오심을 부추겨 좌경화에 가속이 붙었다.

이러한 사회 분위기는 친북반미 성향을 고조시켜 급기야 6 · 25는 통일전쟁이며 미군의 개입이 없었더라면 큰 희생없이 바로 통일이 이루어졌을 것이므로, 따라서 통일을 방해한 맥아더 장군의 동상을 헐어버리겠다는 주장까지 나타나고 있는 실정이다.

이렇게 적화통일을 주장하는 무리를 당연히 국가보안법으로 엄하게 처벌해야 할 정부와 여당이 이들을 오히려 비호하고 있다. 여기에는 국가보안법을 무력화하자는 의도까지 깔려 있는 것으로 보아진다. 뿐만 아니라 정부에서는 과거사 청산이라는 이름으로 대한민국의 탄생 과정에 흠집을 내려는 기미를 보이고 있으니 국민들은 나라의 정통성까지도 무너지지 않을까 하는 걱정을 하기에 이르렀다. 이렇게 위기의식이 팽배한 때에 나타난 이번 선거 결과는 우리 국민에게 백만원군을 얻은 것 같은 안도감을 안겨준 것이다. 그러나 아직도 심각한 문제가 도사리고 있다.

그것은 파급효과가 뛰어난 영상 매체인 KBS나 MBC는 물론, 최근에는 SBS까지도 교묘하게 친북반미적 편파보도를 하고 있다는 사실이다. 대다수의 국민은 이들 매체가 그릇된 보도를 하고 있다는 거를 이미 잘 알고 있지만 반복의 효과를 노리는 이들 영상매체의 집요한 편파보도가 6 · 25를 모르는 젊은 층을 오도하고 있다. 뿐만 아니라 일부 학교에서는 전교조가 천진한 학생들에게 계급의식을 주입하고 있는 것도 예사롭지 않다.

이러한 현실에 우리 국민은 단호히 대처하는 동시 가정에서 자녀들에게 올바른 역사관을 심어주도록 힘써야 하겠다. 만약 우리가 이에 대해 소극적으로 대처할 경우 다음번에 또다시 좌파 성향의 정부가 틀림없이 나타날 것을 각오해야 할 것이다.

〔2005년 11월호〕

구한말과 유사한 한반도 정세

요즘은 한반도의 주변 정세는 마치 100년 전의 구한말과 유사하게 보인다.

한미간에 돈독한 유대가 지속되는 동안에는 남북관계를 제외한다면 한반도 주변 정세는 비교적 조용했다. 그런데 김대중 정부에 이어 노무현 정부가 들어서서 미국과의 관계가 소원해지자 그 틈 사이로 중국과 일본이 남북 관계를 교묘히 이용하면서 한반도 문제에 끼어들고 막강한 영향력을 행사하려고 한다. 중국은 한국에 고자세를 취하더니 최근에는 느닷없이 고구려사를 의도적으로 왜곡시키고 있다. 일본은 평화헌법을 무시하고 전력을 증강하는 한편, 고이즈미 총리가 야스구니 신사를 거듭 참배하고, 독도문제까지 제기하는 움직임이 예사롭지 않다. 이러한 가운데 우리의 외교는 우물 안에서 우왕좌왕하니 구한말의 악몽이 되살아난다.

청일전쟁이나 제2차 대전에서 패배함으로 인해 한반도에서 잃은 영향력을 되찾고자 기회를 노리고 있던 중국과 일본은 한미동맹에 균열이 엿보이자 본능적으로 그 틈새를 파고든다. 이러한 시기에 핵무기를 들고 생떼를 부리는 북한과의 관계에 있어서, 노무현 정부는, 북한과 동맹관계에 있는 중국에 매달릴 수밖에 없게 되었다. 이렇게 되고 보니 통상업무나 탈북자 문제에서 우리 측은 중국에 대해 저자세를 보이고 남북 6자 회담에 있어서도 중국의 눈치를 보지 않을 수 없는 형편이다.

일본도 한미동맹이 흔들릴수록 미국과의 밀월관계를 즐기고 있다. 일본의 군사력 증강을 못마땅하게 여기던 미국이 지금은 일본과 호주를 연결하는 3색 군사동맹관계를 다지고 있다. 일본은 지난날 영국과 맺은 동맹에 힘입어 러시아와의 전쟁에서 뜻밖에 승리한 역사적 사실에서 외교력의 중요성을 이미 체험하고 그 노련한 솜씨를 한반도에서 최대한 이용하고 있다.

여기서 우리가 크게 걱정하는 것은 현 정부가 북측이 즐겨 쓰는 민족자주 정책을 앞세우고 있기 때문인지 한미 동맹관계를 사대주의로 내몰아 김정일 집단의 반군으로 보고 있다는 사실이다. 이러한 사실은 최근에 실시한 어떤 여론조사에서 우리 안보에 가장 위협적인 국가가 북한(33%)이 아닌 미국(39%)으로 나타난 것이다(1월 13일자 조선일보). 이제 우리의 주적은 김정일이 아니고 미국으로 바뀐 것이다. 우리 정부는 최근에 한미 동맹 관계를 중시하는 외교부 간부들을 견제하고 장관까지 교체하였다. 급기야 UN사와 한미연합사까지 서울을 떠나기에 이르렀다. 우리의 주변 정세가 구한말과도 같은 오늘의 이 험난한 시기에 아무 준비도 없는 감상적 민족주의로 인해 전통적인 한미동맹이 훼손되고 있는 현실이 불안하기도 하다.

〔2004년 2월호〕

386세대여, 그들은 누구인가

80년대의 암울했던 군사독재 시절에 386세대는 우리 민초들에게 유일한 희망이요 힘이 되었다. 그 당시 그대들과 함께 민주화 투쟁하던 박종철 군이 물고문에 못이겨 끝내 숨지고, 이한열 군이 최루탄에 맞아 꽃다운 청춘을 바쳤던 것이다. 그대들이 이렇게 고귀한 희생을 하였기에 군사정부로부터 6 · 29선언이라는 항복을 받아냄으로써 오늘날 우리가 자유민주주의를 누리게 된 것이다. 그대들은 또한 2002월드컵 4강 신화를 창조할 때, '붉은악마'를 이끌면서 남북의 7천만 동포를 하나로 묶었던 것이다.

386세대는 미군 장갑차에 치어 숨진 여중생을 추모하는 촛불시위를 주도하였고, 노무현 후보를 대통령으로 만드는 과정에서도 결정적인 역할을 하였다. 그런데 노무현 대통령이 지배세력의 교체를 위한 천도론을 역설한 데 이어, 지난해 12월 19일 저녁에는 여의도 광장에서 열린 노무현 대통령 당선 1주기 기념행사에 직접 나와 제창한 시민혁명에 자극을 받았기 때문인지 그대들은 급기야 기성세대를 노골적으로 친미 반개혁적, 수구골통으로 매도하기에 이르렀다. 이 모습을 지켜본 우리 민초는 마치 지난날 모택동 추종자들이 홍위병을 이끌고 일으킨 문화혁명처럼, 시민혁명으로 온 나라를 하루

아침에 뒤집어엎어 버리지 않을까 하는 공포감을 느끼기도 하였다.

무릇 사회발전이란 과거의 바탕 위에 현재가 있고, 현재가 다시 미래를 창조하는 연속성을 지니고 있는 것이다. 그런데 그대들은 기성세대가 만들어낸 과거를 부정하고, 기성세대를 죄악시한다면 이 나라의 역사가 단절되지 않을까 하는 공허감에 사로잡히게 된다.

386세대여, 그들이 오늘날 누리고 있는 풍요를 누가 만들었는지 생각해 본 적이 있는가. 그 풍요는 그대들이 매도하는 수구 골통들이 피와 땀과 눈물로서 이루어 냈다는 사실을 아는가, 그 수구 골통들은 6 · 25의 공산침략을 육탄으로 물리치고, 잿더미에서 살아남기 위해 서독으로 일자리를 찾아가서 광부는 1,000미터의 뜨거운 지하에서, 나이 어린 간호사는 각기 배치받은 병원에서 고향의 그리운 어머니를 생각하면서 딱딱한 시체를 알코올로 닦는 무서운 일을 혼자 영안실에서 했던 것이다. 상업 전사들을 40도가 넘는 사우디아라비아의 도로 건설 현장, 리비아의 수로공사 현장에서 땀 흘렸다. 월남전에도 뛰어들어 피를 흘리면서 외화를 벌어 드렸다.

공장에서 일하던 소년 소녀들은 밤에는 기름옷을 입은 채 야학을 다니면서 못 배운 한을 풀었다. 부녀자들의 머리를 잘라 가발까지 만들어 외화를 벌어 드렸다. 5천년 묵은 가난을 물리치고자 "잘 살아보자."는 구호 아래 새마을운동을 전개하며 주민들이 힘을 모아 초가집을 개량하고 농로를 넓히는 한편, 소득증대에 구슬땀을 흘렸던 것이다. 농민들은 새로 개발된 통일벼를 열심히 가꾸어 비로소 배불리 먹게 되어, 조상 대대로 내려오던 한 많은 보릿고개를 허물기에 이르렀다. 그것이 불과 30년전인 70년대 초의 일이며, 그때가 바로 386세대들이 초등학교를 다니던 시절이었던 것이다.

이렇게 수구 골통들은 허리띠를 졸라매고 일해서 1인당 GNP 76불을 1만 불로 시대로 만들었던 것이다. 눈물 없이는 생각조차 할 수 없는 이러한 희생을 감당해낸 기성세대를 수구 골통으로 매도한다면 그대들은 이미 지성인이 되기를 거부하는 것이다.

386세대여, 그대들도 어느덧 40대에 접어들어 대학 다니는 자녀도 거느릴 때가 되었고, 직장에서 사오정이니 38선이라는 위협도 받는 나이가 되었다. 그대들의 일부는 이미 권력의 핵심부에 입성했는데 벌써 권력의 맛에 도취되어 오만해지고 있다. 그중에서 몇몇은 구악을 빰칠 정도로 오염되어 이미 철창신세를 지고 있다. 이리하여 386세대가 지난날에 보여주던 그 순수성과 도덕성이 무너질 지경에 이르렀다.

386세대여, 그대들은 이제 싫든 좋든 이 나라의 운명을 책임지지 않을 수 없는 연령층에 이르렀다. 그대들이 이제부터 책임질 국가 경영은 지난날 군사독재 시절에 주먹을 휘두르며 하던 투쟁이나 구호만으로서 되는 것이 아니다. 국가 경영은 깊은 학식과 철학과 지도자로서의 자질을 요구하고 있다. 그런데 그대들은 학창 시절에 데모하느라 공부에 전념할 수 없었고, 덕성을 계발할 기회도 별로 가지지 못한 반면에 저항 의식이나 비판의식은 강해진 것이다.

여러분은 자신들의 이러한 특성을 허심탄회하게 성찰하면서 기성세대의 지혜와 경륜, 그리고 그 강인한 의지를 배우고자 힘써야 지도자가 될 수 있는 것이다. 여러분이 현재 인터넷을 통해 결속된 동지의식을 패거리로 악용하지 말고, 지도자로서의 자질을 높이기 위해 서로 갈고닦는 도구로 삼는다면 그대들은 물론, 국가의 밝은 미래까지도 분명히 약속받게 될 것이다. 〔2004년 4월호〕

미소 짓는 김정일

지난 6월 21일 일자 Times 지는 그 표지에 환한 미소를 짓고 있는 김정일의 사진과 함께 "이 사람은 왜 이렇게 미소를 짓고 있을까?" 라는 글귀를 게재했다. 사실 김정일은 요즘 와서 미소 정도가 아니라 기쁨을 가누지 못할 지경일 것이다. 그것은 손 하나 까닥 안하고도 모든 것이 뜻대로 착착 이루어지고 있기 때문이다.

그 미워했던 미군이 남조선에서 떠나기 시작했고, 목의 가시와도 같던 국가보안법을 폐지하자는 소리가 여당에서 일기 시작했다. 지난날 아버지 김일성이가 남파한 간첩을 의문사진상위원회라는 대통령 직속기관이 민주투사로 판정하였다. 뿐만 아니라 국가 홍보처라는 중앙정부의 부처가 그 뉴스 사이트에서 '김일성의 10주기를 맞이하여 정부와 민간이 공동으로 조문단을 구성해서 찾아가는 것이 최소한의 도리다.' 라고 강조했다.

남쪽에서 학교를 거의 장악하고 있는 전교조가 인터넷 사이트에 "견우직녀가 38선에서 만나자고 애태우는데 붉은 용으로 가장한 미군이 이를 방해한다."는 그림을 올려놓고 반미정서를 부추긴다. 그래서인지 남쪽의 젊은이들은 6 · 25가 북침으로 인해서 일어났고, 북쪽의 핵무기를 위협으로 여기지 않고 오히려 민족의 자산이라고 여기며, 그들의 주적은 북조선이 아니고 미국이라고 하기에 이르렀다. 친북학자 송두율을 감싸고돌던 공영방송 KBS TV1의 '미디어 포커스' 가 평소에 편파 보도로 물의를 빚더니 이번에는 이라크 파병을 비판하는 만화 영상물의 배경 음악으로 공산당의 적기가를 사용할 정도까지 되었다. 이렇게 되고 보니 북쪽에서는 이제 돈을 들여 간첩을 양성해 남조선에 보낼 필요도 없게 되어 너무나 기뻐서 웃지 않을 수 없게 되었다.

사실 햇볕정책을 통해 변화시키려고 하던 북쪽은 변하지 않고, 오히려 남쪽이 변했다. 북쪽은 엄청난 실리를 챙기면서도 변화는커녕 오히려 문단속을 더욱 강화한데 반해 우리는 퍼줄 대로 퍼주고서도 오히려 180도 변해버렸다. 그 튼튼하던 반공의식이 친북 반미로 변했고, 정신적 무장해제까지 당하고 민족공조라는 북쪽의 구호에 현혹되어 적화통일이라도 무방하다는 감상적 통일론이 젊은층에서 일고 있다.

이러한 현상은 6 · 15 남북정상의 만남 이후에 뚜렷하게 나타나기 시작하더니 최근에는 급속도로 확산되고 있다. 이렇게 안보가 흔들리고 있는데 곁들어 부자를 죄인시하고, 기업을 등한시하는 사회분위기에 투자가 위축되어 경제가 침체되고 있다. 이에 맞장구라도 치듯이 정부에서 개혁이라는 이름 아래 기득권층을 사회악의 뿌리로 몰아붙이고, 기존 질서를 부정하며, 이분법으로 여론을 몰아 사회의 곳곳에서 분열이 일어나 또 하나의 불안요인이 되고 있다.

젊은 층을 중심으로 일고 있는 친북좌향세력에 대해 이제 6 · 25 세대가 결연히 맞서야 하겠다. 당장 행동으로 옮겨야 할 가장 시급한 일을 전교조가 지배하고 있는 학교에 우리 자녀들을 그냥 방치할 것이 아니라 각 가정에서 철저한 사회 교육부터 시켜야 하겠다. 이제 우리는 점잖은 척 뒤에서 냉소하던 종래의 소극적 태도를 버리고, 보다 적극적으로 나서서 위급한 조국을 살려내야 하겠다.

〔2004년 9월호〕

北靑소식

2003.2~2000.11

우리 사회 저변을 흐르는 인간미

날로 심해지는 생존경쟁에서 살아남기 위해서인지 인간은 신의보다 실리를 추구해야 하고, 이기적으로 살지 않을 수 없는 경우를 자주 겪는다. 그러기 때문인지 "정승집 개가 죽으면 몰려들던 조문이 정승이 죽으면 아무도 나타나지 않는다."는 속담이 생겼는지도 모르겠다.

이러한 현실인데도 어린 남매를 남겨둔 채 한 줌의 재가 된 애절한 장례식에 몰려든 조문의 행렬에서 우리 사회의 저변을 도도히 흐르는 인간미를 확인하고 아들을 먼저 보낸 부모의 아픈 가슴이 위로받고 용기를 얻게 된다. 그 조문 행렬에는 군대생활에서 사귄 옛 전우라는 사람들이 영정 앞에 엎드렸고, 야간천막학교에서 배웠다는 옛 제자라는 사람도 흐느꼈으며, 회사에서 부하 직원으로 일했다는 사람도 눈시울을 적시는 모습이 많은 조객들 가운데서 가장 숭고하게 보였고, 이 분들에게서 크나큰 위안을 받았다.

멀리 모스크바에서 비보를 듣고 날아와서 빈소에서 밤샘하다가 장지까지 따라가서 헌화하는 친구의 깊은 우정도 고마웠고, 근무처를 함부로 떠나서는 안된다는 외국 주재 대사도 우정을 찾아 장례의 행렬에 나타나 주위의 시선을 끌었다. 회사의 역대 사장들이 날마다 번갈아 빈소를 찾는 모습에서 인정이 넘치는 회사의 분위기를 느끼게 하였다.

임지에서 치른 7일간의 장례와 서울에 운구해서 치른 3일 장례까지 모두 회사장으로 엄수하였고, 이 기간에는 회사의 직원들이 나와 조객의 접대까지 맡아 주었으며, 유족의 생활 대책까지 보장하겠다는 회사의 배려에 깊은 감사와 따뜻한 위안을 느꼈다. 공적인 장소에는 좀처럼 나타나지 않는다는 이재철 목사님이 고인과의 정을 잊지 못해서 빈소를 찾아 가족 예배를 인도해 주신 것도 큰 은혜가 되었다.

내 사랑하는 아들 웅(雄)아!! 너는 이렇게 너를 아끼던 고마운 분들을 떨쳐버리고 무엇 때문에 갑자기 떠나갔느냐? 무엇이 급해서 그렇게도 사랑하던 아내와 귀여워하던 남매를 남겨둔 채 부모의 가슴에 못을 박고, 먼저 떠나야만 했느냐? 너는 네 어미에게 매일같이 안부의 전화를 걸면서 속히 놀러 오시라고 하던 네가 죽었다니 아직도 믿어지지 않고, 전화벨 소리만 나도 네 목소리가 들리는 듯하구나.

아버지는 너를 보내고 나서 효도가 무엇인지 되새겨본다. 효도의 근본은 "부모 앞에서 죽지 않고 오래도록 살아주는 것이다."라는 사실을 깨달았다. 네가 얼마나 불효를 저질렀는지 너는 아느냐?

이제 다시 돌아올 수 없는 너를 위해 명복을 빈다. 너는 이제 수출의 최전방에 나서 지구촌을 누비면서 뛰어야 했던 스트레스도 받지 않고, 근심과 걱정 없이 오직 사랑과 평화만이 있는 낙원에서 편히 쉬다가 그곳에서 훗날에 다시 만나기로 하자. 내 사랑하는 웅아!!!

〔2003년 2월호〕

반미감정을 주시한다

최근 한국의 젊은 층에서 반미감정이 거세게 일고 미군의 철수까지 외치기에 이르러 우리 국민들의 마음은 편치 않다. 이 젊은이들은 6 · 25에서 맺어진 한미간의 혈맹관계를 절실하게 체험하지 못한 데다가 근년에 남북 정상회담과 햇볕정책, 그리고 금강산에 트인 육로와 북쪽 인사들의 빈번한 왕래 장면을 TV가 덩달아 크게 보도하기 때문인지 이제 남북 간에 전쟁을 영원히 사라진 것으로 확신하고, 평화 모드에 흠뻑 젖어있다. 이렇게 되고 보니 이들은 북쪽이 보유하고 있는 핵은 우리에게 위협이 아니라 오히려 민족의 자산이라고 하며, 미군은 더 이상 이 땅에 필요 없다는 것이다. 더욱 심각한 것은 북을 심리적으로 선동하고 있다는 사실이다.

반미감정 확산의 직접적인 원인은 동두천에서 일어난 여중생의 죽음에 대한 미국 측의 조치에서 비롯된 것이다. 우리 측에서 볼 때에는 엄연한 처벌의 대상인데도 미군 측에서는 무죄로 평결하였으니 젊은 층에서는 SOFA(주둔군 지위 협정)의 불평등을 지적하고 이의 개정을 요구하면서 반미운동을 부추기고 있다. 이에 SOFA에 대한 올바른 이해를 돕기 위해 UN대사를 역임한 박근 씨의 논설을 요약해서 참고하고자 한다.

이 논설에 의하면 주둔 외국군도 하나의 외교사절로 간주되어 국제조약이 면책 특권을 인정하는 관례를 따라 SOFA는 불평등 조약이 아니라는 것이다. 이러한 관례는 독일이나 일본의 주둔군도 동일하며, 한국이 현재 '키르기스스탄' 에 파견한 의료부대도 같은 특권을 누리고 있다는 것이다.

80년 2월 이탈리아에서 미군 공군기가 훈련 중에 스키장 리프트 케이블을 끊어 20명이 사망했을 때, 또 2000년 1월 일본 수산고등학교 훈련선과 미국 잠수함이 충돌해서 학생 7명이 사망한 사건은 공무수행 중의 사고였으므로 무죄 평결을 받은 사실을 감안할 때 SOFA는 우리에게만 있는 불평등조약이 아니라는 것을 이해하게 된다는 것이 이 논설의 요약이다.

6 · 25 동란 직전에 미국이 일본 본토와 오키나와를 연결한 '애치슨 라인' 을 설정하면서 한국을 배제하고 철군을 단행하였다. 그러자 북쪽은 바로 6 · 25를 일으켰던 사실을 생각할 때 우리의 반미감정 확산과 더불어 미국 내에서도 일고 있는 철군 여론에 대다수 국민들의 불안은 심각하다. 만일 미군이 철수한다면 한국은 그야말로 풍전등화와 같이 될 것이다. 뿐만 아니라 한국이 홀로 부담해야 할 국방비는 천문학적으로 늘어날 것임에도 불구하고 우리 국군은 인공위성을 이용한 고도의 군사정보나 전자 무기에는 접근조차 못할 것이다. 따라서 우리는 지나친 자존심을 내세우기 앞서 오늘의 이 현실을 냉철하게 판단하는 지혜가 어느 때보다 절실하게 요구된다.

〔2003년 3월호〕

히딩크 감독이 남긴 교훈

6월은 지난해 월드컵 대회에서 온 겨레가 하나 되었던 감격을 되살아나게 했다. 되돌아보면 이 대회에서 우리의 간절한 여망은 오직 16강에 오르는 것뿐이었다. 그런데 막상 경기가 시작되자 우리의 태극 전사들은 힘겹게 여겼던 유럽 강호들을 차례로 누르고 16강을 뛰어넘어 8강을 쟁취하고, 연이어 4강까지 오른 기적을 나타내자 히딩크 감독은 일약 우리 국민의 영웅이 되었다.

세상에서 기적이 없다고 한다. '히딩크' 감독이 만들어낸 기적도 우연이 아니고 지극히 평범한 원칙을 그대로 지킨 결과라고 하겠다. 그 원칙이 바로 지난날 우리의 고질적 병폐였던 지연이나 학연이나 혈연 등 온갖 연줄을 과감하게 배제하고, 오로지 실력 위주로 선수를 기용했다는 사실이다. 이렇게 단순한 원칙으로 크나큰 기적을 창출한 히딩크 감독은 우리에게 소중한 교훈을 남기고 우리 곁을 떠나 고국으로 돌아갔다.

우리 사회에는 법규나 원칙보다 혈연이나 지연이나 학연 등 연줄을 더 중하게 여기는 경향이 짙다. 그 결과 아무리 능력 있는 사람일지라도 연줄 없이는 실력을 제대로 발휘할 기회조차 주어지지 않아 결국 아까운 인재들이 빛을 보지 못하고 사장되어 사회적으로 큰 손실을 입고 있다.

뿐만 아니라 인허가를 받아야 할 민원사항도 연줄을 붙잡아야 제대로 풀리므로 관청에는 사람이 항상 들끓고 부정이 따르게 마련이다. 이렇게 민원인이 항상 붐비기 때문인지 모든 공공기관의 건물은 내실 없이 대형화되고 있다. 말단의 동사무소 건물에서부터 경찰관서, 검찰청, 법원을 위시하여 모든 공공건물은 기존의 멀쩡한 건물을 헐어버리고 필요 이상으로 웅장하게 짓고 있으니 이 폐습을 보는 납세자의 마음은 편하지만 않다. 조용하면서도 실속을 챙기는 미국의 관공서와 매우 대조적이다.

우리는 흔히 미국을 기회의 나라 또는 American Dream이라는 말로 예찬한다. 미국에서는 누구나 실력만 있으면 성공할 수 있기 때문에 세계 각지에서 능력 있는 많은 인재들이 이민 와서 미국을 강국으로 만들고 있다. 미국도 사람 사는 곳이니 여러 가지 연줄이 없을 수 없지만, 모든 업무처리는 규정이나 원칙을 철저하게 적용하므로 연줄이나 정실은 통하지 않는다. 특히 그 업무처리는 주로 우편을 이용하기 때문에 관청으로 찾아가서 굽실거릴 필요조차 없으니 조용할 수밖에 없다.

우리나라는 지난 수년 동안 특정지역을 중심으로 "우리 어디 남인가요?"라며 연줄을 형성한 패거리들이 '형님 아우' 하면서 끼리끼리 극성을 부렸던 것이다. 이 때문에 법은 뒷전으로 밀리고 사법기관마저 무력해져서 국가기강은 산산조각이 났다. 이러한 현실에서 히딩크 감독이 남기고 간 평범한 원칙은 우리에게 오래도록 소중한 교훈이 남을 것이다.

〔2003년 7월호〕

묵과 못할 친북반미 준동

몇 년 전부터 희미한 핑크색을 나타내던 친북반미 세력들이 최근에는 조직적으로 그 본색을 드러내고 있다. 반미 촛불시위에 이어 이번에는 한총련이 미군부대에 난입해서 작전 중인 장갑차를 빼앗아 올라타고 "미군은 이 땅에서 물러가라."는 김정일의 섬뜩한 구호를 격렬하게 외치며 미군이 보는 앞에서 성조기를 불태운 끔찍한 일을 저질렀다.

이러한 이적단체에 미온적으로 대처하는 정부 처사에 우리는 큰 불안을 느낀다. 얼마 전에는 민노총 홈페이지에 김일성을 찬양하는 글이 그의 사진과 함께 실려 우리는 마치 공산당에 포위당한 듯한 위기의식을 느끼게 된다. 이들 친북반미 세력은 "우리의 자주적 통일 노력을 미국이 방해한다."는 김정일의 선동에 맞장구치고 있는 것이다. 이 자주적 통일이라는 구호는 "미군을 몰아내고 우리끼리 적화통일하자."는 뜻인 것을 이들이 모를 까닭이 없다.

한국은 이 지구상에 유일하게 냉전시대를 살고 있으며, 현재 평화가 아닌 정전 상태에 있는 것이다. 우리는 지금 호전적인 북측의 막강한 지상군이 우리의 수도 서울 바로 북쪽에 포진하고 있는 준전시 상태에 놓여 있다. 이런 현실인데도 일부 위정자들은 무한 자유를 추구하며 미군 무용론에 함구하고 있다.

이에 미국이 배신감을 느끼고 당장 주한미군을 철수할 경우, 우리가 북측에 상응할 방위력을 유지해야 할 천문학적 국방비는 어떻게 감당하며, 나라의 안보가 현재와 같이 흔들릴 경우 투자가들은 보따리를 싸가지고 해외로 떠날 것이니 국가경제는 거덜이 날 것이다. 뿐만 아니라 친북반미세력이 계속 설칠 경우 김정일은 이에 고무되어 대남적화의 미련을 버리지 못할 것이며, 우리가 햇볕정책을 아무리 서둘러도 그들은 개방은커녕 내부 단속을 더욱 강화할 것이다.

6 · 25를 모르고 공산당의 교묘한 책동과 치밀란 조직력, 그리고 그 잔인성을 경험 못한 젊은 세대들이 김정일에 대해서 향수를 느끼는 까닭은 정말로 이해할 수 없다. 북쪽을 그렇게 동경하는 학생들을 정부에서는 보조금을 주어서라도 북으로 보낼 것을 건의하고 싶다.

분단의 직접 피해 당사자인 이산가족의 구심적 역할을 해야 할 이북5도는 현재의 심각한 위기에서도 계속 함구하는 까닭이 무엇인지 궁금하다. 혹시 정부에서 지급하는 보조금에 순치되었다면 진실로 유감스러운 일이 아닐 수 없다. 우리 모두 지난날 서북청년회에서 반공 투쟁에 앞장섰던 그 패기를 되살려 방향감각을 상실한 정책당국에 우리의 뜻을 강력하게 전달할 것을 간곡히 바라는 바이다.

〔2003년 9월호〕

벗겨지는 친북 진보세력의 정체

김정일의 대남 선동에 맞장구라도 치듯 친북반미 운동을 주도하고 있는 일부 좌경 진보세력들의 정체가 송두율 씨 사건을 계기로 백일하에 드러나고 있다. 그들은 송두율 씨가 저지른 반국가적 행각을 학자로서의 신념에서 우러난 활동으로 미화하고, 냉전시대를 고뇌하는 학자로서, 또는 분단의 희생자라며 감싸고 있다. 송두율 씨는 남과 북의 경계인이라는 말로 자기가 마치 통일 과업에 가교적 역할이라도 하는듯한 여운을 풍기고, 그 시각에서 보아야 한다는 이른바 내재적 접근법이라는 교묘한 이론을 내세워 북한의 심각한 문제들을 호도하고 있다.

송두율 씨는 자신을 북한 노동당의 후보위원 김철수라고 폭로한 황장엽 씨를 명예 훼손으로 고소했고, 서울에 와서도 친북활동을 극구 부인했다. 그러던 그가 공안당국의 조사에서 궁지에 몰릴 때마다 말을 바꾸며 거짓 진술하다가 이제 와서 독일 국적을 포기하고 고국에서 살겠다고 한다. 그러면서도 전향의사는 명확하게 밝히지 않은 그의 모호한 태도로 미루어 볼 때, 그는 앞으로 이 땅에서 은밀히 주체사상을 전파하며 적화공작을 할까 의심스러우며, 지난날 위장 자수한 거물 간첩 이수근에 대한 악몽이 되살아나 일종의 불안감마저 느끼게 된다.

지난날 반독재 투쟁에 앞장섰던 진보성향의 박형규 씨가 민주화 운동 기념사업회 이사장 자격으로 이번에 송두율 씨를 공식적으로 초청해 놓고, 뒤늦게 그가 국가 보안사범이라는 사실이 밝혀지자 참회하면서 자숙하는 그 깨끗한 모습을 친북 진보세력은 허심탄회하게 본받아야 할 것이다.

북측을 비판하면 수구 꼴통들의 냉전사고라고 몰아붙이면서도 북측의 굶주림이나 수천만의 탈북난민, 그리고 정치범수용소에서 일어나는 심각한 인권문제, 세습 체제를 유지하기 위해 막대한 돈을 퍼부으며 강행하고 있는 핵개발 문제나 1983년의 아웅산 테러와 1987년의 KAL기 폭파 사건 등 북측의 비인도적 만행에 대해서는 계속 함구하는 이유가 무엇인지 친북 진보세력은 대답해야 한다.

햇볕정책이 훼손될까 염려해서 계속 함구한다면 오히려 북측의 변화를 저해한다는 사실을 간과해서는 안될 것이다. "햇볕만 쪼이면 사막화되기 때문에 때로는 비바람이 필요하다."는 논리로 북측의 참상을 폭로하는 독일인 의사 노베르트 폴러첸의 뼈 있는 말을 친북 진보세력은 되새기며 남북문제에서 균형감각을 잃지 말기를 바란다. 그리고 사법당국은 송두율 씨를 봐주기를 원하는 듯한 고위 당국자들의 눈치를 보지 않고 소신껏 처리하는 것을 예의 주시하며 지켜볼 것이다.

〔2003년 11월호〕

이것도 주권국가 인가

최전방에서 전투 중에 전사자가 생기면 그보다 더 큰 희생을 무릅쓰고 그 시신을 챙겨서 후송하는 것이 관례이다. 포로의 경우에도 마찬가지이다. 그 까닭은 함께 싸우던 전우들에게 미칠 사기뿐만 아니라 나라를 위해 희생한 군인에 대해서 국가가 마땅히 져야 할 책무와 신의 때문이다. 그런데 6 · 25 당시 금화지역 전투에서 잡힌 국군 포로가 50년 만에 구사일생으로 탈북했는데 우리 정부의 무책임한 처사로 말미암아 그는 북쪽으로 압송될 위기에 놓인 어처구니없는 일이 일어났다. 이렇게 제 발로 찾아온 옛 용사를 박대하는 우리나라와, 이인모(李仁模)를 비롯한 남파 거물간첩을 악착같이 데려간 북측, 그리고 50년 전에 북한에서 전사한 우군의 유골을 찾고자 꾸준히 노력하는 미국과 대조해 보면 분통이 터진다. 그동안 한 사람의 포로도 없다고 강변하던 북측에 제시할 좋은 증거가 될 이번 일을 이렇게 소홀히 처리한 이 나라가 과연 주권국가인가.

우리는 이 문제를 단순히 행정부의 일개 실무자가 저지른 실수로 보지 않는다. 이번 일은 국가 기강이 총체적으로 해이된 빙산의 일각이라고 단정하고자 한다.

이러한 기강해이의 원인은 민주화를 위해 군사독재에 맞서서 화염병을 던지던 386세대들이 오늘날 권력의 핵심부에서 백가쟁명(百家爭鳴)하다보니 국가 경영에서 통제기능이 흔들리고 있기 때문이라고 본다. 요즘 일고 있는 국정의 난맥이나 격렬한 시위, 그리고 공직사회의 부정부패와 작은 사고들이 바로 이러한 사실을 입증한다고 하겠다.

더욱 걱정되는 일은 최근에 정책당국이 외교 국방 문제를 다룰 때, 북측이 대남전략으로 쓰는 자주를 여과 없이 남용하고 있는 사실이다. 외세에 의존하지 않고 자기 힘으로 나라를 지키자는 자주에 반대할 사람은 아무도 없을 것이다.

그러나 북측과 동맹관계에 있는 중국이나 러시아에 둘러싸인 우리나라가 정글의 법칙이 엄존하고 있는 이 냉엄한 현실에서 자주라는 명분으로 미군의 역할을 배제할 경우에 발생하는 안보면에서의 고립, 이로 인해 우리가 부담해야 할 천문학적 국방비와 사회적, 경제적 손실을 계산해 봤는지 묻고 싶은 심정이다.

특히 이라크 파병 문제에서 자주라는 명분으로 미국에 대해 배은망덕해서는 안된다. 미국은 6·25 동란이 일어나자 1주일 만인 7월 2일에 제24사단을 즉각 파병하였고, 그 후 휴전하기까지 3년 동안에 연 50만이라는 병력을 참전시켜 3만 7천에 이르는 희생자를 내면서까지 우리를 공산침략에서 구출해 주었다. 이러한 혈맹관계를 무시하고 자주라는 감상적 명분론을 고집할 경우 우리가 당할지도 모를 역풍은 매우 심각할 것으로 우려된다. 국정운영을 즉흥적 기분으로 하거나 인기위주로 해서는 안 된다. 민족사 앞에서 대도를 걸어야 한다.

〔2003년 12월호〕

미국 이주의 길을 되새겨 본다

1991년 여름, 내가 탄 비행기가 미국을 향해 이륙하였다. 이전에도 다니던 이 여행길이 오늘은 유달리 감상적인 까닭은 무엇일까. 그것은 이번 길에는 '미국이주' 라는 낱말이 붙었기 때문인지도 모르겠다.

점점 멀어져 가는 내 조국의 산하. 그 조국이 오늘따라 내 가족과 친척이 있고, 내 벗들이 있다. 그곳에서 내가 태어나 뛰놀고, 군복입고 싸웠으며, 땀 흘리면서 일했던 것이다.

저 조국은 6 · 25의 잿더미에서 일어나 그 한 맺힌 보리고개를 허물고 배불리 먹을 수 있게 되었으며, 이제는 선진국의 문턱까지 오른 불사조의 나라인 것이다.

나는 지금 조국을 떠나는 것이다. 그 조국이 싫거나 배고파 먹을 것을 찾아 떠나는 것이 아니다. 일자리를 찾아서 떠나는 것도 아니다. 오로지 늙어가는 실향민이 죽기 전에 저 북쪽 땅에 있는 내 혈육과 편지라도 주고받고, 단 한 번만이라도 만날 수 있는 길을 찾아 떠나는 것이다.

야음이 깔린 태평양의 상공을 날면서 나는 명상에 잠긴다. 구라파에서 온갖 탄압에 시달리던 청교도들이 17세기 초에 신대륙인 미국을 향하던 이민의 길은 대서양의 거센 파도와 상어 떼의 습격을 받던 구사일생의 길이었다. 그런데 나는 1만 m 상공에서 안락의자에 기대 앉아 진미를 먹고 마시면서 가는 향락의 길이다.

드디어 밟는 미국 땅, 광활한 대평원에 우거진 숲과 아름다운 호수, 맑은 공기와 물, 진실로 축복받은 낙원이다. 이 낙원은 저절로 된 것이 아니다. 지난 400여 년간 청교도들이 피와 땀으로 만든 땅이다. 이러한 낙원에 나는 지금 무임승차한 것이다.

세금 한 푼 내지 않고, 땀 한 방울 흘리지 않은 이 이방인에게 나라에서 달마다 생계보조비와 메디컬 쿠폰을 꼬박꼬박 보내준다. 이 크나큰 혜택이 너무나 고마워 무엇인가 보답코자 하나 가진 것 없고, 아는 것도 없으며, 기술도 없으니 안타까울 뿐이다.

다행스럽게 코리아 포스트와 우연한 기회에 관계를 맺게 되어 부족한 내가 이 칼럼을 통해 기여할 수 있는 길이 있기를 간절히 바란다.

〔2002년 9월호〕

40명의 불청객

부시 미국 대통령의 취임식을 전후해서 40명이나 되는 우리나라 국회의원들이 공식 초청도 없는데 무작정 미국으로 몰려왔다. 이들의 대부분이 울타리 밖에서 기웃거렸을 모습을 상상만 해도 추하게 여겨진다. 그 아까운 외화를 써가면서 미국에 건너온 이들 중 일부는 교민들을 찾아 명분 없는 정치집회까지 벌리면서 본국에서 하던 코미디 정치를 이곳에 오염시키고 있어 눈살을 찌푸리게 하였다. 이들은 낯 모를 코쟁이를 붙잡고 귀향 보고용 사진을 찍어 가지고 돌아가서는 미국에서 일어난 행적을 서로 헐뜯는 작태까지 벌렸다. 실로 개탄스러운 일이다.

이러한 부끄러운 정가가 생긴 원인을 냉철히 따져 볼 때 우리는 이들을 나무랄 자격이 없다는 사실을 자성하게 된다. 그 까닭은 이들을 뽑은 사람이 바로 우리들이기 때문이다. 사실 우리 유권자들은 아직도 얼굴에 개기름이 번질거리고 허풍 떨며 우쭐대고, 얼렁뚱땅 잘하는 사람을 똑똑한 거물로 여기며, 정직하고 차분한 사람을 수완 없는 것으로 착각한다. 뿐만 아니라 선거철에는 선심을 찾아 헤매는 유권자까지 있으니 부끄러운 국회의원이 나타나게 마련이다. 더욱이 재임 중에 수천억을 훔쳐먹은 대통령들이 버젓이 국가원로로 행세하는 우리 사회의 부정에 대한 불감증이 이 어지러운 정치판을 부추긴다는 사실 앞에 우리는 더 할 말이 없다.

미국에서 장관 내정자가 그 옛날 불법 이민자를 고용한 일 때문에 밀려난 사례와 비교할 때 우리의 낮은 시민의식이 부끄럽기만 하다. 이와 같이 선진국에서는 고위직일수록 높은 도덕성을 강력히 요구하는 그 힘은 언론이나 유권자들의 날카로운 감시 때문이라는 사실에서 우리는 더욱 큰 자책감을 느낀다. 우리 사회에서 부끄러운 국회의원이 나오지 못하게 하는 길은 선거법보다 유권자들의 대오 각성에 있다는 사실을 명심해야 할 것이다.

〔2001년 3월호〕

자국의 난민을 외면하는 주권국가

굶주림을 견디다 못해 구사일생으로 국경을 넘은 탈북자들이 중국의 공안당국이나 인신매매단에 붙잡혀 참변을 당한다는 소문을 들을 때마다 북에 가족을 두고 온 우리들은 그들이 바로 내 혈육으로 여겨져 가슴이 철렁한다. 그리고 우리 정부는 그동안 무얼 하고 있었는지 따지고 싶은 충동마저 느끼게 된다.

마침 미국에서 발행되는 교포 신문 KOREA POST가 지난 4월 20일에 두 페이지에 걸쳐 '탈북-죽음의 대장정' 이라는 제목으로 두 장의 애처로운 현장 사진과 함께 그들의 참상을 특집으로 보도하였다. 이 기사는 눈물 없이 읽을 수 없으며 "대한민국이라는 나라는 과연 주권국가인가?" 라는 분노를 금치 못하게 하였다. 그 분노는 헌법에 명시된 자국민이 제3 국에서 온갖 학대와 참변을 당하고 있는데도, 북쪽의 심기를 건드려 햇볕정책에 차질이라도 있을까 염려되어 주권을 포기한 것으로 여겨졌기 때문이다.

현지의 우리 공관이 그 나라의 눈치를 살피며 외면할 때 그곳에서 은밀히 활동하는 우리 선교사들의 필사적인 사랑의 손길이 요행히 닿은 극히 일부만이 서울까지 탈출하는 데 성공한다고 이 신문은 알려주었다. 그리고 이 위급한 탈북자를 구출하던 선교사 가운데서 두 분이 납치당했고, 한 분은 참사당했다고 이 신문은 덧붙였다. 이 신문은 또한 왜 한국 정부가 유엔 난민고등판무관실(UNHCR)등 국제 기구와 제휴하여 당당하게 구출하지 않는지 의문을 제기하기도 하였다.

사실 남북화해의 물꼬를 튼 것은 우리의 정치력이 아니고 오직 경제력인 것이다. 지난날 소련이나 중국과의 국교를 성사시킨 동인(動因)도 바로 우리의 경제력이었다는 사실과 같은 이론이다.

따라서 햇볕정책은 민간 주도의 경제협력에 맡기고, 정부는 눈앞의 업적에 연연하지 않고 조용히 막후에 서야 외교적 입지가 오히려 강해져서 탈북자를 떳떳하게 구출할 수 있을 것이고 남북관계도 잘 풀릴 것이다.

〔2001년 6월호〕

소중한 내 나라

여기는 폴란드의 수도 바르샤바, 지구의 반대편에 있는 이곳에서 바라보는 내 조국은 한없이 소중하게 느껴지고 그리워진다. 해외에 나가면 누구나 애국자가 된다는 말이 실감 난다.

특히 팔레스타인과 이스라엘이 서로 생존할 터전을 되찾겠다고 테러와 보복의 피비린내 나는 싸움을 계속하고 있는 사실을 생각할 때 우리 한민족에게 주어진 우리만의 강토 한반도가 유달리 고맙게 여겨진다. 그리고 일제에 나라를 빼앗기고 학교에서 우리말 조차 마음대로 못하고 어쩌다가 들키면 온갖 수모와 처벌까지 당하던 시절을 생각하면 우리는 내 나라를 갖고 있다는 것만 해도 그렇게 고마울 수가 없다.

이러한 각도에서 생각할 때 최근에 나라가 어지럽고 살기 어렵다고 미워지고 불만스럽던 내 나라가 오히려 고마워지고 나라에 대한 충성을 다짐하게 된다.

내 나라는 지난날 수없이 많은 위기를 당하고도 오뚝이와도 같이 다시 일어선 불사조의 나라이다. 6 · 25의 그 처참한 폐허를 헤치고 일어나 굶주림의 보릿고개를 허물고 한강의 기적을 이루어 이제 선진국의 문턱에까지 다다른 나라이다.

호미자루나 겨우 만들던 나라가 자체 생산한 철강으로 자동차와 선박까지 만들어 수출하는 산업국가가 되었다. 이곳 폴란드에 세워진 우리나라의 대우 자동차 공장이 여전히 이 나라의 가장 큰 자동차 공장으로 알려져 있어 머나먼 이곳에서 우리에게 큰 자부심을 안겨준다. 이제 미래의 산업인 정보통신분야에서는 내 나라가 단연 세계 선두그룹에 나서고 있다.

이러한 사실에서 내 나라의 저력을 다시 확인하고 이제까지 남의 일 같이 냉소만 하던 나 자신이 부끄러워진다. 이제 남의 탓으로만 돌리던 오늘날의 이 어려움에 나도 한몫하였다는 사실을 자성하며, 앞으로 나라 일에 적극 동참할 것을 스스로 다짐한다.

〔2001년 7월호〕

인간 도살장 아우슈비츠의 현장에서

폴란드 남쪽의 어느 한적한 곳에 위치한 악명 높은 나치 독일의 아우슈비츠 강제수용소를 향해 달리던 필자는 그곳이 가까워지면서 차차 긴장감이 일기 시작했다. 이윽고 그 수용소가 시야에 들어오면서 맨 먼저 눈길을 끈 것은 그 수용소의 주위를 둘러싼 무시무시한 철조망과 요소요소에 설치된 높은 감시탑이었다. 그 철조망에는 고압전류가 장치된 흔적이 아직도 고스란히 남아 있어 그 당시의 공포 분위기가 그대로 남아 있었다. 이 철조망에 둘러 싸인 수많은 수용동과 숨 막히는 지하 감방, 독가스실과 높은 굴뚝이 달린 화장터, 그리고 넓은 광장에 설치된 공개 총살장과 교수대 등을 차례로 돌아볼 때, 어떻게 이러한 인간 도살장이 있을 수 있었을까 하는 탄식과 함께 몸서리가 쳤다.

이 수용소에 제2차 세계대전 당시 나치 독일에 점령당한 많은 나라의 국민들에게, 5년이라는 긴 세월에 걸쳐, 자칫 잘못하면 끌려가서 죽는다는 위협을 주던 무서운 곳으로 널리 알려졌다고 한다.

이 수용소는 1939년에 일어난 2차 대전 때 독일이 맨 먼저 침공한 폴란드에서 독일군에 항거하다가 붙잡힌 사람이 10만여 명에 이르자 이들을 수용할 곳이 부족하여 서둘러 짓기 시작하여 다음 해인

1940년에 완공되었다. 그 후 독일군의 점령지인 구라파의 여러 나라로 넓어지면서 항거하는 인원이 늘어나 이 근처에 제2, 제3 수용소를 추가하였다. 이곳에 수감된 사람들은 점령지역에서 붙잡혀 왔는데 그중에서 유태인과 폴란드 사람이 가장 많았다고 한다.

독일군이 패망하여 도망갈 때에 이 제1 수용소는 미처 폭파하지 못했기 때문에 원상태로 남아 있어 현재 폴란드의 국립박물관으로 보존되고 있다. 이 박물관에서 가장 전율을 느끼는 곳은 60여 평에 이르는 독가스실이다. 그 실내에는 독가스(Cyklon B)를 운반하던 손수레와 독가스를 태우던 화덕이 고스란히 남아 있었다. 이 밀폐된 60평의 공간에 2,000명을 한꺼번에 밀어 넣고 사이클론 가스를 태우면 10분 만에 모두 죽고, 그 시체는 바로 옆에 있는 화장터로 실려 갔다니 이곳이 나치의 잔악상이 응집된 가장 섬뜩한 곳이다.

이 박물관은 여러 수용동을 전시실로 활용하고 있는데 각 전시실에는 당시의 참혹한 여러 가지 자료와 사진, 그리고 학살당한 사람들이 쓰던 칫솔, 안경, 옷솔, 손가방 등 많은 유품이 품목별로 분류되어 각 전시실에 산더미처럼 쌓여 있다. 그 많은 유품 가운데서 가장 가슴을 저리게 하는 것은 어린이들이 가지고 놀던 인형과 장난감, 그리고 주인의 이름이 선명하게 적힌 여행용 트렁크였다.

유태인들은 새로 마련한 터전으로 이주시켜 준다는 나치의 말에 속아 귀중품을 트렁크에 넣어가지고 어린아이들과 함께 그 아이들의 인형과 장난감까지 챙겨 가지고 이곳에 따라왔던 것이다. 막상 도착하여 이들은 강제노동에 시달리다가 끝내 독가스실로 끌려가 죽은 것이다. 이렇게 희생당한 유태인만 150만명에 이르며, 이들이 남기고 간 유품들이 바로 이 전시실에 쌓인 것이다. 이름까지 붙은

이 유품 하나하나에는 죽어간 유태인들의 손자국과 애절한 사연들이 아직도 선명하게 남아있는 것을 볼 때 가슴이 뭉클해진다.

특히 부모와 함께 학살당한 천진한 아이들이 애지중지하며 가지고 놀던 그 예쁜 인형과 장난감이 60년이 지난 오늘에도 그 모양 그대로 주인을 잃은 채 옛 모습으로 우리 앞에 전시된 것을 볼 때, 필자는 참기 어려운 감상에 휘말리고 말았다.

그리고 저 멀리 지구의 반대편에 있는 북조선인민공화국이라고 이름 붙은 집단을 눈앞에 그려보았다. 그곳 내 고향 이곡면의 상리에도 이 같은 수용소가 있었다니 이 아우슈비츠 수용소는 결코 우리와 무관한 곳이 아니라고 느껴졌다. 이곡면의 그 수용소는 8 · 15 해방과 더불어 폐광된 채 버려진 그곳 북청 철산을 다시 개발하게 되자 어디론가 옮겨 갔다고 한다.

북쪽의 강제수용소는 이곳과는 달리 어떠한 인공적인 시설이 없는 산골짜기에 그들의 반동분자들과 그 가족을 몰아넣어 짐승처럼 먹을 것을 찾아 헤매다가 결국 굶주리고 병들어 죽게 하는 곳이다. 북쪽에는 이러한 죽음의 수용소가 여러 곳에 있다는데 우리나라의 정부나 인권단체, 그리고 국제 인권기구들은 도대체 무얼 하고 있는지 분통이 터질 지경이다.

이 아우슈비츠 수용소의 정문 아취에는 독일어로 “노동하면 자유를 얻는다(ARBEIT MACHT FREI).”라는 구호의 글자가 아직도 뚜렷하게 붙어있다. “일만 잘하면 풀어준다.”는 이 거짓말 구호가 붙은 정문을 통해서 굶주리고 병든 유태인과 반항자들이 날마다 나치 친위대의 채찍질을 받으면서 강제 노동을 하다가 쓸모없게 되면 독가스실로 끌려가서 무참히 죽은 것이다.

이 무섭고도 분개스러운 곳을 떠날 때 필자는 우리 북청에서 일어났던 배공청산단 사건에 연루되어 단천군의 검덕광산에서 강제노역하다가 1 · 4 후퇴 때 공산당에 학살당한 내 하나밖에 없는 형님(융모)과 1980년 10월의 어느 이른 새벽에 그 죽음의 어느 강제수용소에 끌려간 형님을 사랑하던 딸 윤자가 문득 생각나서 억제했던 분노와 슬픔을 이기지 못해 결국 흐느끼고 말았다.

그리고 인간은 만물의 영장이 아니라 가장 잔인한 동물이라고 소리 없이 부르짖었다.

〔2001년 7월호〕

햇볕정책은 수단이지 목적이 아니다

남북통일은 우리 겨레의 지상과제이다.

그 통일을 무력이나 고사작전이라는 극한적인 방법이 아닌 평화적 방법으로 이루고자 하는 '햇볕정책' 에 대해서 많은 국민들이 깊은 관심으로 지켜보고 있었던 것이다

그런데 이 햇볕정책이 추진되는 과정에서 점차 당초의 본지에서 벗어나고 있기 때문에 여러 가지 문제가 파생되고 있다는 여론이 높아 가고 있어, 남북 분단의 피해 당사자인 우리 실향민들은 차제에 우리의 소신을 밝히고자 한다.

우선 햇볕정책에서 간과해서는 안 될 가장 중요한 것은 북쪽이 품고 있을 깊은 속셈부터 정확히 파악하고 여기에 대응할 전략을 세워야 할 것으로 믿는다. 그들의 속셈은 "적화통일을 이루지 못할 바에는 차라리 현재 누리고 있는 권력을 계속 독점하기 위해 분단을 고수하고자 할 것이다."는 것은 틀림없다.

따라서 그들은 현재의 지배 체재가 훼손되지 않을까 예의 경계하면서 실속을 차리고자 조심스럽게 대화에 응하고 있는 것이다. 이러한 사실은 작년 6 · 15 선언 후에 몇 차례 있었던 그 실망스러운 이산가족 상봉에서 나타났던 것이다. 북쪽의 이러한 숨은 의도를

감안할 때 햇볕정책은 다음에 지시하는 두 가지의 기본전략을 기초로 삼지 않으면 실효를 얻기가 매우 어려워질 것으로 우리는 감히 단언하고자 한다.

첫째, 햇볕정책을 통해서 북쪽의 인민대중에게 자본주의의 우월성이 널리 스며들게 함으로써 결국 북쪽의 통제를 무력하게 하자는 것이다.

둘째, 북쪽 당국이 품고 있을 대남적화의 미련을 버리게 하는 일이다.

이 두 가지의 기본전략이 도외시된 채 북쪽을 아무리 감싸주고 장형의 역할을 하고자 선심을 써도 벼랑 끝 외교에 능숙한 북쪽은 교묘하게 실리만 챙길 것이다.

그런데 이제까지 추진하고 있는 햇볕정책을 보면 어떠한 정치적 목적이나 당장 눈에 보이는 업적을 나타내고자 너무 성급하게 서둘렀기 때문에 별다른 성과도 없이 북쪽에 말려들기만 하지 않았나 여겨진다. 그러므로 다음에 제시하는 구체적 실행방안을 바탕으로 삼을 것을 절실히 바라는 것이다.

첫째, 자본주의의 우월성이 북쪽 인민대중에게 침투되기 위해서는 정치성이 경제협력을 통해서, 소리 없이 마치 이슬에 옷이 젖어들어 가듯이 모르는 사이에 스며들게 해야 한다. 만일 정부가 앞장서서 요란하게 홍보하고 눈앞의 업적에 연연한다면 북쪽의 자존심을 건드릴 뿐만 아니라 외교적 입지가 좁아져서 주변 국가들과의 관계에서도 자칫 어려운 입장에 처하게 될지 모른다.

따라서 햇볕정책에서는 정경분리의 원칙을 세워, 경제협력을 민간에 맡기고 정부는 뒤에서 조용히 법적, 제도적, 행정적 지원만 하는 동시 북쪽에 대해서는 비굴하거나 조바심을 보이지 말고 의연하게 대처해야 한다. 그래야만 종래와 같이 북쪽의 눈치를 살피는 민망스러운 모습도 없게 될 것이고, 당연히 보호해야 할 자국의 탈북난민을 외면해야 하는 주권국가로서의 실추된 체면도 되찾을 수 있을 것이다.

민간주도의 경제협력이 일관성 있게 지속되기 위해서는 상호주의 원칙에 따라 시장원리를 적용하지 않으면 안 될 것이다. 만일 이러한 원칙이 무시되고 시혜적인 측면이 짙을 경우 오래 지탱하지 못할 것이다. 그 대표적인 사례가 바로 금강산 관광사업이라고 하겠다. 이 사업을 이끌던 현대가 버티지 못하게 되자 정부의 투자 회사인 관광공사가 참여하였는데, 시혜적인 성격은 그대로 남아 있어 우리는 이 사업의 귀추를 계속 주시할 것이다.

둘째, 북쪽에서 대남적화의 미련을 부치기는 원인부터 제거해야 한다. 그 원인이 바로 "남쪽은 사회기강이 풀리고 부정부패가 만연되어 곧 무너진다."는 그들의 망상에서 비롯된 것이다. 이러한 원인은 우리의 경제적 문제가 아닌 사회적 문제에 연유된 것이다. 현재 우리가 안고 있는 사회적 문제는 우리가 미처 깨닫지 못할 정도로 매우 심각한 것으로 여겨진다. 수 1,000억을 훔쳐먹은 전직 대통령들이 버젓이 국가원로 행세를 해도 별다른 저항을 나타내지 않은 우리 사회의 부정에 대한 불감증이 그 대표적인 사례이다. 이렇게 되고 보니 정직한 사람이 바보 취급당하게 되어 사회정의를 떠받칠 규범이 힘을 잃고 있다.

이러한 우리의 심각한 사회문제를 풀어갈 실마리라도 찾기 전에는 아무리 햇볕정책을 서둘고, 김정일이가 서울에 자주 드나들어도 북쪽은 실리만 챙기고 대남적화의 기회를 높이면서 교묘히 지연작전을 펼 것이다. 우리의 이 어지러운 사회문제를 풀기 위해서는 국가적 차원에서 대대적인 국민정신운동을 전개해야 할 것이다. 이러한 운동이 성공되자면 '웃물' 이 맑아야 하고 '웃물' 이 솔선수범 하는 것이 절대적인 전제가 되어야 한다.

통일의 길은 점점 멀어지고 험해지는 느낌을 받는다. 그것을 우리 주변 국가들의 영향이 날로 커져 가므로 이제 남북 당사자끼리의 의지만으로는 힘들게 되어가고 있기 때문이다.

날로 늙어가는 우리 실향민의 조급한 마음 같아서는 시일을 질질 끌게 되는 햇볕정책보다 이판사판 결판을 낼 수 있는 무력이나 고사 작전을 바라는 것이다.

그러나 모든 정세는 우리의 욕심대로 안 되는 것이 오늘의 냉엄한 현실이므로 햇볕정책은 어쩔 수 없이 받아들여야 할 차선의 선택인 것이다.

이제 우리에게 주어진 명제는 현명한 역사의식으로 공명심을 버리고 장기적인 태세를 갖추어야 할 것이다.

〔2001년 9월호〕

끝내 사지로 넘겨진 7명의 탈북자

굶주림을 견디다 못해 두만강을 건너 구사일생으로 러시아까지 탈출한 7명의 북한동포가 끝내 북한으로 압송당했다는 소식을 접한 우리는 안타까움을 금할 길이 없다. 이 7명의 탈북자는 모두 우리 고향 함경도 출신이라니 그중에는 우리 혈육도 있는 듯해서 더욱 가슴 아프다. 이들은 UN 난민 고등관 무관실로부터 난민지위를 부여받았고, 러시아 외무부는 이들에게 한국으로 갈 수 있도록 비자까지 발부했다가 중국에 넘기고, 중국은 끝내 이들을 사지로 강제 압송했다니, 우리나라는 그동안 무엇을 했는지 분노를 금치 못하겠다.

지난날 서독은 동독의 탈출자를 전원 받아들인다고 동구권 국가들에 선언하고 탈출에 편의를 제공한 실비까지 보상해 주는 등 필사적인 노력으로 탈출자를 구출하였다 한다. 그런데 우리나라에서는 탈북자들이 외교적 마찰을 일으키거나 대북 햇볕정책에 지장이라도 되지 않을까 걱정되는지 달가워하지 않은 듯한 인상을 주었다.

여기서 새삼 우리나라 헌법을 들먹일 것도 없이 우리는 탈북자를 구출하고 보호해야 할 의무가 있다. 그런데 사선을 넘어 살겠다고 애원하는 탈북동포를 부담스러운 존재로 여기고 마지못해 눈가림하는 듯한 소극적이고도 저자세의 외교로 보여 일종의 배신감마저 느낀다. 현재 중국에는 수만 명의 탈북자가 언제 중국의 공안당국에 붙잡혀 사지로 끌려갈지 공포의 나날을 숨어 다니면서 구원의 손길을 애타게 찾는다는데, 당사국이 외면하니 세계 민간기구(NGO)가 발 벗고 나선다고 한다. 우리나라의 체면에 큰 손상이 없기를 바란다. 이제 누구를 탓할 겨를이 없다. 탈북자들과 불가분의 관계가 있는 이북오도청이나 각 도민회가 그 옛날의 패기를 살려 물심양면으로 탈북자의 구출에 앞장서야 하겠다.

〔2000년 3월호〕

놀라운 북청인의 참여의식

북청소식 5월호에 김종명 신임 군민회장의 '지로개설에 관한 호소문' 이 게재되자 불과 15일 만에 399명이나 되는 군민이 이에 호응하여 2천2백여만 원이라는 적지 않은 돈이 군민회에 답지되었다. 진실로 놀라운 일이며, 우리 군민 모두에게 크나 큰 자긍심을 안겨 주었다.

이번에 창안된 이 지로 개설은 비단 군민회의 운영자금을 마련할 뿐만 아니라 모든 군민이 나도 북청 출신이라는 소속감을 가지고 군민회의 일에 동참할 계기를 준다는 측면에 보다 큰 뜻이 담겨 있다고 하겠다. 따라서 기탁금의 액수에 못지 않게 참여가 또한 값진 것이다.

이러한 견지에서 북청소식 6월호 8면에 실린 기탁자의 명단을 보면 1만원 내지 2만원의 기탁자가 상당수에 달하고 있는데 여기서 '빈자의 일촉' 에 담겨진 정성과 극진한 애향심을 느끼게 된다. 진실로 가슴이 뭉클하는 고마움과 수준 높은 북청인의 참여의식에 머리가 수그러진다.

이제까지 군민회의 운영비는 거의 독지가에 의존하였으므로 대다수의 군민들은 참여의 길을 몰라 옆에서 구경이나 하는 방관자의 입장에 설 수밖에 없었다. 그러나 이제부터는 지로를 통해서 각자가 자기 힘에 알맞은 액수를 부담 없이 언제라도 손쉽게 기탁할 수 있게 되었다. 그러므로 이 운동은 한 번으로 끝날 것이 아니라 적어도 1년에 두 번씩 해마다 꾸준히 지속되기를 간절히 바란다.

앞으로 추진될 군민 주소록 재정비에서 월남 1세, 2세, 3세들까지 등재함으로써 이들도 북청소식을 받고 지로를 통한 기탁운동에 참여할 기회가 마련된다면 그 파급 효과는 매우 클 것으로 믿는다. 문향, 예향의 고을이 아니고서는 할 수 없는 일을 우리가 하고 있는 것이다.

〔2000년 8월호〕

팔부능선에 선 등산객과 같은 한국

정상을 향해 가파른 언덕길을 숨 가쁘게 오르던 등산객이 팔부능선에 올라서면 이제 거의 다 왔다는 안도감에서 긴장이 풀리고 탈진하여 자칫 그 자리에 주저앉게 된다. 이때에 기운을 내서 조금만 더 견디면 정상에 오를 것이고 자만에 빠지거나 힘들다고 포기하면 결국 도중 하산하게 되는 것이다. 따라서 등산객에게는 이 8부능선에서의 마음가짐과 행동이 성공이냐, 실패냐의 갈림길이 되는 것이다.

우리나라가 선진조국 건설이라는 정상을 향해 우리는 온갖 고생과 역경을 물리치면서 지난 반세기 동안 악착같이 일해왔다. 그 결과 우리에게 가장 큰 한이 되던 보릿고개를 허물고 황무지를 옥토로 만들어 이제 배불리 먹을 수 있게 되었으며 선진국을 향한 팔부능선까지 기어오르게 되었다.

그런데 안타깝게도 우리 사회는 우리가 이미 정상에 오른 것으로 착각하고 자만에 빠져들어 결국 이 자리에 그냥 주저앉고 말거나 중도 하산하지 않을까 하는 걱정이 정치 · 경제 · 사회의 모든 분야에서 나타나고 있다. 그중에서 가장 걱정되는 것이 사회의 윤리와 도덕이 타락하여 철학을 잃고 방황하고 있다는 사실이다. 그 대표적인 증거가 요즘 말썽을 부리고 있는 러브호텔인 것이다. 나라의 곳곳에 들어선 이 붉은 벽돌의 러브호텔은 단순히 성적 문란이라는 측면보다 초라한 저속 문화가 만연되어 나라 전체가 썩어가고 있다는 측면에서 더욱 걱정되는 것이다.

남북통일의 원동력은 나라의 힘인 것이다. 그런데 나라가 이렇게 썩어가고 있는데 이것을 치유하고야 말겠다는 정부의 의지가 보이지 않으니 더욱 답답하다. 자나 깨나 통일을 염원하는 실향민에게는 요즘의 이 나라꼴이 안타깝기만 하다.

〔2000년 11월호〕

北靑소식

1999.2~1996.10

남북통일 방안을 알려준 사진

우리 실향민에게 깊은 한을 박은 북쪽의 김정일이 우리나라 대기업 총수의 손을 잡고 찍은 사진은 여러 가지의 깊은 뜻이 담겨 있다는 느낌을 강하게 받았다. 그 가장 큰 의미는 이제까지 북쪽의 어느 깊숙한 곳에서 좀처럼 그 자태를 나타내지 않던 김정일이 무슨 까닭으로 그들에게는 타도의 대상인 남조선의 자본가가 묵고 있는 숙소까지 제 발로 찾아와서 그의 손을 꼭 잡고, 카메라 앞에 나섰느냐 하는 것이다. 그것은 한마디로 돈의 위력 때문이라고 여겨진다. 따라서 이 사진은 그동안 여러 갈래로 의견이 엇갈리던 통일방안을 어떤 수준으로 풀어갈 것인지 시사하는 바 매우 크다고 여겨진다.

사실 그동안 정경분리의 원칙에 따라 정치 체제야 어떻든 굶주리는 북쪽에 인도주의적인 동포애로서 조건 없이 경제적 지원을 하자는 주장이 거세게 있었으나 그 주장은 대북강경론에 밀렸던 것이다. 그러던 중에 최근에 와서도 잠수정 사건이나 간첩침투와 같은 북쪽의 도발이 여전한데도 불구하고 정부는 인내와 아량으로 북쪽에 대해 유화정책을 쓰고 있으며, 이와 함께 북쪽에 대한 경제협력이 활발하게 추진됨으로써 대북 지원 주장이 비로소 빛을 보게 된 것이다. 이러한 대승적인 대북정책으로 말미암아 이제까지 트집만 잡던 북쪽에 어떠한 변화가 생긴 듯한 조짐이 이 사진에 나타난 듯해서 더욱 주목하게 된다.

이에 힘 얻어 우리는 차제에 대북 경제협력사업을 확대 추진하되, 경우에 따라서는 손해를 보는 한이 있더라도 거국적인 전략사업으로 추진할 것을 바란다. 그렇게 한다면 아무리 굳게 닫힌 북쪽에도 결국에는 자본주의의 우월성이 전파되는 동시에 그들이 겪고 있는 빈곤을 벗어나기 위해서라도 실리를 찾아 개방의 길을 선택하리라는 조심스러운 기대도 가져보게 된다.

사실 우리 사회의 일각에서는 북쪽에 대한 경제적 지원에 대해 몇 가지 이유를 들면서 반대하고 있다. 그 하나는 대북 지원이 남침용 군비를 증강한다는 주장이고, 또 하나는 굶주린 백성들의 폭동으로 체제가 붕괴될 수밖에 없는 북쪽을 계속 버티게 해 준다는 주장이다. 그러나 이러한 주장은 다음과 같은 논리에서 볼 때 필자는 공감하기 어렵다고 여겨진다.

첫째, 한반도와 관계된 국가들은 한반도에서의 분쟁을 원치 않을뿐더러 미군이 한국에 주둔하고 있는 한, 국지적인 무력충돌은 혹시 있을지 몰라도 전면전은 일어날 가능성이 극히 희박하다는 여론이 지배적인 것으로 알고 있다. 따라서 우리의 지원이 일부 군비증강에 이용되더라도 그것이 바로 우리를 직접 겨냥하지는 못할 것이다.

둘째, 우리의 지원이 북쪽의 체제 붕괴를 막아준다는 주장도 북쪽의 실상에 비추어 설득력이 약하다고 여겨진다. 북쪽에는 지난 반세기 동안 김일성 부자를 어버이로 여기고 광적으로 충성하도록 양성한 핵심요원을 확보해 놓고, 이들에게 특권을 부여해서 각 요소에 배치한 것으로 알려져 있다. 그래서 백성들이 아무리 굶주리고 억압당해도 체제를 무너뜨릴 폭동은 엄두도 내지 못한다고 한다. 그뿐만 아니라 우리가 설사 북쪽에 지원하지 않더라도 국제 자선단체나 구호기관에서 직접 지원하기 때문에 우리가 바라는 대북 고사작전은 실효가 없을뿐더러 우리만 비인도적인 국가라는 국제적인 지탄에 시달리게 될 것이다.

셋째, 갑작스러운 통일이 이루어질 경우 통일비용 때문에 남북이 함께 쓰러진다는 일부 주장은 그보다 더 고통스러운 분단비용에는 경제적 손실뿐만 아니라 엄청난 사회비용까지 감안해야 할 것이다.

넷째, 북쪽에 대한 투자는 버려지는 것이 아니라 통일비용을 미리 축적하는 수단이며, 통일 후에는 민족의 자산이 될 것이다.

다섯째, 북쪽에 대한 경제협력은 남쪽의 자본과 기술, 북쪽의 노동력과 자원을 결합시켜 서로 실리를 얻게 하는 동시 북쪽에 자본주의의 우월성이 전파되어 개방을 촉진하는 한편 남북의 이질화를 막는 작용도 할 것이다.

여기서 우리가 특히 유의해야 할 일은 우리의 대북 경제협력이 활발히 추진되면 될수록 안보태세는 더욱 강화되어야 할 것이다. 그것은 북쪽의 실세들은 어디까지나 공산당이기 때문이다.

한반도의 분단 상태는 오래 가면 갈수록 통일의 기회는 점점 멀어질 것이다. 그것은 세월이 흐를수록 남북의 이질화는 깊어지고, 국제 사회에서도 분단이 기정사실로 굳어지기 때문이다. 특히 우리 한반도와 관계된 나라들은 내심으로 통일보다 분단을 선호할 뿐만 아니라 북쪽의 실세들도 그들의 기득권을 놓치지 않으려고 적화통일이 아닌 다른 통일은 반대할 것이다. 이렇게 우리 주변의 정세는 통일에 부정적인 요인뿐이므로 통일을 주도하고 서둘 곳은 우리 뿐이다. 그러므로 경제적 실리는 악착같이 챙기면서도 도발을 계속하는 북쪽의 처사가 괘씸하지만 우리는 후손을 위해서라도 강자의 인내와 아량으로 효과적인 통일 방안을 찾아야 한다. 그것이 바로 무력이 아닌 평화적 통일이며, 평화통일은 경제협력 이외에는 대안도 없다는 사실을 이 사진이 암시해 주고 있다.

〔1999년 2월호〕

통일 10년 후의 독일

지난 11월 9일은 베를린 장벽이 무너지고 독일이 통일된 지 꼭 10년이 되는 날이다. 이 뜻깊은 날을 기념하기 위해 독일 국민들이 분단의 상징이었던 '부란덴부르크' 문 앞에 모여 환희하는 모습은 우리에게도 어떠한 가능성을 시사해주고 있다. 또한 연방회의 의사당에서 콜 전 독일 수상이 독일 통일에 크게 기여한 고르바초프 전 소련 수상과 부시 전 미국 대통령과 함께 찍은 사진에서 우리는 독일이 통일을 이루고자 꾸준히 추진한 동방정책을 다시 한번 우러러 보게 된다.

통일 후 지난 10년 동안 서독은 황폐된 동독의 재건을 위해 1조 7,500억 마르크(우리 돈으로 1,020 조원)를 투입하여 두 지역의 균형 발전에 국력을 집중하였다 한다. 그 결과 오늘날에는 통일 독일이 다시 구라파의 맹주로 부상하게 되었다.

이제 이 지구상에서 유일하게 분단국가라는 수치를 안고 있는 우리는 독일이 통일되기까지 국가의 목표를 통일에 두고 꾸준히 밀고 나간 그 위대한 '통일의지' 를 값지게 배워야 하겠다. 동시에 우리는 통일에 대해 비관해서도 안 될 것으로 여긴다. 한 가지 예로 동독의 공산당 서기장 호네커가 베를린 장벽은 영원히 존재한다고 호언한 지 9개월 만에 통일된 것이다. 우리의 통일도 암담해 보일지라도 우리의 노력 여하에 따라 뜻하지 않게 앞당겨질 수 있다고 확신해 본다. 현재 자본주의를 배격하는 북쪽이 돈 버는 일에 적극적으로 덤벼들고 있는 사실은 그들이 점차 자본주의의 우월성에 압도당하고 있다는 증거라고 하겠다. 따라서 실효성 있는 통일의 길은 일관된 남북 경제협력밖에 없다는 결론에 도달하게 된다. 이리하여 우리도 어느 날 분단의 상징인 판문점에서 통일의 주역들이 모여 경축 행사하는 날이 온다는 소망을 간직해 보는 것이다.

〔1999년 12월호〕

문향 북청인의 긍지

북청에는 물장수로 알려진 향학열, 사자놀이로 이름난 문화, 그리고 도청(都廳)을 중심으로 한 인보(隣保)의 정신이라는 독특한 미풍양속이 있다. 그렇기 때문에 김구 선생은 일찍이 백범일지에서 북청에는 전국에서 유학생이 가장 많고 진사도 가장 많다는 사실을 수치로 예시까지 하면서 북청을 자랑한 바 있다. 실질로 우리 북청인의 자랑이 아닐 수 없으며 우리는 여기에 상응하는 품위를 항상 유지해야 하겠다.

그런데 북청을 중심으로 한 함경도 지방의 사람들은 대체로 속마음은 어질고 인정이 많으면서도 문향으로서의 품위를 유지하지 못하는 경우가 있어 우리 모두에게 안타까움을 주고 있다. 우리는 우선 말소리가 높고, 말씨가 거칠고 직선적이며, 기분이 손상되는 일이 생기면 참지 못해 앞뒤를 가리지 못하고 경솔하게 행동하는 경우가 종종 있다. 이 때문에 남에게 좋은 인상을 주지 못하고, 이로 말미암아 때로는 뜻하지 않게 불이익을 당하는 경우까지도 있게 된다. 아무 것도 아닌 사소한 일에서도 성질이 급하기 때문에 항상 손해를 보게 된다는 말이다. 특히 남하고 언쟁이라도 생길 경우에 먼저 소리를 높이거나 심지어 손찌검을 하는 사람이 결국 손해를 보게 된다는 사실을 명심해야 하겠다.

그래서 새해에는 북청인으로서의 긍지를 잃지 말고 문화인으로서의 몸가짐을 잘해야 하겠다. 우리는 우선 격앙되기 쉬운 급한 성질을 스스로 부드럽게 하는 동시에 말소리부터 낮추고 조용히 이야기하는 습성을 키워야 하겠다. 그렇게 하는 것이 우리가 꿈에도 잊지 못하는 우리의 고향 북청을 아끼고 사랑하는 지름길이 되는 것이다.

〔1997년 2월호〕

젊게 사는 북청의 할머니들

어느 토요일에 북청 군민회관에 볼일이 있어 갔다가 우연히 매우 흐뭇한 광경을 보게 되었다. 그것이 바로 초노의 북청 출신의 부인들이 모여 피아노 반주에 맞추어 아름다운 가곡을 합창하는 현장이었다. 노래하는 그 할머니들의 표정이 너무도 밝고 활기가 넘쳐 있기 때문에 매료되어 어느덧 하던 일을 멈추고 이에 도취되었다. 그리고 나는 이들로부터 사람이 나이가 들수록 어떻게 살아야 뜻있고 곱게 늙을 수 있을지도 알게 되었다.

노인들은 흔히 늙어가는 자신을 비관하고 자포자기하는 경우를 보게 된다. 그 결과 하루 종일 우울한 모습으로 뜬구름만 쳐다보는가 하면, 무료한 시간을 보내고자 화투 치기를 하기도 하고, 자학적으로 술을 과하게 마시기도 한다. 노인들은 대체로 남에게 추하게 보이고, 자식들에게는 물론 남에게까지도 부담감을 주게 된다. 서울 파고다 공원 주변에서 바로 이러한 노인들을 많이 보게 된다.

그런데 북청군민회관에서 합창하는 북청의 할머니들은 남에게 부담을 주기는커녕 오히려 크나큰 즐거움과 행복감을 주는 것이다.

특히 이날 큰 기쁨을 준 것은 북청 출신의 할머니들이 북청 사람들의 전당인 북청 군민회관에서 북청 출신의 피아노 반주자에 의해서 합창하고 있다는 사실이다. 이날 반주하던 김성기 선생도 할머니들과 함께 신나게 피아노 건반을 치는 모습도 돋보였다.

지난 1992년 고 김일수 선생이 '북청 가곡 동호인회' 라는 이름으로 출발시킨 이 합창단은 토요일마다 모이고, 북청 군민 행사에도 출연하여 북청을 빛내며, 노인들에게는 젊게 사는 방법을 가르쳐 주기도 한다.

〔1997년 4월호〕

북쪽의 보릿고개

계절의 여왕이라는 오월은 보리 이삭이 피기 시작하는 계절이기도 하다.

이때가 바로 보릿고개라고 표현되던 우리의 굶주림이 고비에 이르는 때였다. 보리 이삭이 나올 때쯤에는 쌀 항아리가 바닥나서 주린 배를 달래며 저 보리 이삭이 영글기를 기다리던 그 보릿고개인 것이다.

우리의 애절하고도 슬픈 보릿고개는 70년대에 들어서서 통일벼가 나타나자 사라지고 우리는 비로소 배불리 먹을 수 있게 된 것이다.

그런데 요즘 TV에 나타나는 북쪽의 굶주림은 지난날의 보릿고개보다 더욱 큰 충격을 주고 있다. 특히 영양실조에 걸린 어린이들이 기력을 잃고 앉아 있는 장면이 나타날 때에는 우리의 가슴을 더욱 아프게 한다.

그들은 아프리카나 방글라데시의 어린이가 아니고 바로 우리와 같은 핏줄이며, 그 가운데에는 두고 온 우리 가족도 있을지 모르기 때문에 실향민에게는 더욱 견딜 수 없는 초조감을 주고 있다.

이렇게 다급한 그들을 살리고자 외국에서 식량지원을 서둘 때에 직접 당사자인 우리 측은 남의 불구경하듯이 마지못해 뒷북치는 듯하니 답답하고 안타깝기만 하다.

지난날 우리가 베푼 선의에 대하여 사사건건 적대시 해온 북쪽의 처사가 괘씸하지만 그들의 처사를 약자의 발악으로 이해하고 강자의 아량과 인도주의적 동포애로서 죽어가는 그들을 조건 없이 살려야 한다.

정치적 논리에 영향받게 될 정부는 차치하고, 민간 자선단체와 종교계에서 지금 활발히 식량 보내기에 나서고 있는 차제에 분단의 직접 피해자인 실향민과 이북오도의 관계자들의 분발을 거듭 촉구하는 바이다.

〔1997년 5월호〕

부끄러운 우리의 자화상

누구나 외국에 나가면 애국자가 된다고 한다. 필자도 미국에 오랫동안 체류하다 보니 조국에 대한 사랑이 남 못지않다고 자부해 본다.

조국에 대한 사랑은 조국에 대한 깊은 관심을 뜻하며, 그 깊은 관심은 조국에서 일어나는 모든 일에 예민하게 되어 좋은 일이 있으면 기뻐지고 궂은일이 일어나면 안타까워지며 울분을 참지 못하게 된다.

우리가 사물을 관찰할 때 가까운 곳에서 보기보다 멀리서 보는 것이 객관적으로 더 정확하듯이 지구의 반대편인 이곳에서 보는 조국의 모습이 오히려 더 정확할지도 모르겠다.

그런데 불행히도 여기서 보이는 조국의 모습은 부정적인 면이 점차 가속되는 듯하므로 다급한 심정에서 감히 그 실상을 있는 그대로 지적하고자 한다.

지난 30년간 정통성이 취약한 군사정권은 민심을 달래기 위해 귀에 거슬리는 측면은 감추고 아름답게 보이는 장밋빛 거품만 불어넣었기 때문에 국민들은 부자인 줄로 착각하고 실속 없는 허세를 부리며 우쭐대는 졸부들을 양산해 냈다.

이러한 사실은 몇 년 전에 미국의 어느 일간지에서 "한국은 삼페인을 너무 일찍 터뜨렸다."고 조롱하는 기사에서도 나타났다.

그런데 선거에 의해서 당당하게 발족한 문민정부에서도 자랑이 앞서는 것으로 보인다. 여기에 곁들여 구미 선진국들이 정신문화에 바탕을 두고 수백 년에 걸쳐 이룬 산업화를 우리는 조급히 저돌적으로 서둘렀기 때문에 단시일에 엄청난 국가경제발전은 성취된 반면에 오로지 물질문화만이 있고 정신문화는 황폐일로(荒廢一路)에 방치된 것이다.

그 결과 공허한 우월감과 허풍 부리는 졸부근성이 사회의 구석구석에 만연되어 곳곳에서 수치스러운 작태가 일어나고 더러운 한국사람(어글리 코리안)이 국내는 물론 지구촌에서 나라망신을 시키고 있다는 소문이 터져 나오기에 이르렀다.

그래서 필자는 애국한다는 애정에서 부끄러운 우리의 자화상을 감히 노출시켜 우리 모두가 자성하는 계기를 마련하고자 한다.

나라망신시키는 한국 관광단

지난여름에 서울에서 이곳 미국으로 상담차 온 둘째 아이가 그곳에 있는 손자 손녀들을 모두 데리고 함께 왔기에 이들을 미니버스에 태우고 모처럼 캐나다 방면으로 먼 여행을 다니면서 곳곳에서 한국관광단과 마주쳤다. 머나먼 이국땅에서 우리말 하는 동포를 만나게 되면 으레 반가우면서도 이들이 예절 없이 떠들어 주위 사람들의 눈살을 찌푸리게 할 때에는 옆에서 안절부절못하게 되었다. 일례로 한국 관광단이 어느 호텔의 로비에서 안내원으로부터 객실을 지정받을 때에 동숙할 친구를 물색하느라고 일제히 떠들어 옆에 있던 이방인들이 넋을 잃고 바라보기만 하였다. 이들은 객실에 들어간 뒤에는 다행스럽게도 화투치기나 음주소란은 없었던 모양이었다.

그런데 다음날 아침식사 때에 수치스러운 일들이 일어났다. 뷔페식 아침식사를 위해 각 국 손님들이 줄을 선 틈으로 뒤늦게 나온 몇몇 한국인들이 새치기하니 뒤에서 심한 불평을 터뜨렸다. 아침식사는 본시 간단하게 마련인 호텔의 한정된 음식을 새치기꾼들이 욕심을 부려 싹슬이 하니 뒷손님들이 야유하자 종업원이 달려와서 식사를 제지하는 모습이 추하게 보였다.

이곳에서 받아보는 한국 관광단을 구라파의 호텔에서나 식당에서 받지 않는다는 기사를 보고 한국사람 망신은 관광객이 세계화와 함께 지구촌으로 확산되고 있다는 위기의식마저 느꼈다. 민의를 대표한다는 국회의원(삼당 부총재)까지도 이에 가세하여 공무출장 명분으로 해외에 나가 모스크바의 비행장에서 저이들끼리 멱살을 잡고 싸우기도 하고, 100만 원짜리 양주나 사치품을 마구잡이로 사들고 왔다니 이제 할 말을 잃었다.

한국 관광객들이 해외에서 망신당한다는 소문은 어제오늘의 일이 아니다. 그런데도 주무부처나 한국관광공사는 이제 면역이 생겼는지 조용하기만 하다.

관광단을 모집하고 안내를 담당하는 여행사에서는 관광객들에게 목적지의 역사적 배경이나 유물에 관한 자료를 미리 나누어 주어 떠나기 전에 공부하도록 함으로써 낭비적인 증명사진 관광을 예방하는 동시에 품위를 지킬 수 있도록 가장 기초적이면서도 중요한 소양 사항을 미리 주지시켜야 할 것이다. 즉 떠들지 말고 조용히 이야기하며, 새치기를 하지 말고 줄을 서며, 식사에 욕심을 내지 말고 예의를 지키며 안내원이 관광지에서 설명할 때에는 필기하도록 철저히 당부한다. 그리고 현지에서는 가는 곳마다 안내원은 질서와 품위유지를 환기시킨다면 망신스러운 일은 줄어들 것이다.

치열한 기싸움

자기를 과시하려는 졸부근성은 이제 어른뿐만 아니라 천진한 어린이에게까지 번지고 있다는 소문이다. 철부지 초등학교 어린이들이 상대의 기를 꺾기 위해 주고받는 대화를 해학적으로 가상해 본다.

A : 너희네 아파트는 몇 평이나 되니?

B : 30평이라더라.

A : 겨우 30평? 우리는 50평 짜리야.

B : 그래? 그러면 너희는 냉장고가 몇 개나 되니?

A : 한 개야.

B : 겨우 한 개? 우리는 세 개야.

A : 그까짓 냉장고가 많아서 무슨 소용 있어. 너희는 콘도가 있니?

B : 없어.

A : 우리는 콘도가 두 개나 있다. 설악산에 하나, 제주도에 있다.

끝까지 기를 꺾이지 않으려고 버티던 B 어린이는 콘도 이야기에서 그만 말문을 닫고야 말았다. 기싸움에서 지고만 것이다. 이러한 어린이들의 기싸움에 부모들까지 합세하니 경쟁은 더욱 치열해져서 어린이들의 옷차림이나 학용품이 낭비적인 외제 사치품이 판치고 있는 것이다. 아름다운 동화책을 읽거나 천진하게 뛰놀아야 할 어린이들은 정신적으로 정서적으로 불구를 만들고 있는 것이다.

필자는 고국에 갈 때마다 풀지 못하는 수수께끼가 생긴다. 그것은 소득 수준이 훨씬 높은 미국 가정보다 소득이 낮은 한국 가정이 더 잘살고 있다는 사실이다.

대부분의 미국 가정은 부부가 맞벌이 안하고서는 살 수 없는데 한국에서는 맞벌이는커녕 주부들은 수영장이나 헬스클럽, 에어로빅 등 미용 운동을 남에게 뒤질세라 경쟁적으로 하는데 이것도 상대의 기를 죽이려는 하나의 싸움으로 보인다.

한국일보의 어느 날 기사에는 강남 일대에서 오전 11시가 되면 출퇴근 시간도 아닌데 고급 승용차의 혼잡이 일어난다고 하였다. 유한마담들의 허세 나들이가 이 시간에 시작되기 때문이다. 불로 소득한 돈을 자랑하려는 저질들이 기싸움을 벌리려고 출동하는 혼잡인 것이다. 초로의 퇴직자들도 모이면 해외 나들이를 자랑하고 골프나 사치스러운 이야기가 나온다. 점잖아 보이는 이들의 대화에서도 그 밑바닥에는 고단수의 기싸움이 깔려있는 것이다.

이러한 현상이 가속화되면 될수록 독서나 음악 감상이나 예술활동은 물론 사회 자선활동을 통한 정신문화는 더욱 황폐되기 때문에 품위 있고 차분한 분위기는 찾아볼 수 없고 온 세상이 들떠있는 소란한 분위기뿐이다. 이 치열한 기싸움도 총소리 없는 하나의 전투이다. 전투에는 막대한 비용이 투입되어야 하니 부정을 저지르지 않을 수 없는 것이다.

따라서 옛날의 부정은 처자를 굶기지 않으려는 '생존을 위한 부정' 이었으나 현대의 부정은 '사치를 위한 부정' 인 것이다. 이리하여 기싸움은 사치와 낭비를 조장하여 우리나라를 1,000억 불이라는 세계 굴지의 채무국으로 만든데 한몫하였다.

결혼예식장의 진풍경

결혼식장에 갔다 오기만 하면 필자는 항상 울적해진다. 예식장에는 의례히 양가의 부모들이 식장 입구에서 하객을 맞이하는데 이때에 하객들도 그 입구에 모여 자기의 출석을 알리기라도 하듯이 환담을 나눈다.

그러다가 예식이 시작되어 양가 부모들이 식장 안으로 사라지면 일부 하객들은 식당으로 직행하니 막상 축하해야 할 식장은 빈자리로 썰렁한데 반해서 식당은 혼주가 나타나기도 전에 성시를 이룬다.

결혼식의 피로연 식당은 항상 혼잡하기 마련이다. 그것은 다른 식장의 하객까지 한꺼번에 받아 혼잡을 일으켜야 식당 측으로서는 식대계산에서 재미를 보게 된다. 손님이 맥주나 음료를 청하면 종업원은 잽싸게 몇 명이고 마개를 따준다. 병마개를 따기만 하면 마시던 말던 돈으로 환산되는 것이다. 차려놓은 풍성한 음식을 이것저것 휘젓던 손님들이 자리를 뜨면 그 귀중한 음식은 바로 쓰레기통에 버려진다. 지구상의 어느 후진국에서도 찾아볼 수 없는 부끄러운 우리의 예식문화와 식습관이 세계화를 부르짖는 대한민국의 수도에서 성행되고 있으니 이 치부를 언제까지 방치할 것인지. 필자가 이곳 미국에서 본 예식장(주로 교회)의 간소하면서도 엄숙한 분위기와는 대조적이다.

지난날 결혼 축하 답례로서 나누어 주던 수건이나 찹쌀떡이 가정의례준칙에 위배된다고 금지시킨 당국의 즉흥적인 조치가 결국 이와 같은 낭비와 저질문화를 파행시킨 것이다.

기왕 식생활 문제가 나왔으니 대중식당, 특히 한정식에 대해서 언급하고자 한다. 질이야 어떻든 가짓수만 채워 상다리가 부러지도록 차려놓은 음식 특히 찌개나 물김치를 여러 사람이 함께 떠먹고 휘젓다가 그냥 버리는 낭비적이고 비위생적인 식문화도 세계화 또는 세계 속의 한국이란 구호를 망신스럽게 한다.

우쭐대는 졸부근성

헝가리나 폴란드 등 동구권의 나라들은 비록 우리보다 소득은 낮지만 문화적으로는 월등하게 앞선 나라들이다. 그런데 어느 주간지에 의하면 지각없는 졸부들이 이들 나라에 가서 만 불짜리 선진 국민이 오천 불짜리 후진국에 왔노라고 우쭐대며 까불다가 망신당했다는 것이다.

동남아 후진국에 가서 부리던 허세가 이들 문명 선진국에 가서 통할 리가 없다. 지난날 중국 연변 붐이 일 적에 우리 졸부들이 그곳에 가서 마치 큰 재벌이나 되는 듯이 거드름을 피우며 안하무인 격으로 까불었기 때문에 같은 핏줄이라고 호의를 베풀던 현지인들이 등을 돌렸다는 이야기도 듣고 있다. 얼마 전에 TV 녹화테이프를 보았는데 그 내용은 현재 서울에 와서 돈 벌겠다고 와있는 중국교포들의 억울한 사연을 고발한 것이었다. 일부 고용주들의 횡포와 사기꾼들 때문에 중국교포들이 오도 가도 못하게 된 이 딱한 장면에서 지난번 중국교포선원들이 일으킨 선상살인 반란사건이나 한국에서 일하던 동남아 노동자들이 귀국 후에 반한 언동을 한다는 소문도 그 맥락이 같다고 보아진다.

중국교포와 관련된 이러한 문제에서 통일 후의 북한동포들을 걱정하게 된다. 경직된 사회주의 체제에서 억압과 굶주림에 시달리면서 세상 물정에 어둡고 특히 시장경제 사회에 생소한 북한동포들을 우리의 졸부근성이 바보로 취급한 결과로 발생할지도 모를 무서운 충돌 사건을 가상해보게 된다. 현재 우리가 지니고 있는 비열한 우월감을 버리지 못하는 한 이러한 사태는 그 가능성을 배제할 수가 없다. 만의 하나라도 이러한 사태가 벌어진다면 국토통일은 이룰 수 있을지언정 민족통일은 어렵게 될 것이다. 비록 가상된 시나리오기는 하지만 진지하게 생각해야 할 국가적 명제라고 하겠다.

저속 문화의 표본

지난봄에 일시 귀국하였을 때 가족들과 함께 경기도 포천 지방을 한바퀴 돌면서 나라가 온통 타락해 가고 있는 저속 문화의 현장을 목격하고 통탄을 금치 못했다. 웬만한 골짜기에는 호화 갈빗집이 즐비하고 그 옆에는 붉은 벽돌의 러브호텔들이 곳곳에 솟아 있는 그 현장은 바로 우리의 초라한 열등 문화의 표본으로 보였기 때문이다.

선비정신의 문화민족이라는 칭송을 받던 우리가 어찌하여 시서(詩書)는 간데없고 동물적인 향락에 빠져 이지경에 이르렀는지 더욱 답답한 것은 날로 확산되는 망국의 졸부근성을 퇴치하고야 말겠다는 단호한 의지는커녕 문제의식이라도 제기하는 나라의 지도집단이 보이지 않는다는 사실이다.

소위 내노라 하는 정치지도자들은 대권병에서 헤어나지 못하고 민의를 대표한다는 국회의원들마저 졸부 행렬에서 아들의 결혼식에 비행기를 띄우는 저질적 작태를 보이는가 하면 해외에 나가 추태를 부리기도 하고, 독재의 검은돈을 빨래질이나 하는 등, 시중의 잡배보다 치사한 짓들을 하고 있는데 국회나 정당에서는 이들을 응징하기는커녕 어물쩍하게 덮어버렸으니 정치계에는 자정능력조차 보이지 않아 배신감마저 치민다.

사회의 불의에 가장 민감할 것으로 여겼던 종교계도 극히 일부일 것이지만 예수의 십자가에서 또는 석가의 고행에서 보인 큰 사랑과 희생정신은 보기 힘들어진 듯하다. 남이야 어찌 되던 나만의 천당, 나만의 극락세계를 비는 이기적이고 현실도피적인 무속신앙에다가 염불보다 잿밥을 위한 교세 확장에 주력하다 보니 사회의 어두운 그늘에 관심을 가질 여유가 없어 보인다.

그리고 막강한 전파력과 호소력을 지니고 있는 대중매체도 날카로워야 할 그 필봉은 무슨 까닭인지 몸조심만 하는 듯 무기력해 보이니 답답하기만 하다. 미국의 워터게이트 사건이나 일본의 록히드 뇌물사건을 끝내 밝혀낸 그 나라 언론의 사명감과 용기와 집념이 부럽다.

밝은 조국의 미래

이상에서 열거한 사회문제를 일으키는 집단은 사실 몰지각한 일부계층에 국한되고 절대다수의 서민들은 정직하게 열심히 일하며 사회와 나라를 걱정하고 있다. 이들이 있었기에 그동안 나라가 몇 번이나 기우뚱하다가도 바로 서서 앞으로 갔던 것이다. 만일 현재의 사회악이 전체 국민에 의해 저질러졌다면 나라는 이미 멸망했을 것이다. 그러나 우리는 6 · 25의 잿더미에서 일어나 보릿고개를 물리치고 산업사회를 건설하여 이제 선진국 대열에 다가서고 있다. 이것은 선량한 민초들이 아직도 주류를 이루고 있기 때문이며 이 착한 서민들이 튼튼하게 버티고 있는 한 조국의 미래는 밝기만 하다.

그러나 꼴뚜기가 전체 해물을 망신시키고, 한 마리의 미꾸라지가 물 전체를 흐리게 하듯이 아무리 소수일지라도 그 독성의 확산은 경시할 수 없다. 특히 졸부근성과 같은 정신적 오염은 화학처리로서 당장에 제거할 수 있는 물리적 오염과는 달리 수십 년 또는 수백 년이라는 세월이 걸리므로 더 번지기 전에 황급히 손을 쓰지 않으면 시기를 놓친다. 그러기 때문에 필자는 조급한 마음에서 전례 없이 격한 표현으로 주제넘게 어두운 측면만을 지적하였다.

이제 우리는 지금까지의 선진국 착각과 장밋빛 환상에서 깨어나 차분하게 제자리를 찾아야 하겠다. 그리고 다이아 반지를 낀 여인보다 책을 보는 여인을 부러워하고, 고급 승용차의 졸부보다 가로의 미화원을 존경하는 차원 높은 가치관을 지닌 성숙한 시민이 되고자 힘써야 하겠다.

그리고 불의를 외면하는 문약한 지성인을 미워하고 사회정의를 위해 공분을 토로하는 패기 있는 문화시민이 되어 온갖 부정의 근원인 졸부근성을 몰아내고 맑은 사회를 되찾아야 하겠다. 머나먼 이국땅에서 조국을 향해 모질게 비판한 것은 내조국이 미워서가 아니라 너무도 사랑스럽기 때문이다. 그리고 "친정(조국)이 잘 살아야 시댁(거주국)에서 대접받는다."는 우리의 속담대로 이곳 미국에 살고 있는 교민도 친정인 조국이 잘되어야 이곳에서 대접받을 수 있기 때문이다.

나의 조국이여, 힘을 내어 통일을 이루소서. 늙어가는 실향민이 죽기 전에 고향땅을 밟게 하소서.

〔1996년 10월호〕

北靑소식 칼럼

북청인이 본 세상

■

지은이 | 동열모

■

편집인 | 김명진

■

초판 1쇄 2019년 12월 2일

■

펴낸이 | 길명수

펴낸곳 | 배문사

출판등록 1989년 3월 23일, 제10-312호

주소 서울시 서대문구 경기대로 76

전화 (02) 393-7997

팩스 (02) 313-2788

e-mail pmsa526@empas.com

■

편집 인쇄 삼중문화사

ISBN 978-89-87643-08-3(03800)

값 15,000원

후원 : 북청군민회

(재)북청군장학회